古代歷史文化研究輯刊

三 編

王明蓀 主編

第 25 冊

先秦知識分子的歷史述論
——以《詩經》、《尙書》、《左傳》、《國語》爲中心（上）

謝昆恭 著

國家圖書館出版品預行編目資料

先秦知識分子的歷史述論——以《詩經》、《尚書》、《左傳》、
《國語》為中心（上）／謝昆恭 著 — 初版 — 台北縣永和市：
花木蘭文化出版社，2010〔民99〕
目 4+160 面：19×26 公分
（古代歷史文化研究輯刊 三編：第 25 冊）
ISBN：978-986-254-109-8（精裝）
1. 知識分子　2. 先秦史
546.1135　　　　　　　　　　　　　　　　　　99001357

ISBN - 978-986-2541-09-8

9 789862 541098

古代歷史文化研究輯刊
三　編　第二五冊　　　　　　　ISBN：978-986-254-109-8

先秦知識分子的歷史述論
——以《詩經》、《尚書》、《左傳》、《國語》為中心（上）

作　　者　謝昆恭
主　　編　王明蓀
總 編 輯　杜潔祥
出　　版　花木蘭文化出版社
發 行 所　花木蘭文化出版社
發 行 人　高小娟
聯絡地址　台北縣永和市中正路五九五號七樓之三
　　　　　電話：02-2923-1455／傳真：02-2923-1452
網　　址　http://www.huamulan.tw 信箱 sut81518@ms59.hinet.net
印　　刷　普羅文化出版廣告事業
初　　版　2010 年 3 月
定　　價　三編 30 冊（精裝）新台幣 46,000 元

先秦知識分子的歷史述論
——以《詩經》、《尚書》、《左傳》、《國語》爲中心（上）

謝昆恭　著

作者簡介

謝昆恭（1958～），台灣彰化人。國立台灣大學歷史研究所博士。曾任大葉大學通識教育中心專任講師、副教授，現職大葉大學造形藝術學系專任副教授兼彰化縣老人大學書法班指導老師。曾獲雙溪文學獎、全國學生文學獎、國軍文藝金像獎、彰化縣磺溪文學獎、台中縣文學獎等現代文學獎項 10 餘次；國科會著作成果獎助、教育部優良教師等獎項。著有詩集《走過冷冷的世紀》、《那一夜，我們相遇》、散文集《碉堡手記》。

提　要

　　古代中國的知識分子，一般是指春秋戰國以下，由先秦諸子開其端緒。本文基於對歷史的認識以及相關的述論，在不以求全的認知下，早於先秦諸子，應有相應於時代發展而產生的一群知識上的「有職之士」，就文化發展的作用而言，不妨以廣義的知識分子稱之。因此，巫、史以下，至春秋時期列國的「有職之士」，是本文討論的對象。

　　先秦諸子之前無私家著作，無法像子學時代的研究，取其一家一派或一人之作以為探索。相關的資料散見於幾本古典的載籍，本文取資的是《詩經》、《尚書》、《逸周書》、《左傳》與《國語》。

　　就知識的積累或轉化、深化而言，不能捨離實際的應用，包括一己之身並其推擴的群體思慮。本文所指涉的「歷史述論」，含攝的主要是針對當代知識分子所傳誦、勾稽、鋪敘、申揚的歷史情狀，討論諸如此類的述論出現的時、空情境；同時說明其中的實際狀況，以論證此類歷史述論的應用實質。

　　本文除緒論與結論，計分五章：

　　第一章：知識的累積與傳承並其與群體發展的關係，不能沒有一番疏理、審視。本文首揭原型知識分子　巫覡、瞽、史歷史述論的形態。從三者的身分、地位、角色的同質性、分化性，討論三者在歷史述論上的大概。約略而言，巫覡與瞽師的歷史述論或受制於本身職任上宗教性質大於世俗性，或因身障之故，不能像史官有更深入更具體的呈現。縱使如此，三者實際上是構成歷史述論承擔者的最早成員。

　　第二章：典冊，尤其是諸子之前的典冊，是文化集體創造的彙纂，也是早期知識分子智性的集中呈現，其中有豐富的歷史內容，與關於歷史認識的述論。《詩經》涉及商、周二代史迹。〈商頌〉透露商人的國史構成，也鼓舞殷遺的追蹤步武心思。〈周頌〉、〈魯頌〉、二〈雅〉，則集中體現周人的國族思維，舉凡肇建、突破、茁壯、奄有天下，莫不深致情思。同時對於西周末季，民人殄瘁的情形，多所關注。兩相究詰，《詩經》中知識分子的歷史述論，實有某種程度的社會性。

　　第三章：《尚書》與《逸周書》的典、謨、誥、誓、訓、命等，皆與政事治道緊緊相扣，是典型的「述古之作」。而「述古之作」除了作為文獻存真，更有其現實的考量，亦即為了闡明「當世之務」。因此，在《尚書》與《逸周書》中的歷史述論，主要是周代（尤其是西周）的知識子針對典冊遺留的夏、商資料加以揄揚評騭；同時貼近己身的時代，論證政權變異的不可逆性，以強化周族的憂患意識，彰顯周族聖王崇隆的道德、敬恪形象，將《詩經》中的人格賢王的述論深度、廣度，進一步加以詮證。

　　第四、五章：《詩經》、《尚書》中的知識分子，除了少數幾人之外，絕大部分不知其人。至於出現在《左傳》與《國語》中的春秋時期的知識分子，幾乎是名姓咸具；同時其國籍、族屬，乃至階層、職任，都能尋繹其詳。數量龐大的個別知識分子，分屬於不同的政治體（國家），分處於二百餘年的歷史鉅變階段，對於「當時」、「此地」的現實境遇，常見此輩人物推衍史迹，詳為論析，或為存國，或為圖霸，或為一身，或為他人……。凡此種種，莫不具顯於這群知識分子的言談舉止之間。從應用的觀點言，《左傳》與《國語》二載籍中的知識分子的歷史述論，可說是深含工具性的實用指涉。

目

次

緒　論

一、論題說明

　　名以指實，實以符名，名實相契，則意指彰明。一個論題不能使觀者見文知意，不外其文有意涵深邃、指涉隱晦、含攝廣博等複雜寄意；此外，尚有約定俗成、慣用習稱之語而在運用上有權宜變通者，多少須贅詞說明。本文屬後者。

（一）「先秦」

　　歷史研究上的「先秦」階段，有明確的定義，大致上起三代，下迄秦統一前；包含一般習稱的「春秋戰國」時期，它是斷代研究上最長的階段。提到「先秦」與「知識分子」時，直接且主要的認知往往是春秋戰國五百年間的歷史發展，與此一長時段中諸多複雜的歷史內容、研究論題。這樣的一個稱謂，有它具體指陳的對象；因此，當語涉「先秦」與「知識分子」時，讀者心中的歷史圖像常常是此一階段的常識反映以及與論題相關的知識辨析。

　　本文涉及的時間軸線，上及於「上古」前期的堯、舜時期，下迄「先秦」後期的春秋時代。這樣的一個歷史階段，似乎可以「古代」為名。如果不細究本文的內容，這種稱呼似乎可用——既分明，也包攬。然而，只要稍一披覽本文各章，便知此一名稱並不適合。

　　慣用習稱的階段名稱，如能完整概括當然最好；反之，只好從慣習用法上，取一個與論題較能相契的時代稱謂。準此，本文討論的「知識分子」所處的時代：「先秦」，所指的是上古至春秋的歷史階段；唯本文論證取資不及

於春秋戰國諸子，是以，與一般熟知的「先秦諸子」無涉。至於究係屬前者或後者，乃至分屬的王朝、國家爲何，要從內文脈絡來看。

（二）「知識分子」

「知識分子」這個詞語，是二十世紀才出現的論述語彙，它源自西方，有它的時代針對性與論述脈絡、指涉，也有它想要具陳的社會功能與文化意涵。〔註1〕當然，學術研究常會在旨趣取向與概念闡明間運用一些詞文意義彼此對位的表述語彙，一旦語彙經由深、廣兼具的論證詮析，便容易爲學界，乃至社會所援用。〔註2〕今日我們對「知識分子」的認知，不論義理性的還是偏向於工具性的，當人們在使用這一語彙時，總會與知識或學問連接一起。這種認知，當然不夠深刻、具足，卻也是一種通識或共相。就本文而言，將「先秦」與「知識分子」結合，容易讓人產生明顯的命題措意——先秦諸子——認識。不過，一如「先秦」一詞，本文所指的「知識分子」與先秦諸子無關，這從全文的個別章名即可見出。換言之，本文的「知識分子」，與嚴格定義下的深刻甚至超拔、孤苦、高度自覺的「知識分子」不能等同視之，〔註3〕他們其中的某些人或具有上述質素的些許成分，整體而言，與先秦諸子之被稱爲「知識分子」（尤其是孔子及其以後的儒家）相較，本文所討論的「知識分子」無疑的是比較傾向於工具性的。這種簡單的區別，是基於「知識分子」應該（主要）是「什麼」的高度期望，它反映了向上、向善的拔高

〔註1〕 這一方面的論述，西方的學術界有許多的研究成果。簡要的疏理說明可參考彼得·布魯克（Peter Brooker）著，王志弘、李根芳譯，《文化理論詞彙》（台北：巨流圖書公司，2003），頁215～218。

〔註2〕 「知識分子」並其群體分類的稱呼：「知識階層」（intellectual stratum），俱爲晚近的詞彙，研究者亦傾向於將之視爲近代的現象，「史學家和社會學家（特別是知識社會學家）的注意力依然是偏重在近代方面，尤其是近代西方的知識階層。」論者以爲，西方學界用以研究近代西方的知識階層的語彙——知識分子——的特徵，多有可在「以天下國家爲己任的中國傳統知識份子的身上都同樣找得到清楚的痕跡。」余英時，〈古代知識階層的興起與發展〉，收入余英時，《中國知識階層史論　古代篇》（台北：聯經出版公司，1980），頁3。學術研究係在彰顯語彙本身豐富、深刻、含攝完備的實質；至於一般社會性的用法，但在明曉易懂，見文知意，不在周延的表述。

〔註3〕 所謂嚴格定義是指將「知識分子」視爲具有高度自覺，象徵代表公共事務或大群體命運承負者、良心者或人格者，這是他的社會參與與知識的辯證，取得「耳目之官」和「心之官」在「思」此一層面的合契；並由此產生「樂以天下，憂以天下」的自覺。準此，中國古代足堪此一稱謂的知識分子，就不可能是本文討論對象的絕大部分了。

與拓寬、深掘。狄爾泰說：「人只有通過歷史才能認識自己」。〔註4〕歷史，向後人呈現的是現象，至於意義、價值，則有待面對歷史的人去發覺或建構，因此，歷史的價值或意義只能透過人去彰顯。借用這個概念，對「知識分子」加以規範的，正是知識分子本身藉由對意義或價值的追嚮，經過一番思索、疏理、探研乃至比較、批判後的「定調」或「正名」。

　　深刻的「知識分子」，向來就是少數，甚至是極少數。文化的突破與此一珍稀的「知識分子」密不可分，固然如此，只是歷史發展不能只孤期此一類型的人物，它也頗賴於「一般的」知識分子，在不同時代發揮他們的智能與技藝，〔註5〕以爲後之來者的取資或反思。巨人的肩膀，經常是集合的，也是相對模糊的。站在巨人肩膀上，是否能看得更深廣，因人因時因事而異。先秦諸子（尤其是儒、墨）深契學者對「知識分子」的名實辨析，有研究者的致意、心思；不過，平情而論，先於諸子的知識分子，即使表現不夠深刻，就歷史發展而言，也應該給予適度的重視。本文所謂的「知識分子」，可作如是觀。

（三）「歷史述論」

　　歷史，是過往現象的積澱，歷史現象，對於後之來者，可以是了無意義，也可以是充滿意義。人活在個別生活場域與生命情境。一般人對於歷史的感知，或許是外在於生活、生命的，不具有特別的價值；至於知識分子，可能

〔註4〕　狄爾泰（Wilhelm Dilthey）著，艾彥、逸飛譯，《歷史中的意義》（北京：中國城市出版社，2002），頁102。

〔註5〕　關於春秋之前「士」的討論，自古即有，此且不表。近人研究有從甲骨卜辭金銘彝文分疏者，如王國維、郭沫若、楊樹達、徐仲舒、吳其昌等；有從遠古氏族社會貴族階層的結構及其後續分化論說者，如顧頡剛、楊寬、楊向奎等。上述研究的略要綜述可參考閻步克，《士大夫政治演生史稿》第二章〈封建士大夫階層的出現〉（北京：北京大學，1995），頁29～72。我們這裡所說「一般的」，主要是指「有職之士」。（語出顧炎武，《日知錄》卷七〈士何事〉。見黃汝成，《日知錄集釋》（台北：台灣中華書局，1984）頁24。）有職係指各有司掌。《周禮》六官，各有專司，所謂「體國經野，設官分職」、「掌邦治以佐王」。供職司事，需要職事專長，〈地官・司徒〉有「頒職事十有二于邦國都鄙」，其中第十是「學藝」。分見《周禮注疏》（台北：新文豐出版公司，不署出版日期），頁0011、0012、0159。（本文援用《十三經注疏》係阮元用文選樓藏本校勘嘉慶二十年重刊宋本，以後行文但書某書名，如《周禮注疏》、《左傳正義》。）貴族「學藝」，如「學古入官，議事以制，政乃不迷」（見《尚書・周官》。《尚書正義》，頁0270），入官之前先學習相關的知識，〈曲禮上〉云：「十年學，二十冠，三十有室，四十仕。」《禮記注疏》，頁0015，從學到仕，有一定的時限。此一性質、類型的士，大抵便是「有職之士」。

會有一番聯繫性的認識。歷史或歷史現象，於是成爲審視過去、現在，乃至未來的具體存在；也成爲辨析個己、群體，人我關係的論證取資。

知識分子有其學養與言文鋪敍能力，亦即具有陳述與論辨析證的資源——學、養；與依此學、養加以圓證、彰明的述論內容、目的。

「述論」，此一二字連結的語彙，雖然不見於先秦的載籍（一如「論述」），卻常見「述」、「論」二字。本文捨時下流行的「論述」不用，主要是基於「論述」涉及過多的歧義，其次是此一語彙有太多的現代性意義指涉。〔註6〕不是「論述」不好，只是以本文討論的對象——先秦知識分子——而言，此一語彙並不太適合本文的內容。個人以爲，本文中的先秦知識分子與後來有私家之作的先秦諸子，或致意於一家之學的秦漢以下的學者——對於某種主張、見解從事反覆的論證，形成程度不一的體系——是很不一樣的。換言之，前者的知識呈現，不論形式或內容，都不能視之爲一種含攝比較完整體系的「學」。然而，這一群知識分子實際上留下了詳略不一的見解，包括對人、對事、對古、對今；因此，本文基於討論的針對性，同時考慮對象的時代性，採用當時常見的述、論二語。事實上，此一當時語彙，從文理詞義來看，是最符合本文的。〔註7〕

「述論」，或「歷史述論」，既然是一種見解，一種對歷史相關現象的理解、觀點，何不以「歷史觀」爲名？個人以爲，學術上所謂的「歷史觀」，誠如學者所說的「含義十分廣泛」，雖然可概言「是人們對歷史的看法」，事實卻是有其複雜的指涉，並不適用本文。〔註8〕雖然也有學者認爲「歷史觀作爲

〔註6〕 說詳彼得・布魯克，《文化理論詞彙》，頁118～120。

〔註7〕 先秦載籍時見「述」、「論」二語，大致上是指陳述、敍述、說明、討論、評騭……。略舉其例，如《禮記・樂記》：「知禮樂之情者能作，識禮樂之文者能述。作者謂之聖，述者之謂明；明聖者，述作之謂也。」〈祭統〉：「銘者，論譔其先祖之有德善，功烈勳勞慶賞，聲名列於天下。」「古之君子論譔其先祖之美，而明著之後世者也。」〈中庸〉：「子曰：『素隱行怪，後世有述焉，吾弗爲之矣。』」「子曰：『夫孝者，善繼人之志，善述人之事者也。』」《論語・述而》：「子曰：『述而不作，信而好古，竊比於我老彭。』」〈憲問〉：「子曰：『爲命：裨諶草創之，世叔討論之，行人子羽修飾之，東里子產潤色之。』」〈陽貨〉：「子曰：『予欲無言。』子貢曰：『子如不言，則小子何述焉？』」《左傳・襄公三十一年》：「鄭人游于鄉校，以論執政。」分見《禮記注疏》，頁0669、0838、0839、0881、0886；《論語注疏》，頁0060、0124、0157；《左傳正義》，頁0688。上舉數例，文義具明，與本文用法最爲契合。

〔註8〕 王晴佳說「歷史觀念」「在近代西方，亦就是歷史哲學，表示思想家對歷史的

後人對歷史的認知框架，它的功能首先是要如實地描述和再現歷史現象，然後再給予這些現象以相對完滿的因果解釋」，〔註9〕似乎較符合本文的「歷史述論」，不過它依然是立足於研究者的立場，與本文以討論對象爲發言主體的取向不同。簡言之，爲了盡可能貼近討論對象的發言情境，本文還是採用「歷史述論」此一素樸的語彙。

二、研究動機

孟子曾說：「學問之道無他，求其放心而已。」孟子從仁、義論學問之道，認爲只要尋回遺落的本心，便能深契學問的根本道理。又說：「思則得之，不思則不得。」從外在的「耳目之官」聯繫內在的「心之官」，〔註10〕如此，知識學問與個人的生命，始可通貫轉化。學問的道理在此，則學問的目的亦可約而言之。常情而論，學問的目的可簡約爲「謀」這個字；如「謀食」、「謀道」、「爲一己謀」、「爲天下謀」，傳統的說法是小大、利義的分辨與取捨。這一層分辨與取捨與學問深淺多寡不必然有關，卻不能與爲學者的心術懷抱無涉，忝爲讀書人，當觸及所謂的「研究動機」，個人以爲有必要對自己的爲學心態進行自我審視。

章學誠說：「觸乎其類而動乎其思。」〔註11〕對個人而言，「類」可大別爲現世場域與歷史場域。以下試就二者稍加說明本文的研究（寫作）動機。

在現世場域，學問的養成與相關知識的累積存在著與角色扮演上的輔成質詰。學問的養成，需要從師問學，也要自我錘煉。對於前者，個人是幸運的，不同的階段總有良師教導提攜；時見師長或孜矻究學，覃思爲文；或諄

思考和解釋。」它是「思想家（自然包括歷史學家）對歷史的演變發展所作的解釋，以揭示歷史變動的原因，歷史發展的法則和歷史的意義爲主要內容」，也包含「對歷史學性質和功用的研究，其中包括歷史學家對歷史的認識能力和局限、歷史寫作的方法和理論以及歷史學與其它科學之間的關係等問題。」王晴佳，《西方的歷史觀念：從古希臘到現代》（台北：允晨文化，1998），頁8。準此，「歷史觀」或「歷史觀念」的指涉，與本文所說的「歷史述論」，其間的殊異性遠大於共通性。

〔註9〕 楊陽，《王權的圖騰化——政教合一與中國社會》（杭州：浙江人民出版社，2000），頁74～75。

〔註10〕 俱見〈告子上〉。朱熹謂唯如此才能「有所發明」。朱熹，《四書集注》（台北：漢京文化，1983），頁806、807、810、811。

〔註11〕 《文史通義·習固》。見章學誠著，葉瑛校注，《文史通義校注校讎通義校注》（台北：頂淵文化，2002），頁259。

誨提命，以身作則，可謂德業兼具，言行相契。身爲門生後學，常以此自儆。至於自我錘煉，學術文章有虧，雖喜讀書，才思依然窮乏，幾無所成；唯師長提命，不敢荒怠，在現實的生活場域裡，自期至少扮演起碼的「知識分子」的角色：不只「謀食」、「爲一己謀」，還能稍有助益於世道人心。角色的扮演，往往涉及某種程度的拉鋸，例如現實與理想，妥協與堅持。類如此例，史上無時不有。個人學史，入其門戶，雖無能窺其堂室奧妙，卻也稍知其中大概。多年以來，充竿學府，學術無成，唯某種理想還在；之所以如此，不外是現世場域的人、事現象彷如一長串的質疑與究詰，使個人需要隨時反身審視自己的角色，同時以歷史人物與師長的言行舉止作爲思索的對照，並作爲自己行爲的檢證。

現世的場域是具體存在的，至於歷史的場域，經常是既幽微又鮮明。說幽微是因爲它所呈現的總有太多的化約，更重要的是，它的意義經常受到現實的反諷、謔訕。這一困境，對於第一線的講授者來說，是對自己的職業角色與「知識分子」認知、實踐上的挑戰。個人難免會想，一個人累積了可觀的學問、知識，當面臨這種情境時，如何安頓自己，又如何面對聽者、受者而能沒有愧報；換言之，既要眞誠的面對自己，也要誠實的面對別人。類似這樣的自我審視可能是頗爲唯心的，卻也是身爲讀書人（或知識分子）不能不加思考的。因此，就個人而言，現世的場域與歷史的場域是相互貫通的，彼此之間存在微妙的互動；它存在個人的知識吸納上，也存在知識的講授、呈現上。身爲一個「有職之士」，固然不必以技藝奉事特定的對象——執技事上——，至少要有一份知識的忠誠，這樣的思維與認知，是個人從事歷史教學的基本心態。

由於長期講授古代史，使自己常處於出入古今的情境中。對於歷史的致意與闡明，是中國古代學術的悠久傳統。孔子寄義《春秋》，謙言「竊取」，是孔子知史之爲要。然則，夫子或有微言，唯其少具體言論；孟子稱夫子「成《春秋》而亂臣賊子懼」，〔註12〕《公羊傳》謂「撥亂世，反諸正，莫近諸《春秋》」，〔註13〕司馬遷亟稱《春秋》，謂其「上明三王之道，下辨人事之紀，別嫌疑、明是非、定猶豫，善善惡惡，賢賢賤不肖。存亡國，繼絕世，補敝起廢。王道之大者也」。〔註14〕是《春秋》的作用特大。而《春秋》是《經》更

〔註12〕 《孟子・滕文公下》。《孟子注疏》，0118。
〔註13〕 《公羊傳・哀公十四年》。《公羊傳注疏》，頁 0358。
〔註14〕 《史記・太史公自序》。《新校本史記三家注》（台北：鼎文書局，1984），頁

是史，孔子重視《春秋》便是重視歷史。只是若不以人廢言，我們相信對於歷史的重視，早在孔子之前便存於那一群「學藝」的「有職之士」心中，即使他們的致意不如孔子的深邃。後人對孔子、《春秋》有崇憬的心思，因而提及先秦知識分子的歷史意識以及這一意識的呈現，總以孔子爲主、爲先，無意中就忽略了先於孔子的那一群「有職之士」。基於溯本探源的認識，也爲了強化個人對孔子之前，漫長歷史階段中那群「有職之士」的歷史意識的理解，個人於是不揣讕陋，希望經由此一疏漏的研究，得以有助自己出入古今的授課或學、思轉化的能量累積。才小不足爲大，識淺不能語深。本文或無益士林，卻不失忠誠，如此動機，可能與一般文例不甚契合，卻是個人撰寫本文基本與最主要的動機。

三、研究方法

　　所謂的「研究方法」，在學術上指的是針對命題對象進行論題呈露的取徑。以歷史研究而言，便是「史學方法」。歷史研究的對象是過存的、叢脞的、或顯或隱的現象；不論現象是如何難以認識、釐清，總不能捨離此一前提。歷史，在時空、人事的交織網絡中，存在各種現象；當時之人與後之來者，就此進行載記、編纂、彙集、考校、注疏、詮解、論理、析義，亦即先存其影跡，復傳其大略，更釋其義理，終以有益於當世。簡言之，現象的研究，可以寄託心志，卻要以可考知的證據爲基礎；可以彰顯論者的孤詣獨明，卻不能不實事求是。

　　歷史研究，向來有一化約的說法，它不離現象追索的考證、現象再現的舖陳、意義申明的論詮；說是化約，卻也精要。設使不以稱名的眩奪爲意，則一般所謂「考據」、「辭章」、「義理」已深得歷史研究的旨趣：既是實事求是的方法，明曉現象的舖敘方式，也是彰顯旨意的學思轉化。至於如何達到此一境地，研究上便有林林總總的方法，包括行之已久的傳統方法與與時俱進的新方法。〔註15〕傳統方法雖然不像各種新方法充滿繁複與細密的辯析，

　　3297。

〔註15〕關於「史學方法」的闡論，杜維運有精要的論著，尤其是晚近增訂新版的《史學方法論》（台北：三民書局，2003），在深度上有其獨見之明，在廣度上包舉異說，在時間與空間上融冶古今、疏通中外。就方法論言，雖有明標的章題如：「史學方法科學方法與藝術方法」、「歸納方法」、「比較方法」、「綜合方法」、「分析方法」，且於章下詳分子題；實則，通覽全書，二十七章幾無不涉。

也沒有奪人耳目的殊異稱謂，不過就本文的討論對象與疏理的命題而言，卻是最實際的方法。

當然，凡是學術研究，不論選題、蒐證、分析、演繹、歸納、論詮、闡理、明義……，莫不爲完善敘述、周延論證與深化題旨，以賦予研究對象比較清晰的面貌。同時，研究者不能不受當代學風的影響。晚近的歷史研究充斥各種理論、觀點與主義；研究取徑與致意的不同，也出現壁壘分明的陣營，形成所謂的流派或學派。〔註16〕這種情形有方法論的指涉，同時也包含了方法之外的內容，牽涉到原則、通則、規律、主義，甚至是模型範式的揭示與運用。如此一來，研究者處於傳統與現代的方法運用上，難免有某種程度的困窘：若以傳統方法，則易招來保守自封之譏：若採最新的理論、方法，又可能淪爲爲爲理論作嫁。歷史研究於是不免要面臨這般的質詰：是否只是竭盡所能的蒐羅材料，忠實的呈現材料之所有而不論其所無，讓證據自己說話即可；抑從實際工作中妥善運用材料，進行意義的闡發，以達到對象的深刻彰明，而於研究中不刻意的採用或排拒任何方法與理論；或是已有某一鮮明的理論、觀點或主義爲研究的最高指導，並據以爲對研究對象進行全盤籠罩的揄揚或批判。除非像後現代主義所宣稱，歷史研究只是一種「語言遊戲」（language game），〔註17〕不然，這些問題，乃至更多的問題都是歷史研究者

按，《史學方法論》初版於 1979 年，1985 年修訂，最近則爲 1999 年的增訂新版，該版在 2002 年 2 月已印行至 15 版，可見學界重視之一斑。

〔註16〕 以中國史的研究而言，有從表現形式上加以區別爲「傳統派」、「革新派」、「科學派」的，這是錢穆略要的分法。三派又名：「記誦派」、「宣傳派」、「考訂派」。錢穆，〈引論〉，《國史大綱》（台北：國立編譯館出版，臺灣商務印書館印行，1980 修訂七版），頁 3。有從影響的重大性上區分，大別爲「史料學派」和「史觀學派」二大類的。此乃余英時在爲《史學評論》發刊時所寫的代發刊辭中提出的。見〈中國史學的現階段：反省與展望〉，後收入余英時，《史學與傳統》（台北：時報出版公司，1982），頁 2。早於此而類似的分法是周予同在民國 30 年提出的史學發展四分期，其中第四期：「轉變期的新史學」，將新史學家歸納爲「史觀派」與「史料派」。周予同，〈五十年來中國之新史學〉，收入朱維錚編，《周予同經學史論著選集（增訂本）》（上海：上海人民出版社，1996），頁 515。

〔註17〕 關於後現代主義（postmodernism）對「歷史」、「歷史學」的主張，可參考杜維運前揭書第二七章：〈史學方法的承舊與創新（四）、（五）〉，頁 459～474。另外，更詳細的說明、介紹可參考王晴佳、古偉瀛合著，《後現代與歷史學中西比較》（台北：巨流圖書公司，2000）。該書代結語的〈後現代史學的〔要理問答〕〉，詳列 20 道問答，具有鉤稽提契的精要說明，頗有助於對後現代歷史學的理解。

必需忠實面對與申明的根本問題。

　　前面提到本文採用的是傳統的方法，係基於個人對研究命題的認識與預期，主要是針對材料加以一番歸納、分析、演繹，〔註18〕以闡明知識分子的歷史述論所含攝的實質。明乎此，則所謂新方法中的理論、主義、史觀云云，可以存而不論。雖然，本文也不在討論史學與史料本身的問題，〔註19〕而是根據史料的內容，不「先存一揄揚夸大之私，亦不必先抱一門戶立場之見，仍當於客觀中求實證」，〔註20〕避免任何決定論或是以「超歷史的歷史哲學的學說來代替具體的史學研究」。〔註21〕

〔註18〕杜維運指出，歸納法與演繹法各有優缺。歸納法大致爲「儘量蒐集可能蒐集到的史料，史料蒐集全了，再得結論」，因此，證據完備是其優點，至於結論「是否精確，則待商榷。」演繹法「係由理論到事實，應用到歷史研究上，是先建立一種史觀或假說，由此史觀，由此假說，以符合其說的史實」，是以，表面上奪人耳目，事實上可能是「不科學不客觀」，甚而不免有以理論決定一切的盲點。引文俱見《史學方法論》，頁67、68、71、79。本文此處所說的演繹與杜氏的定義不同，係演申細繹之義。

〔註19〕錢穆所說的傳統派與科學派可合稱爲「史料學派」，二派「與當身現實無預」，唯前者「多識前言往行，博洽史實，稍近人事，縱若無補於世，亦將有益於己。」；後者「往往割裂史實，爲局部窄狹之追究。以活的人事，換爲死的材料。」故不得已，則取前者，至少無害。《國史大綱》，頁2。余英時於「史料學派」亦頗有微詞，謂其「最大特色在於他們的史學和時代完全脫節」，「在『史學即史料學』的理論支配之下，他們的『證』的範圍則退縮到材料的眞偽這一點上。」《史學與傳統》，頁3。

〔註20〕《國史大綱》，頁10。

〔註21〕《史學與傳統》，頁10。關於「歷史哲學」的治史方法，杜維運說「是被公認的極不科學的一種治史方法。」《史學方法論》，頁68。對於學說的批評，卡爾·巴柏（K·R·Popper）在《歷史主義的貧困》一書中曾說道：「歷史發展的進程決不是被無論多麼美妙的理論架構所塑造出來的。」引自何兆武主編，《歷史理論與史學理論──近現代西方史學著作選》（北京：商務印書館，1999），頁823。雖是對歷史主義的批判，也可看成對某種宣揚「學說」之決定論的批評。對「歷史哲學」最形象化描述的，可能是布克哈特（Jocob Burckhardt），他說：「『歷史哲學』像半人半馬的怪物，它的名稱就是一個矛盾，因爲歷史是在同一層次協調（history coordinates），因此是非哲學的；而哲學則是在高一層次上駕馭（philosophy subordinates），因此是非歷史的。」他認爲模型不能說明歷史，「社會群體與其說是來自模型，不如說是漸進的結果。這是人類獨有的精神循序漸進的發展結果。」布克哈特的批評，有很大的部分是針對黑格爾在其《歷史哲學》一書中闡發的「歷史進程是理性向完全自由前進」觀點而發的。這部分集中在《歷史的反思》第一章〈導論〉裡。上面引文即出自〈導論〉。見布克哈特著，施忠連譯，顧曉鳴校閱，《歷史的反思》（台北：桂冠圖書公司，1992），頁2、20。

歷史研究畢竟是具體的工作，同時也是揭示意義的學術行爲，因此，忠誠的面對研究對象，從實際的工作中彰明論題，即便沒有眩人的方法，但持「堅定意志，集中心力，以拙爲巧，以慢爲快，聚小爲大」的態度，〔註22〕以爲本文撰寫的方法。

四、藉資討論的典冊、載籍說明

（一）何以取此略彼

本文討論的是早於先秦諸子的先秦知識分子的歷史述論，按理說，相關的資料宜顧及《易》、三《禮》；唯文中何以捨而不用？其實，論題所說的「歷史述論」已點出本文所能或最宜取資的材料局限。三《禮》，先不論其眞僞問題，就內容言，頗涉制度與禮制規範，與本文以知識分子的言文事據爲基礎，申明涉及其中的人物的心志意圖，鮮少關涉，是以參酌佐資則可，不必深入剖析。至於《易》，《經》文所重，在於幽玄的哲理，雖學者鈎稽，稱其多涉商、周史事，〔註23〕卻未必合於本文的論旨；而《傳》（或說「十翼」），先不論作者的相關問題，〔註24〕雖〈繫辭下〉多及古史，且別「上古」、「中古」、「殷之末世」，似有其對歷史發展的觀點，〔註25〕卻不足成其篇章，是以割捨。此外，《公羊傳》、《穀梁傳》，主要係就所謂《春秋經》的微言大義發揮戰國晚期以下人所體認的「聖人」言、義，亦與本文的主體對象不合；與前述《易》、三《禮》一樣，參酌旁證已足。

〔註22〕此係嚴耕望以自己數十年隨時努力的工作態度與研究經驗，得出的治史方法。嚴氏所說方法尚有以下二句：「以深鍥精細爲基礎，而致意於組織系統化。」說詳嚴耕望，〈序言〉，《治史經驗談》（台北：臺灣商務印書館，1981），頁3、4。個人淺陋，不足與言「深鍥精細」、「組織系統化」，而「堅定意志」云云，或稍可及之。

〔註23〕在這方面的研究，黃凡投入不少的時間，並著有專書，詳研《經》文的相應史事。黃凡，《周易——商周之交史事錄》（汕頭：汕頭大學出版社，1995）。此外，尚多有學者結合出土資料論證《易》的種種問題。這方面的單篇論文或論文集與專書不少，個人所見可能有限，要之，皆與本文論旨鮮有關涉。相關篇章見文後書目，不贅列。

〔註24〕《易經》是秦始皇焚書時未受波及的《經》書，因此，《經》文的糾葛問題最少；至於《傳》則在北宋之前相傳皆爲孔子所作，至歐陽修始疑〈繫辭〉、〈文言〉、〈說卦〉而下，不類聖人言。此中問題叢胜，簡略說明可參屈萬里，《先秦文史資料考辨》（台北：聯經出版公司，1983），頁309～316。

〔註25〕文詳《周易正義》，頁0166～0175。

（二）對《詩》、《書》、《逸周書》、《左傳》、《國語》取資的態度

　　上面的五本古籍是本文討論時，材料引用的基礎，這些古籍所載人物言行並其所述史迹內涵，是本文討論的宗旨。自古以來，關於這些典冊、載籍的爭議，且不說義理上各種歧異的分疏與論辨，只其成書年代，著（輯）作者，篇章眞僞等問題，便有數之不盡的研究。以本文言，既非考辨年代、作者、眞僞（此亦非個人之淺陋所能當其萬一），也不在探討經學或哲學的義理；雖然，取捨依違不能無據。論學術，本如積薪，後來居上；又如披沙瀝金，賢者識微，是以前賢今人苦心求索、考論辨析、反覆證成，後之來者如個人，遂得有取證的便宜。

　　《詩經》：

　　原文據《十三經注疏》之《毛詩正義》，標點、句讀從屈萬里博綜各家，精思詮析的《詩經詮釋》，復有涉及史迹說明、解釋而個人尚多疑慮者，則參綜異說。〔註26〕

　　《尚書》：

　　原文據《十三經注疏》之《尚書正義》中之《今文尚書》，標點、句讀從屈萬里的《尚書集釋》，並參孫星衍的《尚書今古文注疏》。〔註27〕

　　《逸周書》：

　　本書向爲輯本，不似《詩》、《書》有比較完整的本子，因此，學術界雖

〔註26〕就學術研究而言，《詩經》的內容包羅甚富，因而研究的主題、面相也紛雜多樣，就與歷史學關係較密切的研究而言，葉達雄師的《詩經史料分析》是較早深具系統、組織的學術著作，其後則陸續有洪素娥的《從詩經研求周代的史實》，劉逸文《詩經與西周史關係之研究》等，均疏理《詩經》中的史料。至於屈萬里的《詩經詮釋》（台北：聯經出版公司，2001），係由《詩經釋義》擴充而成，學者稱許爲「融貫諸說而正以己意」之精心傑作。以上說明見楊晉龍，〈《詩經》學研究概述〉，原載《漢學研究通訊》20卷3期（2001年8月），後稍有訂誤補缺，收入林慶彰主編《（1950～2000）五十年來的經學研究》（台北：臺灣學生書局，2003），頁91～160。上面說明見頁124、118。

〔註27〕屈氏的《尚書集釋》（台北：聯經出版公司，2001）主釋《今文尚書》，另有附編及於逸文、《書序》、《僞古文》。該書採擷周到，說明翔實，詮釋則深入淺出，時見精義，書前的〈概說〉文長近二萬字，詳細論述《尚書》今古文的大關節，甚有助於對一些根本問題的認識。屈書考辨精審，迭有新意，爲《尚書》釋詮極佳的力作。參見蔣秋華〈《尚書》研究〉，收入林慶彰主編，《（1950～2000）五十年來的經學研究》，頁78。孫書（陳抗、盛冬鈴點校，北京：中華書局，1998）係「徧采古人傳記之涉《書》義者，自漢魏迄於隋唐」，又探清儒之說，向爲士林所稱重。

多有稱許，卻也頗多懷疑其眞僞。晚近學者經過仔細的考索，認爲其中多有周代史迹之實，經由研究，彙校成書。本文採用李學勤審定，黃懷信等撰的《逸周書彙校集注》。

《左傳》、《國語》：

前述三書所涉人物、史迹以西周及其前爲眾，若《左傳》、《國語》，則集中於春秋，此其時間斷代之別有異，至於二書所載人物，咸具其名，所記言行，多詳大概，甚合本文論旨。唯二書的諸多問題，歧異爭辯亦多。個人參詳相關的學術史研究，若不以今文學家中之激越的全面否定論者爲據，二書中的人物並其言行，宜視之爲春秋時代知識分子的「述古」、「徵近」的存眞之作（或彙集）。晚近學者致力於實證，基本上對於康有爲以下以證僞、辨僞爲志的「古史辨派」的主張，已有深廣的廓清。錢穆的〈劉向歆父子年譜〉可謂開山之作，它實證的駁駁是還《左傳》本來面目的最佳方式；〔註28〕它如楊伯峻的力作《春秋左傳注》，也是以具體的、堅實的工作爲基礎得出的成果。〔註29〕而張以仁更以辛勤的工作精神，忠誠的態度，不僅致力於《左傳》的研究，且用心於《國語》的探討，獲得厚實精密的成績。是以，二書自來容有眾多爭議，個人以爲，經由後來學者的深刻研討，已有足堪信任的理據。本文立基於前賢的論證上，原文引用，《左傳》據《十三經注疏》之《左傳正義》，標點、句讀並釋證主要從《春秋左傳注》。《國語》則採新校標點，韋昭注的《國語》。〔註30〕

最後，關於前賢今人稱謂：

本文行文中提及古今學者，一概省略先生的稱謂，並非個人狂妄，實際上，個人對於學者暨其論述，咸懷尊重心思。省其敬稱，乃略去形式，無損個人誠謹敬意。

〔註28〕另瑞典學者高本漢著，陸侃如口譯、衛聚賢筆記的《左傳眞僞考及其它》（上海：商務印書館，1935），該書以文法爲證，亦釐清了《左傳》並非僞作。

〔註29〕楊書浩博，是以不免有誤，張以仁即針對楊書「孔子未曾修作《春秋》」之說，提出力證加以反駁；唯此係就《春秋》而論，非針對《春秋左傳注》。說詳〈孔子與春秋的關係〉，收入張以仁《春秋史論集》（台北：聯經出版公司，1993），頁1～60。

〔註30〕此書係宏業書局據《四部備要》排印清代士禮居翻刻明道本爲底本，參校《四部叢刊》影印明代翻刻公序本所印行。

第一章　從誦記稽疑到載記申說

第一節　巫覡占卜誦記稽疑的述論初階

　　從歷史遞進遞變的角度來看，知識分子的出現是漫長的歷史發展的一種現象。在人類社會裡，每一屬性的個人或群體都各有其職能，以知識發揮職能的人，在職任上主要是以從事心智活動爲主；在古代中國，便是廣義的知識分子。

　　歷史，離不開積累，因此便不能不有因革損益。歷史有它本身的遺存，如器物等，也有遞變過程中人爲的選擇，如傳述、載記等。知識分子與歷史的關係，主要是表現在後者。每一時段的歷史面貌或顯或隱，也與知識分子的認識、理解息息相關。以古代中國的歷史發展而言，在進入歷史書寫的階段之前，已存在頗爲悠長的遞進時期，晚近的考古工作成果與研究所呈現的古史，最足以說明這一事實。因此，在漫長的前書寫時期，歷史便一直未曾或止的在積累。這段時間裡的人群結構也持續的在分化、演進，以知識的層面來說，有更多的類別，順應變化的需求而出現在歷史舞台。從本文的論旨來說，這些具有知識的個人或群體，在他們所身處的時代裡，一方面從事當下知性的心智活動，另一方面也在進行知識的傳承以及文化基礎的創造。這類型的知識分子，除了職務功能的呈現外，事實上也具備有從職務功能中體現的知識傳承和某種程度的「歷史認識」。這一現象固然不能與歷史書寫時代的史官系統劃上等號，卻也不能加以完全的切割，乃至置而不論。進一步說，這種由職務功能而產生的「歷史認識」，伴隨著時代的遞進，當職務分化更加專業後，對史官文化與傳統是有影響的。

　　對於知識分子這個稱謂，至今還沒有完全一致的用法，而事實上也難有一致的用法。這個詞語的大量運用主要是在社會科學的研究上，運用到歷史學領域則相對的晚。〔註1〕不過，因爲有它表述上的現代性與方便性，因此成了學術研究，乃至一般性的普遍詞彙。當然，做爲學術研究，個別上仍有必要加以界說的。例如用在中國古代史的研究，尤其是歷史書寫之前的上古史，知識分子是否適用於這個階段的某一類型人物，便有明顯的差別。以余英時爲例，便將知識分子的出現時期訂在春秋戰國，同樣的，知識階層（群體、社群）也是始於此時。〔註2〕另外如金景芳、宋兆麟、張紫晨則採用了較爲寬廣的界說，認爲巫是最早型態的知識分子。〔註3〕到了最近，王廷洽在前述的說法上，進行比較完整、關於巫覡宜爲知識分子的原型的論述。〔註4〕本節以

〔註1〕　余英時，〈古代知識階層的興起與發展〉，《中國知識階層史論　古代篇》，頁2、3。余英時，〈中國知識分子的古代傳統——兼論「俳優」與「修身」〉，《史學與傳統》，頁71～73。

〔註2〕　余氏指出：「知識份子在中國古代的名稱是『士』；但是從嚴格的意義說，知識份子出現在中國的歷史舞台則是春秋戰國時代的事。」語見〈道統與政統之間——中國知識份子的原始型態〉，收入氏著，《史學與傳統》，頁30。余氏在另文說道：「古代知識階層始於春秋、戰國之交的孔子時代」、「我們可以肯定地說『仕』縱使不是春秋戰國之際才產生的新觀念，它至少是伴隨著『士民』而來的新問題。『士民』的出現是中國知識階層興起的一個最清楚的標幟。」余英時，〈古代知識階層的興起與發展〉，《中國知識階層史論　古代篇》，頁4、24。余英時的說法一直沒有改變，在《士與中國文化》（上海：上海人民出版社，1987），頁87中說道：「中國知識分子之形成——自覺的社會集團是春秋戰國之際才正式開始的。」類似「自覺」的說法，余氏在〈古代知識階層的興起與發展〉已數致其意，頗多發揮。見頁38～51、65、66。可見余英時的斷限是基於與「自覺」相關的意義上。

〔註3〕　分見：金景芳，《中國奴隸社會史》（上海：上海人民出版社，1993），頁98；宋兆麟，《巫與巫術》（四川：四川民族出版社，1989），頁7；張紫晨，《中國巫術》（上海：三聯書店，1990），頁26。

〔註4〕　詳見王廷洽，《中國早期知識分子的社會職能》第一章〈巫覡的社會職事和文化創造〉（鄭州：河南人民出版社，1997），頁1～103。王氏在該章結論裡提到巫有淵博的知識，「創造了璀璨的原始文化」、「巫師群體是我國知識分子的原生形態，或者說是第一代文化人。」，頁103。須要說明的是，本文在撰題之初即考慮到從「歷史述論」的主旨來說，應該對「歷史述論」時期前的「歷史認識」作一交待。當時便注意到文獻中巫覡的相關資料，也作了部分疏理。直至2002年初購得此書，發現王氏所蒐集到的資料頗爲豐富，且專章篇幅又長，原想捨棄此節，經再次細讀，覺得論旨有別，尚可致意發揮，而王氏所引資料又可適當參酌，是以保留本節，同時也便於以後的行文比較。爲表愼重，並對王文表示敬重，特此說明。

基於歷史發展無時稍止，而專職載記其出較晚，在此一時期，對歷史面貌應有一個認識的初始階段的體會，在定義相對嚴格、針對也比較清楚的知識分子之外，採取較為廣義與寬鬆的定義，集中於與巫覡文化祭祀傳統攸關而具有歷史認識的成分，說明這個時期裡晦闇的「歷史認識」的情狀。因其尚處於發展的初期階段，是以稱之為初階。

古代歷史，在文字出現之前，或是文字萌芽之初，主要是以耳聞口誦的方式傳遞下來，這種歷史當然是很局限的，主要的內容也不外神話與傳說中的人與事，歷史圖像自然模糊不清；在性質上也以政事活動為主，這是客觀的事實。然而即便如此，構成這些歷史的主幹為何，在累積這些歷史素材的漫長歷史過程中，有那些人承擔了傳薪的角色，扮演解釋的職責，在文化的遞進遞變中有什麼樣的作用，對於我們想要進一步理解這段模糊時期的歷史，還是有意義的。因為口耳相傳的歷史極端依賴人的記誦，不像文獻有文字可以稽查考索，所以除了庶民間的傳說，得以經由一般人民互相傳誦（只是這一部分能構成遠古歷史的不多），而不必有賴經訓練養成，便可有所保存之外，關於以政事活動為主的相關傳說（這部分構成了文字記載時期歷史的主體），絕大部分則有賴經過訓練，並且有特定職掌任事技藝的人。同時，因為歷史性質重於政事，是以與政事攸關的活動，便是這些技藝之士所需嫻熟的職事內容。在遠古時代，眾多「執技以事上」的人都是專業之士，學問也是專家之學。〔註5〕這群技藝之士中，與歷史記誦最有關的，從職業性質與工作內容來說，最早的角色與身分便是巫覡。

關於巫覡的來源以及在不同社會、文化中的同異，因為與本文無重大關係，此處不論。〔註6〕這裡所論，將以先秦的金銘與文獻為主，探究巫覡在歷史記誦上的角色，並說明這種角色對歷史認識的原初性質。

巫覡，是事鬼神的技藝之人，在初期的階段，或許有性別的差異，後來則分別不顯。〔註7〕事鬼神的巫覡所參與的政事活動，最主要的是祭祀，凡是

〔註5〕《禮記·王制》：「凡執技以事上者：祝史、射御、醫人及百工。凡執技以事上者，不貳事，不移官。」《禮記注疏》，頁0256。所謂「不貳事，不移官」指的便是專仕一事，專學一技。

〔註6〕晚近由於社會科學勃興，在風俗文化方面的人類學、民族學研究舉不勝舉，西方著名學者如馬林諾夫斯基、弗雷澤、施密特、泰勒、卡西爾、史特勞斯等，以及陳夢家、楊向奎、李宗侗、瞿兌之、張光直等前輩學者，多有專著專論。

〔註7〕段玉裁，《段氏說文解字注》：「巫，巫祝也。女能事無形，以舞神者也。……

重大的祭祀，由巫覡擔任降神的職務。《山海經・大荒西經》記載靈山有十巫，「從此（山）升降，百藥爰在。」郭璞注：「群巫上下此山采之（藥）。」郭璞將升降與採藥連綴，文意似通，其實可能忽略了巫的「升降」除了採藥係「巫醫」的「醫」的角色外，「巫」與降神之間的關係。神話學者袁珂便指出，「升降」：「即從此上下於天，宣神旨、達民情之意。」〔註8〕巫覡上下於天，張光直參以卜辭中的「降」、「陟」二字形狀，進一步指出：「左面阜，示山陵」，「降」字「右面是足跡，自上下走來」，「陟」則是「右面的足跡則是自下向上走」。因此，降陟有下上之意，前者是「神在巫師的邀請或召喚之下自上界以山為梯而走降下來」，後者是「巫師到上界去與神祖相會」，所以「卜辭中陟降兩字都從阜，意指足跡通過山阜而昇降」。〔註9〕降為降神之意。《周禮・春官・司巫》：「凡喪事，掌巫降之禮」；鄭玄注云：「降，下也。巫下神之禮。」〔註10〕是漢人尚知其意。降神的儀式中有樂有歌有舞。如《周禮・春官・大師樂》：「以六律、六同、五聲、八音、六舞大和樂以致鬼神示」「乃分樂而序之，以祭、以享、以祀」、「凡樂，大祭祀則宿縣，遂以聲展之」〈春官・司巫〉：「大旱，則帥舞而舞雩。」〈春官・女巫〉：「旱暵，則舞雩。」〈地官・舞師〉：「掌教兵舞，帥而舞山川之祭祀；教帗舞，帥而舞社稷之祭祀；教羽舞，帥而舞四方之祭祀；教皇舞，帥而舞旱暵之事。」〔註11〕祭祀天地、山

覡，能齊肅事神明者，在男曰覡，在女曰巫。」段氏云：「此析言之耳，統語則《周禮》男亦曰巫，女非不可曰覡也。」《段氏說文解字注》（台北：文化圖書公司，1985），頁210。《國語・楚語下》：「古者民神不雜。民之精爽不攜貳者，而又能齊肅衷正，其智能上下比義，其聖能光遠宣朗，其明能光照之，其聰能聽徹之，如是則明神降之。在男曰覡，在女曰巫。」韋昭注，《國語》（台北：宏業書局，1980），頁559。《禮記・檀弓下》記魯穆公欲暴巫以求雨，問於縣子，縣人答以「望之愚婦人」，則巫為女性。見《禮記注疏》，頁0201。是巫覡為女、男。《周禮・春官・宗伯》：「司巫，中士二人。……。男巫，無數；女巫，無數。」《周禮注疏》，頁0265。《山海經・大荒西經》有靈山十巫，其中「巫姑」當係女性，其它如「巫咸」等大抵是男性。袁珂注，《山海經校注》（台北：里仁書局，1982），頁396。則男女並可名巫。

〔註8〕 袁珂注，《山海經校注》，頁397。另〈海內西經〉記開明東有六巫，「夾窫窳之尸，皆操不死之藥以距（活）之。」郭璞釋六巫為「神醫」。袁珂認為「皆神巫也。此諸巫無非神之臂佐，其職任為上下於天，宣達神旨人情，至於採藥療死，特其餘技耳。」《山海經校注》，頁302、303。

〔註9〕 張光直，〈商代的巫與巫術〉，收入張光直，《中國青銅時代（第二集）》（台北：聯經出版公司，1990），頁50、51、53。

〔註10〕《周禮注疏》，頁0400。

〔註11〕 俱見《周禮注疏》，頁0338、0339、0344、0399、0400。

川、社稷以及各種攘凶祈福的行爲都有聲樂舞的搭配，爲的就是希望神能歡享，自天而降，帶來正確的指示。

巫覡做爲祭祀活動中的重要參與者，同時能歌能舞，顯然是經過訓練的「有職之人」（士），因此也是早期知識階層的成員。《周禮》中記載巫覡的官名並不多，這或許與周人經過一番對其前的古代巫覡風習的因革損益有關。〔註 12〕在《周禮》系統化過程中，對於巫覡的革損要大於因益，這也使得巫覡在周代的重要性可能遠不如商代。〔註 13〕因此，殷巫與周巫在身分高下上是有明顯差異的。就以商代卜辭來說，羅振玉曾統計卜辭內容，並大別爲九類，而以卜祭最多。〔註 14〕李亞農則指出殷王一年中幾乎是無日不祭祀，且多數由王主祭。〔註 15〕祭祀有禱於祀主，商王主祭則有禱，最有名的例子要數商湯以己身爲牲，禱於桑林之社以求雨了。〔註 16〕商湯以

〔註12〕《禮記・表記》引孔子論三代之道：「夏道遵命，事鬼敬神而遠之，近人而忠焉。……殷人尊神，率民以事神，先鬼而後禮。……周人尊禮尚施，事鬼敬神而遠之，近人而忠焉。」《禮記注疏》，頁 0915、0916。周人與夏人於「事鬼敬神」無異，與殷人的「率民事神」、「先鬼後禮」則有別；而且，從殷人「尊神」和周人「尊禮」來看，顯然周人在因革損益方面，「禮」的突出，所彰顯的便是對鬼神的依賴上的淡薄。

〔註13〕李宗侗認爲巫在商代的地位很重要，稱當時「君及官吏皆出自巫。」見李宗侗，《中國古代社會史》（台北：中華出版事業委員會，1954），頁 118、119。陳夢家也有類似的看法：「由巫而史，而爲王者的行政官吏；王者自己雖爲政治領袖，同時仍爲群巫之長。」陳夢家，〈商代的神話與巫術〉，《燕京學報》第 20 期（北平：燕京大學，1936），頁 535。張光直指出《尚書・洪範》箕子教武王「彝倫攸敘」的「洪範九疇」中的「稽疑」和「庶徵」，爲巫師的專長，並引周原 H31.2 號甲骨記箕子至周京降神一事，陳明商巫本事比周巫高明。至於地位，「到了殷商時代，巫師與王室的結合已臻完備」、「在商代巫政是密切結合的。」張光直，《中國青銅時代（第二集）》，頁 46、47、49、64。

〔註14〕引自侯外廬主編，《中國思想通史》第一卷，第三章〈殷代的宗教思想〉（北京：人民出版社，1957），頁 66。

〔註15〕李亞農，《殷代社會生活》，輯入《李亞農史論集》（上海：人民出版社，1978），頁 416。

〔註16〕湯以身爲牲禱於桑林數見於春秋戰國以後的著作，其中有確指的最早記載是《墨子・兼愛下》：「湯貴爲天子，富有天下，然且不憚以身爲犧牲，以祠說于上帝鬼神。」孫詒讓，《墨子閒詁》（台北：華正書局，1987），頁 114。《呂氏春秋・季秋紀・順民》除載湯以身禱之外，尚有「剪其髮，　其手」之語。王利器，《呂氏春秋注疏》（成都：巴蜀書社，2002），頁 874～879。《論衡・感虛》篇所載亦同，唯「　」作「麗」。黃暉，《論衡校釋》（北京：中華書局，1995），頁 245～247。

自身為犧牲，讓人想到春秋戰國時期的焚巫、焚尪與暴尪、暴巫。《左傳・僖公二十一年》：

> 夏，大旱。公欲焚巫、尪。臧文仲曰：「非備旱也。脩城郭、貶食、省用、務穡、勸分，此其務也。巫、尪何為？天欲殺之，則如勿生，若能為旱，焚之滋甚。」公從之。是歲也，饑而不害。

《禮記・檀弓下》：

> 歲旱，（魯）穆公召縣子而問然，曰：「天久不雨，吾欲暴尪，而奚若？」曰：「天久不雨，而暴人之疾子，虐，毋乃不可與！」「然則，吾欲暴巫，而奚若？」曰：「天則不雨，而望之愚婦人，於以求之，毋乃已疏乎！」

從商湯至魯公逾千年，僖公至穆公亦超過二百年，時間不可謂不長，而三者所要達到的目的則一，雖然王者之尊與一般的巫、尪貴賤有別，然而，以巫、尪身焚的犧牲功能卻無有差別。

　　商湯禱於桑林，當有禱詞，且似乎是湯自己誦辭，重點在於自責、攬過以求赦民。〔註17〕商湯身牲自禱，參以卜辭商王主祭以及《禮記・表記》的商人「率民事神」的傳統而觀，商湯乃至其後的商王室有不少是巫中之巫，對於巫事最為熟稔，這也無怪乎武王滅商後，要將箕子請到京師主持降神的大事。〔註18〕這種角色，不論就專職內容或身分層級，都允當知識分子之稱，至少是古代中國早期的知識分子。

　　張光直在論商代的巫時，曾舉《周髀算經》中談矩的資料，說明巫與數學的關係，指出矩可能是工形，而矩的環、合可以為圓、方，周矩的專家正是巫師。張光直因而說道：「如果這個解釋能夠成立，那麼商周時代的巫便是數學家，也就是當時最重要的知識分子，能知天知地，是智者也是聖者」、「既然巫是智者聖者，巫便應當是有通天地本事的統治者的通稱。巫咸、巫賢、巫彭固然是巫，殷商王室的人可能都是巫，或至少都有巫的本事。」〔註19〕巫擁有這些專門的技藝與知識，對於歷史發展中各種文化因子的傳承，不能沒有作用與影響。

〔註17〕關於湯的誦禱之詞內容究係為何，向來異說紛呈，綜其大要，不外在自責、攬過、赦民。《論語・堯曰》：「有罪不敢赦，帝臣不蔽，簡在帝心。朕躬有罪，無以萬方；萬方有罪，罪在朕躬。」程樹德綜引眾說，足堪參考。詳程樹德，《論語集釋》（台北：藝文印書館，1998），頁1169～1175。

〔註18〕此為張光直的說法。見〈商代的巫與巫術〉，《中國青銅時代（第二集）》，頁47。

〔註19〕張光直，〈商代的巫與巫術〉，《中國青銅時代（第二集）》，頁44、45。

同時，前面提到祭祀降神有歌有樂有舞，雖然內容為何，其詳難以周知，然而，歌有「和神人」的含意，〔註20〕有敘民功的作用，〔註21〕有頌德鑒戒的功能。〔註22〕樂則有樂德、樂語、樂舞；序樂以祭、享、祀，作樂的本意也在「崇德」。〔註23〕至於舞，在於「盡神」。〔註24〕因此巫舞、巫歌的原始內容與祭祀的對象緊緊相扣，只是，從文獻來看又不見這些歌樂舞具體的內容，原因為何，難以索解。雖然如此，也不是完全沒有任何蛛絲馬跡。前引商湯禱於桑林，《墨子‧兼愛下》所舉的〈湯說〉內容與《尚書‧商書‧湯誥》意思幾乎相同，只是文字小有出入。現將二文錄於後。〈湯誥〉：

> 夏王滅德作威，以敷虐于爾萬方百姓，……，天道福善禍淫，降災于夏，以彰厥罪。肆台小子，將天命明威，不敢赦，敢用玄牡，敢昭告於上天神后，……，茲朕未知，獲戾于上下。……，爾有善，朕弗敢蔽；罪當朕躬，弗敢自赦，惟簡在上帝心。其爾萬方有罪，在予一人。予一人有罪，無以爾萬方。

〈兼愛下〉：〔註25〕

〔註20〕《尚書‧虞書‧舜典》舜命夔典樂曰：「詩言志，歌永言，聲依永，律和聲，八音克諧，無相奪倫，神人以和。」《尚書正義》，頁0046。

〔註21〕《尚書‧虞書‧大禹謨》：「水、火、金、木、土、穀惟修，正德、利用、厚生惟和；九功惟敘，九敘惟歌。」《尚書正義》，頁0053。

〔註22〕《尚書‧虞書‧益稷》：「帝庸作歌，曰：『敕天之命，惟時惟幾。』乃歌曰：『股肱喜哉，元首起哉，百工熙哉。』皋陶拜手稽首，颺言曰：『念哉！率作興事，慎乃憲，欽哉！屢省乃成，欽哉！』乃賡載歌曰：『元首明哉，股肱良哉！庶事康哉！』又歌曰：『元首叢脞哉！股肱惰哉！萬事墮哉！』帝拜曰：『俞，往欽哉！』」《尚書正義》，頁0074。《尚書‧夏書‧五子之歌》：「五子咸怨，述大禹之戒以作歌。」《尚書正義》，頁0100。《禮記‧樂記》子贛問師乙「聲歌各有宜」，師乙答以歌為上古遺聲，有斷事之勇，讓利之義，「有勇有義，非歌孰能保之」、「故歌之為言也，長言之也。」《禮記注疏》，頁0701、0702。《左傳‧僖公七年》晉郤缺批評趙盾在衛巳和穆後猶不退師，曰：「若吾子之德，莫可歌也。」《左傳正義》，頁0319。

〔註23〕《周禮‧春官‧大司樂》：「以樂德教國子……。以樂語教國子興道、諷誦、言語。……。以樂舞教國子……。以六律、六同、五聲、八音、六舞，大和樂以致鬼神示。」《周禮注疏》，頁0037、0038。《周易‧豫‧象》：「先王以作樂崇德，殷薦之上帝，以配祖考。」《周易正義》，頁0049。

〔註24〕《周易‧繫辭上》：「子曰：『聖人立象以盡意，設卦以盡情偽，繫辭焉以盡其言，變而通之以盡利；鼓之舞之以盡神。』」《正義》曰：「鼓之舞之以盡神者，此一句總結立象盡意、繫辭盡言之美。」《周易正義》，頁0158。

〔註25〕孫詒讓，《墨子閒詁》，頁113。

且不唯〈禹誓〉爲然，雖〈湯說〉即亦猶是也。湯曰「惟予小子履，
敢用玄牡，告于上天后，曰：『今天大旱，即當朕身履，未知得罪于
上下，有善不敢蔽，有罪不敢赦，簡在帝心。萬方有罪，即當朕身，
朕身有罪，無及萬方。』」

〈湯誥〉是湯克夏後歸亳的誥文，《正義》以爲「湯於此時大誥諸侯，以伐
桀之義」。此說雖不無道理，然而「伐桀之義」己見歸亳之前的〈湯誓〉與
〈仲虺之誥〉，二者言之甚詳，似也不必再次於歸亳之後申之再三；且從〈湯
誥〉的自責、攬過、赦民的宗旨來看，歸亳後當有重大變故，此重大變故從
先秦文獻來看又沒有任何諸侯不服的跡象，因此，《墨子》中的記載或許更
近於實情。而〈湯說〉究竟是〈湯誥〉，還是〈湯誓〉，向來異說紛雜，莫衷
一是。〔註26〕實際上，如果不泥於經學上的糾結，回歸到禱於桑林的祝禱
用詞，則〈湯說〉於文則〈湯誥〉，於意則自責之詞。《周禮·春官·大祝》：
「掌六祈，以同鬼神示。一曰類，二曰造，三曰襘，四曰禜，五曰攻，六曰
說。」鄭注：「攻、說則以辭責之。」〈大祝〉又云：「作六辭，以通上下親
疏遠近。一曰祠，二曰命，三曰誥，四曰會，五曰禱，六曰誄。」〔註27〕
將六祈六辭合而觀之，則《墨子》的說法並沒有錯，如此一來，前引的〈湯
誥〉與〈非命下〉的說詞便可了然匯通，而湯的禱祠對於我們所要追索的巫
歌巫舞便有啓示作用。雖然個人不敢臆斷湯引夏桀的淫暴與禱祝的原因，可
以說成是巫歌巫舞的內容；要之，禱而有辭，引往舊、訴今事、祈人願不能
沒有必要的知識，而這些知識便含有歷史記誦的成分，藉由經過訓練、供職
的「執技事上」之士而傳遞下來。這一情形，在屈原的作品裡尚可抽繹出一
些線索。

　　屈原的〈天問〉是一篇奇文，全篇設問逾一百七十，廣包自然、人事。東
漢王逸認爲是屈原「見楚有先王之廟，及公卿祠堂，圖畫天地山川神靈，琦瑋
僑佹，及古聖賢怪物行事」「因書其壁，呵而問之，以渫憤懣，舒瀉愁思」之作。
王夫之說〈天問〉：「自天地山川，次及人事，追述往古，終之以楚先。」〔註28〕
蔣天樞說：「〈天問〉之作，本係有所爲而發，無論其所問者爲神話故事抑上古
史事，必有其所以致問之因，亦即其所問之古事必有其與今事相印證者在，則

〔註26〕說詳程樹德，《論語集釋》，頁 1171、1172。
〔註27〕《周禮注疏》，頁 0383、0384。
〔註28〕王夫之，《楚辭通釋》（台北：里仁書局，1981），頁 46。

所問之意爲主而古事爲從。」〔註29〕〈天問〉包舉自然、人事，統言之率爲古事，亦即古史。這些龐雜錯綜的古史，經屈原「呵而問之」後，出之以詩人之筆，則璀瑰奇瑋。然而，在屈原之前，不以文字表述的漫長時日裡，便以圖畫的方式保存在楚先王之廟及公卿祠堂中，等於是一篇以圖代文的史詩。〔註30〕而楚地「其俗信鬼好祠,其祠必作歌樂鼓舞以樂諸神」，〔註31〕且巫能歌能舞，楚又有「巫音」，〔註32〕將這些現象結合起來看，當進行各種祭祀時，這些圖畫便有可能轉化爲巫覡之辭，配合歌樂舞，形成對古史的記誦傳述。

　　以人事歷史而言，〈天問〉涉及夏商周三代，雖然次序有不順之處，〔註33〕閱讀上比較困難，卻不礙三代史事的呈現。屈原以文字呈現的素材是圖，與巫覡辭歌的素材相同，若說有何差異，則是在於屈原有他「所問之意」的寄託，含有他個人的情思，巫覡則無文字留存。然而，經過世世代代的傳遞，這些圖畫式的史詩便可能成爲巫覡傳述歷史的基礎；因此二者之間的差別，可以看成是有意識的轉化與無意識的傳誦。進一步說，在文字表述尚未充分發展的時期，巫覡因爲角色與職事的關係，在時代推進過程中承擔起口耳傳誦的歷史傳承媒介。因此，巫覡無論是古代中國原初型態的知識分子之一，還是「最重要的知識分子」，對於歷史的發展具有一定的知識，這種知識雖然不易說含有多少辨析的認識成分，保守而言，他們至少是誦古的一群，也可以說是最原型的、信古的知識分子。

　　巫覡以歌、舞、辭降神是無文的一部分，至於形諸文字的部分，則爲甲骨上面書寫契刻的占卜。

　　在古代中國，占卜的來源甚早，至於有字甲骨的出現，以目前考古發掘

〔註29〕蔣天樞，《楚辭校釋》（上海：上海古籍出版社，1989），頁175。

〔註30〕蒙文通在論晚周史學三系時指出：「〈天問〉所陳，皆本於楚人相傳之史」。見〈中國史學史〉，收入蒙文通，《蒙文通文集（第三卷）經史抉原》（成都：巴蜀書社，1995），頁241。

〔註31〕〈九歌〉王逸序。王夫之，《楚辭通釋》，頁25。

〔註32〕《呂氏春秋·侈樂》：「楚之衰也，作爲巫音。」陳奇猷云：「此音蓋即源於巫祝禱祠而具有濃厚民族風格之音樂也。」又云：「一九四二年長沙出土戰國楚帛書，繪有各種神怪之象，字數近千，內容係巫覡祝禱之辭，蓋亦楚之巫音也。」見陳奇猷，《呂氏春秋校釋》（上海：學林出版社，1995），頁266、269。

〔註33〕關於〈天問〉中所設問的三代順序，金開誠曾加以排列。見金開誠，《屈原辭研究》第五章〈《天問》錯簡試說〉（南京：江蘇古籍出版社，1992），頁208～244。尤其是頁212、213、219、220、221。

及研究成果而言，早骨卜辭至少可上推到殷商王朝的武丁時期。〔註34〕從學者對殷墟卜辭的研究所揭示的內容來說，對於我們了解占卜的相關意義，有很大的啓示作用。如果說巫覡的降神誦辭是配合歌舞表現出來的，不具有文字書寫記載的性質；那麼占卜之辭以文字呈現的意義，便是另一種更具證據性的資料，是以探究古代中國原型知識分子，不能不對占卜稍加論說。

占卜是爲了確認事情，也就是爲了卜稽疑兆吉凶，〔註35〕因此，絕大部分都是因事而爲，而在體例上，整個過程經由文字記載下來也有一套格式。大致上，完整的卜辭通常包含了以下四個部分：1. 敘辭（或稱述辭、前辭）——記敘占卜的時間、地點和占卜者；2. 命辭——即命龜之辭，向龜陳述要貞問的事；3. 占辭——因兆而判定吉凶；4. 驗辭——占卜之後記錄應驗的事實。〔註36〕至於卜辭甲骨，主要是王室之物，間有部分屬於與王室有密切關係的有勢力的家族，學者稱之爲「子卜辭」、「婦卜辭」或「多子族卜辭」。而卜辭最重要的內容，包羅極廣，有各種方法上的分類。〔註37〕從分類內容來

〔註34〕 關於甲骨學的斷代，自王國維以後，學者頗多探索，也得到學術上的普遍共識，對殷墟甲骨卜辭的綜合研究，包含的年代從武丁到帝乙，歷六世八王二百餘年。相關的綜述詳見吳浩坤、潘悠，《中國甲骨學史》（台北：貫雅文化，1990），頁 183～234。該書係綜結近百年甲骨學發展的大要，含蓋的內容甚爲廣泛，對重要的問題、研究成果做了精略的介紹，「是一部材料豐富而又比較全面系統的參考書。」（見胡厚宣爲該書所寫的〈序〉語，頁 3）。

〔註35〕 舉其大略，如：《尚書·虞書·大禹謨》：「枚卜功臣，惟吉之從」；《尚書·商書·盤庚上》：將都于亳，民有疑，卜稽。《尚書·周書·洪範》：「稽疑，擇建立卜筮人」；《尚書·周書·金滕》：周公自卜以己身代受武王之疾。《尚書·周書·大誥》：「朕卜并吉」、「予得吉卜」。分見《尚書正義》，頁 0055、0126、0174、0187、0191。最爲概括的說法則如《禮記·曲禮上》：「龜爲卜，筴爲筮，卜筮者，先聖王之所以使民信時日、敬鬼神、畏法令也；所以使民決嫌疑、定猶與也。故曰：『疑而筮之，則弗非也』」。《禮記注疏》，頁 0058。此外，見於《左傳》的資料更多，略。

〔註36〕 《中國甲骨學史》，頁 99、100。

〔註37〕 卜辭分類涉及到各方面的研究，既是單一類型研究的基礎，也是多類型會通研究的方便門徑，這一方面的努力，目前以郭沫若主編，胡厚宣總編輯的《甲骨文合集》十三冊（北京：中華書局，1979）爲最。參見《中國甲骨學史》，頁 423。該《合集》將卜辭大別爲四大類：（一）階級和國家，（二）社會生產，（三）科學文化，（四）其他。又分二十二小類：（1）奴隸和平民，（2）奴隸主貴族，（3）官吏，（4）軍隊、刑罰、監獄，（5）戰爭，（6）方域，（7）貢納，（8）農業，（9）漁獵、畜牧，（10）手工業，（11）商業、交通，（12）天文、曆法，（13）氣象，（14）建築，（15）疾病，（16）生育，（17）鬼神崇拜，（18）祭祀，（19）吉凶夢幻，（20）卜法，（21）文字，（22）其他。《中國甲

看，殷王朝幾乎是無所不卜，無所不占。殷商的占卜活動中的人主要是卜人與貞人。卜有卜官，司灼龜見兆，以斷吉凶，貞則指問卜之人。董作賓初稱貞人爲史臣，後來修正爲「其人或爲時王，或爲王之婦、子，或爲諸侯，或爲史臣，非必如卜官之有專責，人人得爲貞人也。」〔註38〕董作賓所舉的貞人，不是泛指一般人。王、王婦、王子、諸侯、史臣都屬於統治階層或大或小的成員。這一類人，具有一定的知識，有其代表性。雖然占卜的內容有隨著時代遞進而呈現由繁而簡，甚至有比較嚴格的規定與限制，〔註39〕卜人、貞人的身分也有下降的情形，但是總不離是「有職之人」、「執技之士」，也就是知識分子。而從文字掌握與運用的層面而言，占卜過程中，言辭的陳述和文字的書寫記載都由卜人、貞人共同承擔，二者構成了占卜儀式裡目的性的卜前設問、卜兆占讀、占辭書記、後驗稽準的完整內容。

占卜文字，由於受到龜甲、獸骨素材的限制，數量大都不多，間有數十字，甚至逾百字者，只是這種長文甲骨，寥寥可數。〔註40〕對於歷史研究能提供的證據雖然極有限，然而，對本文所要探究的當時代這群最早的知識分子對歷史的認識，還是有幫助的。如果不從架構歷史的完整性的要求上著眼，就以卜辭的相關分類內容連結到當時的社會面相，進而說明這群卜人、貞人在知識傳承上的角色；那麼，卜人、貞人對當代事務的書寫記載，也忠實反映了他們的職業特質。亦即透過文字，出以自己的解釋，呈現了當代的風貌；在歷史書寫的意義上，提供了必要的資料、素材。或許可以稱呼這一群人是他們那個時代的「現代史家」，這麼說不是指他們是爲歷史而從事占卜，所以不能以後來的史家加以類比，只是從資料的角度來說，他們的職事恰恰與後來的歷史架構所需要的證據，尤其是文字證據，有直接的關連。

從卜辭所見的情形，直接的提問，而後有明確的針對性答案，這中間的聯

骨學史》，頁 102～104。

〔註38〕董作賓，《殷曆譜》（台北：中央研究院歷史語言研究所，1990 年 9 月景印二版）。語見上篇卷一，第一章（緒言），頁 1。

〔註39〕董作賓稱殷代的禮制有新舊二派，以祖甲爲分界，之前爲舊，之後爲新。新派至帝辛間有文丁、武丁的復古，然只是皮相摹仿，且只有十三年。董氏說：「新派自祖甲始，鑑於前世貞卜事項之紛亂繁蕪，似有嚴格之規定及限制。」並列舉因循者八：祭祀、征伐、田狩、游、章、行止、旬、夕；多廢而不用者十二：告、匄、求年、受年、日月蝕、有子、娩、夢、疾、死、求雨、求啓。《殷曆譜》，頁 4。

〔註40〕有謂 51 字、54 字、64 字、170 餘字。《中國甲骨學史》，頁 73、74。

繫多少有類如成例的機械性，一般的卜人或貞人似乎也只就這種成規加以解說，除此之外，難有其它的發揮。當然，以職事的要求以及當時的知識工具化的情形而言，或許正符合了神道設教在政治運作上的需要，亦即經由神秘性的占卜行爲，借幽明的指示，導向卜問者的意願、祈求，使世俗的人事行爲與幽冥的神鬼世界有一貫通的管道，並經由此一管道，配合其它器物的掌握與壟斷，取得世俗政治的支配權力。〔註41〕因此，一般的卜人、貞人本身的發揮不大，可是卜人、貞人卜占的結果，卻可提供政治領袖從事重大行事上的論述空間，這一方面如舜欲讓位予禹時有一段對話。《尚書‧虞書‧大禹謨》：

> 禹曰：「枚卜功臣，惟吉之從。」
> 帝曰：「禹，官占惟先，蔽志昆命于元龜。朕志先定，詢謀僉同，鬼
> 神其依，龜筮協從，卜不習吉。」

大意是禹認爲必須以卜筮來定繼位者，舜回答說他已先有定見要傳位給禹，又詢問過其他人，而且占卜之前要先明確主見，以此定見謀之鬼神、卜筮，二者都依從舜意，因此不需要再次卜問。這件事的雙方，都引用卜筮來爲自己的意圖張目，可見占卜是可以提供相關論述依據的。類似占卜可以提供相關論據的情形還有伊尹告誡太甲的事例。《尚書‧商書‧伊訓》：

> 惟元祀十有二月，乙丑。伊尹祠于先王，奉嗣王，祗見厥祖，侯甸
> 群后咸在，百官總己以聽冢宰。伊尹乃明言烈祖之成德，以訓于王。
> 曰：「古有夏先后，方懋厥德，罔有天災，山川鬼神，亦莫不寧。于
> 其子孫弗率，皇天降災，假手于我有命，造攻自鳴條，朕哉自亳。

〔註41〕關於巫覡占卜與政權的關係，張光直曾在不同的文章裡詳加論說，分見〈商周神話與美術中所見人動物關係之演變〉、〈商周青銅器上的動物紋樣〉。二文俱收入張光直，《中國青銅時代》（台北：聯經出版公司，1983），頁 327～387，尤其是頁 351～353、365～369、379～387。〈夏商周三代都制與三代文化異同〉、〈商代的巫與巫術〉、〈談「琮」及其在中國古史上的意義〉、〈中國古代藝術與政治——續論商周青銅器上的動物紋樣〉、〈從商周青銅器談文明與國家的起源〉。以上文章俱收入張光直，《中國青銅時代（第二集）》，分別爲頁 17～40，尤其是頁 32、35、40；頁 41～65，尤其是頁 43、45、48、59～65；頁 67～80，尤其是頁 71、72、77～79；頁 99～111，尤其是頁 101、103、108～110；以及頁 113～130，尤其是頁 119、121～126。另有〈仰韶文化的巫覡資料〉，收入張光直，《中國考古學論文集》（台北：聯經出版公司，1995），頁 123。另張氏比較晚出的論著也頗多專注於此一論題的疏通與發揮。詳見張光直著，郭淨、陳星譯，《美術‧神話與祭祀》（台北：稻鄉出版社，1993），尤以第三章至第七章爲著。頁 39～138。這些論著也構成張氏全面性的巫覡文化的論述精要。

　　惟我商王，布昭聖武，代虐以寬，兆民允懷。」

伊尹訓太甲是在殷祖廟，在祠祭殷先王後，雖然沒有記載占卜之事，然而，以殷商敬鬼的傳統，不能沒有任何禱祝占卜，因此；伊尹這一席引夏亡殷興的訓話，不無可能是在祭祀占卜之後，借題發揮之辭。尚有更為人知的借占卜以發揮的例子是盤庚的遷都卜稽。《尚書・商書・盤庚上》：

　　盤庚五遷，將治亳殷，民咨胥怨。……。

　　卜稽曰：「其如台？先王有服，恪謹天命，茲惟不常寧，不常厥邑，

　　于今五邦。今不承于古，罔知天之斷命，矧曰其克從先王之烈，若顛

　　本之有由蘗，天其永我命，于茲新邑，紹復先王之大業，底綏四方。」

盤庚藉由占卜的示兆，告知人民定都於亳是延續過去的舊傳統，也是順應天命的決定，並以光大先王志業，開創底定四方的事業做為都亳之後的努力目標。所謂「其如台」的「如台」，意為「如何」，也就是說「應該怎麼做？」是針對人民的疑惑，而向祖宗的請示。其後的「先王有服」則是指過去祖宗的舊規。〔註42〕盤庚大概也是「朕志先定」，然後再藉占卜以釋群疑，這反映占卜的結果對群眾有它的說服力，也說明解讀者有他頗可發揮論述的空間。尚有一例。《尚書・商書・西伯戡黎》：

　　西伯既戡黎。祖伊恐，奔告于王曰：「天子！天既訖我殷命，格人元

　　龜，罔敢告吉。非先王不相我後人，惟王淫戲用自絕。故天棄我，

　　不有康食，不虞天性，不迪率典。」……。王曰：「嗚呼！我生不有

　　命在天！」

祖伊的憂慮是有鑑於西伯逐漸壯大，即將對商王朝造成重大的威脅，是現實具體的觀察。然而，這種重大事故還是要透過「格人元龜」的咨人、占卜，〔註43〕以作為勸說的根據，也是一種論述發揮。不過比較耐人尋味的是紂的反應。「我生不有命在天」既是恃天命，也隱含了對天命的某種輕視，略謂天命既然給我，又怎會喪我；如果天命能喪我，我又何必在意天命，似乎也說明了紂一樣也清

〔註42〕說詳見屈萬里，《尚書集釋》，頁 79。

〔註43〕孔穎達疏：「至人以人事觀，殷大龜有神靈，逆知來物，故大龜以神靈考之，二者皆無知殷有吉者，言必凶也。祖伊未必問至人、親灼龜，但假之以為言也。」《尚書正義》，頁 0144、0145。孔穎達以至人觀人事，大龜有神靈釋「格人元龜」恐未必正確，但他說祖伊「假之以為言」卻點出即使祖伊有憂國之心，猶必須「假」人、龜以為據。而且以董作賓對貞人的分疏而言，祖伊是大臣，極有可能自行占卜，若是，祖伊所「假」的正是占卜的結果。

楚借題發揮與占卜的關係。〔註44〕

　　上面所舉的四個例子，都在周代之前，從占卜稽疑來說，與卜辭所見的字少事簡有顯著的差異，多出了引申發揮的解釋，亦即加入更多的人為論述。當然，上面的人物不是單純的卜人、貞人，而是當時代重要的政治領袖，也因為他們的政治身分特殊，再加上各有明顯的明志企圖，自是不能以單純的占卜視之。不過，話又說回來，借助外在的占卜以進行企圖、目的的彰顯，應該是一樣的，而後者的引申論述對以後的知識分子對鬼神人事、論古說今的鋪陳，開啓了原初的型態。

　　巫覡，如果不單從宗教神秘的角度來看，是頗具知識性格與特質的。《國語·楚語上》記載觀射父論「絕地天通」時所說的巫覡頗可為例：

> 古者民神不雜。民之精爽不攜者，而又能齊肅衷正，其智能上下比義，其聖能光遠宣朗，其明能光照之，其聰能聽徹之，如是則明神降之，在男曰覡，在女曰巫。

觀射父所說的「古者」是指少皞氏之前。當時能夠被明神降臨的人，不僅要專敬不二，一心虔誠，更要具備「智」、「聖」、「明」、「聰」等條件。以文義而言，「明」、「聰」指感官上的目明、耳聰；「智」、「聖」則指心智上的辨知、通貫。這等人才絕非泛泛，這種條件也不易求備於一般人。這類巫覡配合了祝、宗等稱職的事神人員從事宗教祭祀，「民是以能有忠信，神是以能有明德，民神異業，敬而不瀆，故神降之嘉生，民以物享，禍災不至，求用不匱。」至於到了「夫人作享，家為巫史」的時代，一般不具有前述特定條件的人也可以自作巫覡，於是有了顓頊「命南正重司天以屬神，命火正黎司地以屬民，使復舊常，無相侵瀆，是謂絕地天通。」的改革。〔註45〕

　　觀射父綜述「絕地天通」是一篇重要的文獻，他能如此具體論說古史，雖說不無傳說難稽的成分在，卻也可能與他的出身背景有關。觀射父，韋昭注云：「楚大夫。」《左傳·襄公二十二年》楚國有觀起其人，有寵於令尹子南，子南

〔註44〕前引董作賓曾指出殷代的禮制有新舊二派，自祖甲而分。在占卜方面，新派有十二項幾乎是廢而不用，其中的求年、受年、恐與這裏紂王所說的「生不有天命」有關，似乎也反映了紂對藉占卜而發揮論述的某種否定意味。

〔註45〕徐旭生指出：「帝顓頊特別重要是因為他在宗教進化方面有特別重大的作用」，而顓頊命重黎司天地，是「把宗教的事業變成了限於少數人的事業，這也是一種進步的現象」、「帝顓頊是一個有革新能力的大人物」。徐旭生，《中國古史的傳說時代》（北京：科學出版社，1960），頁 76、84。

為康王所殺，觀起並為車裂。觀起有子名從，見於《左傳・昭公十三年》。當起死時，從在蔡，追隨公子棄疾（平王）擁公子比（楚靈王之弟，弒靈王）為王；後公子比自縊，平王即位，召觀從，非但赦從罪（從曾勸比殺平王），且欲給其官職，說道：「唯爾所欲。」觀從答以「臣之先佐開卜」，遂命從為卜尹。〔註46〕卜尹，《史記・楚世家》載：「平王謂觀從：『恣爾所欲。』『欲為卜尹。』王許之。」《集解》引賈逵曰：「卜尹，卜師。大夫官。」〔註47〕參合上述資料，觀氏是楚國卜筮家族，觀起「佐開卜」當非大夫，觀從為卜尹則極可能側身於大夫之列，而平王之後即為昭王，因此昭王時的觀射父應是觀從之後。如此，觀射父之言便頗值得重視，不僅表現出職司的知識，也表現出一定的知識性格與歷史認識。

雖然不能以觀射父類比前此千餘年的巫覡，但從觀射父論巫覡的條件，除非他是有意臆說，不然此一古老的執技之士所體現的特質，卻也符合學者根據卜辭，研究得出的意見：既是殷商時代統治階層的成員，也是當代重要的知識分子。這種身分與角色，在從事降神的宗教行為時的各種祈祝禱告，有其傳誦型態的歷史內容，這些內容即使多屬傳說，甚至是神話，卻也是最早的歷史；經由這群知識分子的傳承，古代中國的原型歷史得以部分的保留下來，因而也形成古代中國歷史認識的雛形，或是初級階段。

第二節　史、瞽的歷史認識及其歷史述論形態的發展

古代中國，尤其是春秋之前，史與巫的界線並不是很清楚，巫所涵蓋的角色很廣。李宗侗便認為商代的「君及官吏皆出自巫」，陳夢家也說商代「由巫而史，而為王者的行政官吏；王者自己雖為政治領袖，同時仍為群巫之長」，〔註48〕張光直的看法是：「到了殷商時代，巫師與王室的結合已臻完備」，「在商代巫政是密切結合的」。〔註49〕董作賓也指出卜辭的貞人包含時王、王婦、王子、諸侯與史臣。因此，可以說商代的史便是巫的眾多角色之一，只不過史的重要性似乎比不上巫。這種巫重於史的情形，進入周代以後出現了一些變化，這一變化與周的尚文有關，也是三代遞嬗上文化面貌的因革損益的表

〔註46〕分見《左傳正義》，頁0600、0805～0807。
〔註47〕《新校本史記三家注》，頁1709。
〔註48〕陳夢家，〈商代的神話與巫術〉，《中國青銅時代（第二集）》，頁535。
〔註49〕張光直，〈商代的巫與巫術〉，《中國青銅時代（第二集）》，頁49、64。

現。下面將會對這種變化加以說明，在進入史的蛻變之前，首先稍微檢視一下周代之前，史的角色。

　　前面提到董作賓所說的貞人包括史臣，這是從卜辭上得到的例證，結合上一節對巫覡從事降神的說明，雖然不能確知從事降神的巫覡與從事貞人的史臣是否同一人；若是，那麼便是一人扮演兩個角色，在這一情況下，當他是巫覡時，是處於類似薩滿的精神狀態中，﹝註 50﹞而招引明神則出之以歌，等到神降有所指示時，便得回到人世，轉成史的角色，進行兆象的解讀並且以文字，也就是卜辭，加以記載。如果不是，那麼降神的是另一個巫覡，貞人的史又是另一個巫覡。史究竟是屬於何者，不敢臆說，唯一可以確定的是，在占卜活動中，史是直接的參與者，也是具有文字書寫能力的「執技之士」。因此就這一點來說，史比起以歌舞降神的巫覡，當他擔任占卜的貞人角色時，有更明確的職掌——負責載記。因此，史與記事更有密切的關係。﹝註 51﹞

　　卜辭本是占卜流程的相關記錄，然而是否卜人或貞人便是相關文辭的書寫者或鐫刻者，張光直的說法頗值得參考。張氏在論證卜辭文字係取得權力

﹝註 50﹞張光直指出巫覡在祈求明神下降時，除了依附或藉由各種器物以作爲上下溝通的媒介外，可能也包括飲酒。亦即使巫覡在一層神秘氛圍的籠罩下，產生異於常人的心理反應；同時可能也借助酒精對人的影響，使生理反應也相應出現變化，二者相互作用，而這種精神以及整個降神行爲與薩滿相似。詳見張光直，〈連續與破裂：一個文明起源說的草稿〉，收入《中國青銅時代（第二集）》，頁 131～143。尤其是頁 135～140。在張氏的另一本書中，更直接說道：「『薩滿』一詞與『巫覡』、『巫師』等詞通用」。《美術‧神話與祭祀》，頁 50。關於巫覡與酒的關係，可參考周策縱，《古巫醫與「六詩」考——中國浪漫文學探源》中篇〈巫醫的工作與与古史〉第四章〈巫醫與針灸、醫酒、及其他療術〉（台北：聯經出版公司，1989），頁 105～116。

﹝註51﹞王國維在〈釋史〉一文中引《說文解字》：「史，記事者也」之語，認爲「掌文書者謂之史，其字從又從中，又者右手，以手持簿書也」，「史字從又持中，義爲持書之人」。王國維，《觀堂集林（外二種）》（石家莊：河北教育出版社，2002），頁 159、162。金毓黻綜合《說文》、江永、吳大澂、章太炎、王國維諸家的意見，說：「史之本義，無論爲手持簿書，或簡冊，皆與掌書起草之義相符。且史之一辭，本指人而言，非以指記書之書，故《說文》以記事者釋之也。」金毓黻，《中國史學史》（台北：鼎文書局，1998），頁 7。從職務上來說，史擔任記事可以無疑，此董作賓史臣可以爲貞人之意。不過，史還是有他在祭祀上的角色。陳夢家曾列舉殷代的史官之職，計有尹、多尹（師保、作冊之尹）、乍冊、卜、多卜、工、多工、史、北史、卿史、御史等，其中「史、卿史、御史似皆主祭祀之事」。陳夢家，《殷墟卜辭綜述》（北京：科學出版社，1956），頁 520。在另一篇文章中，陳氏直接說道：「祝既是巫，故『祝史』、『巫史』皆是巫也，而史亦巫也。」陳夢家，〈商代的神話與巫術〉，頁 534。

的手段時說道：「專司刻辭的卜官在任何時候都僅是一小批人。從理論上講，刻辭者可能是唯一會文字書寫的人，而貞人和卜人只需集中精力從事宗教活動。然而占卜可能是個連繫過程，如果有必要把祖先回答的範本存入卜辭檔案，卜人可能就得參與記錄的保管與解釋。其實，個人將史官和巫師職能集於一身的現象，與很多史學家的下述觀點是契合的：最早的史官也是神職人員——很可能是巫師。」〔註52〕張光直的這種說法是將巫覡與史官視為一體的，較諸他先前論述卜辭的「書法藝術在巫覡通神占卜術上」的作用時引王宇信的意見，說道：「卜辭中的文字是與祖神溝通的語言工具，還是在宮廷中立此存照以為後據的歷史與公文檔案，還是糾纏不清的問題。」〔註53〕有更清楚明確的論斷。而從降神到神降、指示，再到書寫刻辭，史官是一直參與其中的，因此，不論文字「是與祖神溝通的工具」（這一部分可包含降神前、中、後連貫儀式中的書寫。如此，文字便成了整個降神活動中，配合語言或歌舞不可少的工具），或是「以為後據的歷史與公文檔案」（要成為後據的歷史或公文檔案之前，必先加以書寫刻辭），二者之間並不衝突，因為只有兆痕而沒有貞卜文字，就稽疑的預期目的而言，是無法提供明確的釋疑作用的；所以一旦書以硃、墨，加以刀刻，或是只書不刻、刻而無書，當它們被保留下來時，便成了「後據的歷史與公文檔案」。而在這一連貫的過程（包括歸檔保存），史官的角色都有其重要性。亦即史官與文書的關係較諸角色多樣的巫覡更為密切，與所謂的「歷史」的互動有更清楚的脈絡可尋，尤其是進入「郁郁乎文」的周代為然。當然，這種遞進遞變的發展是伴隨王朝的文化取向而產生的。

　　史官在商代的角色，以目前的卜辭資料所呈現的面貌，還是配合各種占卜活動時，擔任文字書刻與檔案保存為主，逾此而外，似不能也不宜有過度的分說。因此，對於這類古代中國的原型知識分子，我們所能分疏的「歷史認識」，也只及於他們忠於職務，書寫、記載、保存當代或當代之前的重要檔案。這種幾乎近於純技術性的工具功能，在他們的時代，是文明累積過程的常態表現。雖然如此，當它隨著不同王朝的文化取向繼續被保留下來時，載言記事的傳統遂成了後之來者認識歷史時取資的材料來源；而這一類型的知識分子的某種原初的性格也隨之產生實質的變化，例如世俗職務的明確，間

〔註52〕《美術・神話與祭祀》第五章、〈文字——攫取權力的手段〉，頁92。
〔註53〕張光直，〈中國古代藝術與政治〉，《中國青銅時代（第二集）》，頁104。

接的使巫覡宗教性的性格有淡化的趨勢。〔註54〕

　　史官原初的神秘性宗教性格的趨於淡化，首先表現在整個王朝的事務參與方面。學者根據周代金銘文指出，周王室的政務可大別爲「卿事寮」與「太史寮」，〔註55〕「太史寮」以太史及其僚屬爲主，也含大祝、太卜，「一方面掌管國家典章文書，一方面管理祭祀、天象、歷法」，「西周的史官活動特色有二，第一，史官的冊命文告職能也兼人神兩面，既代王宣讀文告冊命，又代王在卜祭中冊告。第二，參與宗教性活動」。〔註56〕從《周禮》所載的職官來看，全部職官數目大大小小計有三百七十二官，不含有官名而闕職掌的十五官，尚有三百五十七，其中去除專載器物規制與製作的〈多官考工記〉二十五（職官三十一，闕六），總數爲三百三十二。依個人的統計，這其中直接參與祭祀的超過一百四十，如果將一般性供給祭祀所需用的器物資源的職官也算進去，則超過二百。進一步來看，〈春官·宗伯〉五史中（太史、小史、內史、外史、御史）卻有內、外、御史與祭祀無涉，〔註57〕而與世俗政務攸

〔註54〕這裡所說的淡化是就整個巫覡文化的變化而言，從《周禮》的職官系統化可以看出，史官的職任，在祭祀上並不特別重要。參見《周禮·春官·太史》、〈小史〉、〈內史〉、〈外史〉、〈御史〉。《周禮注疏》，頁 0401～0404、0407～0408、0413。關於《周禮》究竟成書於何人之手，成書的時代以及成於何地，向來是《周禮》研究上聚訟紛葛的中心論題，這方面牽涉到歷史研究上考訓義理的分疏，也涉及到論者的關懷取向，大略情形可參酌余英時爲金春峰所著《周官之成書及其反映的文化與時代新考》（台北：東大圖書公司，1993）一書所寫的序言，並金氏的〈自序〉。以金氏的論述爲例，在前人的基礎上，出以縝密的考證，歸納出三個觀點：「（一）《周官》係戰國末年作品。（二）是入秦的各國學者所作。（三）故《周官》之『周』非周代之『周』，係周詳完備之意。」〈自序〉，頁 5、6。《周禮》成書於戰國末年，係目前輯著年代的通說，而以本文此處所論的史官與祭祀和歷史載記的關係而言，扞格牴牾不大。畢竟史官的職事性質，在卜辭已得到例證，《周禮》在這方面的發展是進一步的彰顯，因此，明確化、系統化、組織化可視爲整個禮制完備大趨下的面貌。至於延續的禮制，不妨有更早的因襲。金氏在該書的〈自序〉中即提到他對秦之所以能成就統一大業的新看法，其中有繼承與變革，尊重文化傳統與改革腐朽過時的作爲。而在祭祀方面，他說：「卻是始終保持周代禮制的核心觀念，如天地人鬼的祭祀之禮」。〈自序〉，頁 16。另外，從職務的類型化與組織的系統化的角度來看，俗世事務的明確歸屬及涉及的層面，也可做爲比較的基礎，史官在周代依然參與了眾多的祭祀行爲；然而，與此同時遞變的俗世性格的強化也極爲清楚。相關的情形在下文中將會加以說明。

〔註55〕見張亞初、劉雨，《西周金文官制研究》（北京：中華書局，1986），頁 102。
〔註56〕陳來，《古代宗教與倫理——儒家思想的根源》（北京：三聯書店，1996），頁 51。
〔註57〕錢穆指出：「外史，掌三皇、五帝之書」、「此言三皇、五帝。必晚周人語」。

關，是則史官的性質已有相對明顯的轉化。從《周禮》五史的職司加以分疏，「太史」的任務集中在掌「典」、「法」、「則」以及「讀禮書」、「執書」、「以書協禮事」、「讀誄」、「賜諡」、「執禮事」；大祭祀則與執事「卜日」。「小史」掌「邦國之志，奠繫世，辨昭穆」、「大祭祀，讀禮法」、「以書敘昭穆之俎簋」。「內史」則掌「王之八枋之法」、「四方之事，書，內史讀之」、「掌書王命」。「外史」亦掌「志」、「書」。至於「御史」，主要在「贊冢宰」，然而也「掌贊書」。〔註58〕這種職務類型的偏重於俗世事務，也使得祭祀性質的神職性格相對的淡化。〔註59〕

其次，隨著神職性格的淡化，相偕出現的是史官地位的變動與提升。學者研究周代官制，逕將「太史寮」與「卿事寮」合稱爲「兩寮執政」，〔註60〕這種說法建立在對周代銘文比較全面的研究基礎上，有其資料上的直接例

見〈讀《周官》〉，收入錢穆，《中國學術思想史論叢（二）》（台北：蘭臺出版社，2000），頁265。三皇、五帝之說出於戰國之世固然不錯，然而，「外史」之稱卻已見於春秋時期。《左傳・襄公二十三年》：「季孫召外史掌惡臣而問盟首焉。」楊伯峻云：「顧棟高《大事表》云：『據《尚書》（〈酒誥〉），諸侯得有內史，則亦有外史也。』《周禮》有外史，恐非此外史，以職掌不同也。」《春秋左傳注》，頁1083。楊氏以「外史掌惡臣」爲外史的職掌。金毓黻則以「掌惡臣」爲人名。見金毓黻，《中國史學史》，頁12。考《尚書・周書・酒誥》載有「太史友、內史友」（《尚書正義》，頁0209）；《左傳・桓公二年》：「周內史聞之曰」；莊公三十二年：「惠王問諸內史過曰」；僖公十一年、十六年、二十八年：「內史過賜晉侯命」、「周內史叔興聘于宋」、「內史叔興」；文公元年、十四年：「王使內史叔服來會葬」、「周內史叔服」；襄公十年：「使周內史選其族嗣」。分見《左傳正義》，頁0090、0181、0222、0235、0272、0297、0335、0538。史官或書名，或略其名，類「外史掌惡臣」以臧孫求盟出奔的原由來看，臧孫係受公誣所誣，並非逆惡之臣，所以季孫說：「臧孫之罪皆不及此。」且前引諸例，史下或書名或不書名，卻無別著一「掌」字。因此，「掌惡臣」於字義似職司「惡臣」之事，如杜預注：「惡臣，逃亡在外之臣。」只是《左傳》中「逃亡在外之臣」眾多，「惡臣」之稱卻僅此一見，殊不易解，或許「掌惡臣」不無可能如金毓黻所言是人名。前引錢穆所說的「必晚周人語」是指三皇、五帝之書，非指外史。依《左傳》所載，則外史早於晚周已有，且於祭祀之事亦不涉。

〔註58〕分見《周禮注疏》，頁0401～0404、0407～0408、0413。

〔註59〕這裡的論旨是爲了突顯史官在周代的世俗性格，不在否定它原始的神職性格，基本上，這一變化影響到後來知識分子對「歷史」的認識與詮釋。如果只從「參與宗教性活動」的角度來看，那麼，「春秋時神事在史官的職務中仍然很重要」當然也是事實。參見陳來，《古代宗教與倫理——儒家思想的根源》，頁51。

〔註60〕《西周金文官制研究》，頁102、106。

證，頗可採信。〔註61〕當然兩寮在政治上的作用、影響還是有輕重的差別，這一發展與整個周王朝職官的制度化密切相關，其中類如王室私近的太史寮，因為知識與事務須求，使得史官系統（包括祝、宗、卜、史與樂官）由於承受知識的聖職性格，成為王朝政府中的專門人材，舉凡典故、紀錄與檔案方面的事務，王室必須依仗他們的服務。〔註62〕

史官系統得以受到重視，並進而形成與「卿事寮」相頡頏，主觀的原始條件雖然是「知識的聖職性格」，然而從演進的跡象來看，祝、宗、卜、史與樂官，在「聖職性格」的褪化而彰顯出「俗世性格」的程度，以及在實際政務的作用與影響上，仍以史為突出；甚至形成「史官系統又分化為太史、內史、作冊三系，而最後演變為內史最有權。這個現象使居於幕僚職位的世襲史官在實際政務上獲得空前的影響力。」〔註63〕

史官在周代有如此重大的變化，除了「知識的神職性格」的原始傳統因素之外，更重要的原因是周王室的各種分封、朝會、誥命、錫賜非常頻繁，這些活動與俗世事務密不可分，卻與宗教行為未必有關。〔註64〕如此長時段、常態性的參與俗世的政治事務，成了史官最主要的職事，浸浸然也冲淡了它原初神秘性的宗教性格，並提升了它在俗世事務的作用，強化了它的俗世性格。〔註65〕這些重要的策命或賞賜，金文中雖然常見祭典時於宗廟中舉行，

〔註61〕 《西周金文官制研究》，頁3。作者在〈前言〉中說，該書所收集有關的職官銘文銅器近500件，整理出的不同職官材料近900條，歸納出的西周職官213種。在例證上可謂甚為堅實。

〔註62〕 關於西周政府的組織（包括「卿事寮」與「太史寮」）的詳細討論。參見《西周金文官制研究》，頁101～110。另見許倬雲，《西周史（增訂版）》第七章、〈西周政府組織〉（台北：聯經出版公司，1990），頁201～230。此處引文為該書頁229。

〔註63〕 《西周史（增訂版）》，頁227。

〔註64〕 以西周的金文而言，大別有四類：1. 作器以祭祀或紀念其祖先，2. 記錄戰役和重大事件，3. 記錄周王的任命、訓戒和賞賜，4. 記錄田地的糾紛與疆界。其中以1、3最多，2次之，4則很少。進一步來看，以西周時作為檔案與史料的意義上而言，金文和今文《尚書》中的〈周書〉部分，是同等重要的。二者結合，更能對「書」、「命」和「命書」的來源有較清楚的認識。而西周金文的「命」可分三大類：1. 王的策命與賞賜，2. 王令其大吏命于成周，3. 君后、侯伯的命、賜。2、3不多。1為數最多，此類在王宮、廟策命或賞賜其臣工，又分二項：（1）王親命，（2）史官更宣王命。史官宣王命的史又分二種： ①秉冊的史官，②讀冊的史官。詳見陳夢家，《尚書通論外二種》第二部〈尚書專論〉（石家莊：河北教育出版社，2001），頁167～176。

〔註65〕 周代史官俗世性格的轉趨明顯可以無疑，然而，這種轉變就史官的重要性或

然而宗廟之外，或非祭典時舉行的次數則更多，〔註66〕亦即史官在參與周王的策命或賞賜時的世俗性身分，大於與祭祀攸關的神職身分。

史官職事重心的轉移，配合周代政治事務的發展，以周人「事鬼敬神而遠之，近人而忠」〔註67〕的特質而言，對鬼神的祭祀或乞靈於鬼神，較諸殷商時代已不可同日而語。其次，從周代封建宗法的政治結構與聯繫強度的設計與要求來看，為了達到「封建親戚，以蕃屛周」、「選建明德，以蕃屛周」〔註68〕的政治目的，對於宗族成員間共識的凝聚及其推擴，實有賴於神靈之外的人事安排與精神的連繫。

封建的對象以「親戚」為主體，這是血親緣的先天紐帶，是宗法的骨幹，也是宗法的宗族倫常；封建對象的理想人格則偏重於「明德」，這是通則性的期望而求之於個別的諸侯應有的自我要求，是宗法的血脈，也是宗法的道德倫常。「親戚」和「明德」有它在政治運作上的預設，亦即經由二者的「封」、「選」，貫穿到「尊尊」、「親親」的人世網絡綱維，〔註69〕以架構整個周王朝

地位而言，究竟是提升或下降，論者則有不同的看法。前引許倬雲的意見屬於前者，徐復觀則指出是下降：「古代史官的地位的失墜，是來自兩方面。一是他們所主管的鬼神，在政治中逐漸減輕原來的分量；二是他們由作冊而來的知識，除星曆外，已散播於貴族，且進而下逮於平民，失掉了由史而來的知識上的專業性」。徐復觀，〈原史——由宗教通向人文的史學的成立〉，收入徐復觀，《兩漢思想史》卷三（台北：學生書局，1984），頁246。另有學者則指出：「史官的神學地位呈下降趨勢，而在世俗地位上則呈現出對王權依附性逐漸增強的趨勢。」見尤學工，〈先秦史官角色意識的歷史演變〉，收入華中師範大學歷史系中國古代史教研室編，《中國古代史論集》（武漢：華中師範大學出版社，2001），頁19。就周代的政治結構而言，依附王權與王室依仗可以說是一體兩面，譬如觀人，觀面是面，觀背是背，至於人體則為一。

〔註66〕戴君仁認為：「冊命的典禮，仍在祭典中舉行」、「都在廟中舉行」。見氏著，〈釋「史」〉，收入杜維運、黃進興編，《中國史學史論文選集一》（台北：華世出版社，1979），頁25、26。陳夢家比較全面的從金文中歸納出四類：1. 宗廟，2. 王宮、大室，3. 臣工之宮室，4. 其它。其中1有10例，2. 3. 4合計34例。因此，他說：「以為王者必於宗廟策命諸侯臣工，則與金文不合。」《尚書通論外二種》，頁172、173、182。

〔註67〕《禮記·表記》載孔子論三代之道時對周道的概括說詞。見《禮記注疏》，頁0916。

〔註68〕分見《左傳·僖公二十四年》富辰諫止襄王伐鄭語，《左傳·定公四年》衛祝佗對周史萇弘語。《左傳正義》，頁0259、0947。

〔註69〕《禮記·大傳》記武王克殷後，追尊祖先的祈祝之事云：「追王太王亶父、王季歷、文王昌；不以卑臨尊也。上治祖禰，尊尊也；下治子孫，親親也；旁治昆弟，合族以食，序以昭穆，別之以禮儀，人道竭矣。」《禮記注疏》，頁

的天下秩序,並確保政權的賡續目的。因此,「尊尊」、「親親」所強調的,一方面是血源的追溯,另一方面又是胤嗣的承繼,形成上下的貫串;同時擴及其它的血親,形成左右的聯結,縱向與橫向的關係皆可導向源頭和中心,亦即導向認同的共識。在此一宗法架構下,祖宗的角色顯得異常重要。尊祖敬宗成了周王室、封建諸侯,乃至大小臣工在論證俗世志業與成就時,必先誦揚緬念一番的傳統。如〈師克盨〉:

> 王若曰師克,丕顯文武,雁受大令匍有四方,繇隹乃先且考又賣于周邦,干害王身,乍爪牙。王曰:克,余隹坙乃先且克黹臣先王,昔余既令女,今余隹䊮橐乃令,令女更乃且考,釤司左右虎臣。

如〈同簋〉:

> 王命同,左右吳大父,司役林吳牧,自淲東至于河,厥逆至於玄水,世孫孫子子,左右吳大父,毋女又閑。

上面二個金文的例子,「一個上推祖先,一個下延世澤」,同具追溯與胤繼的上下貫串。又如〈番生簋〉:

> 丕顯皇且考,穆穆克誓厥德,嚴在上,廣啓厥孫子于下,勩于大服。番生不敢弗帥井皇且考不杯元德,用䊮圀大令,嬭王立,虔夙夜。專求不贅德,用諌四方,嬰遠狄。王令釤嗣公族、卿事、大史察。
>
> 〔註70〕

〈番生簋〉係番生自作器,因此番生在銘文中自稱輔弼王位。這類的銘文很多,不必詳說,僅舉其一二以見大概。銘文的內容反映了「尊」與「親」的實質,同時也說明了「自名(銘)以稱揚其先祖之美,而明著之後世」〔註71〕此一作器追溯宗功,丕顯祖德以垂訓後代的基本性質。凡此,實際上都有賴於對祖宗之所以有「德善、功烈、勳勞、慶賞」的因由加以陳述,其中或詳或略,不外是一家一姓的光榮歷史。將這一光勞歷史鑴鑄於器物之前的撰述工作,便是史官的職事。〔註72〕這一方面最具代表性的,可以〈史墻盤〉爲

0616、0617。

〔註70〕前引金文三例及引文分見許倬雲,《西周史(增訂版)》,頁222、225。

〔註71〕《禮記·祭統》:「銘者,論譔其先祖之有德善、功烈、勳勞、慶賞,聲名列於天下而酌之祭器,自成其名焉,以祀其先祖也,顯揚先祖,所以崇孝也。身比焉,順也,明示後世,教也。」《禮記注疏》,頁0838。

〔註72〕陳夢家指出,西周到了成、康時代,后、公、侯有其直屬的史官(作册),同時也有自作器物的,只是成例很少,主要是周王的策命與賞賜。而王命「首先是書寫在簡書上的,當庭的宣讀了,然後刻鑄於銅器之上。」《尚書通論外

佳例。〈史墻盤〉迭經學者研究，於釋文雖有小異，作器時期則有共識，即西周恭王時期，爲世襲史官微史家族的寶器。全器銘文甚長，計十八行二百八十四字。黃然偉在諸家的研究基礎上，對銘文逐字逐句加以釋義，並區別爲二大段。第一大段從「曰古文王」始，至「方蠻亡不䰜見」止，計一百三十八字。第二大段自「青幽高祖，在戲（微）靈處」起，以迄於「龜事乓辟其萬年永寶用」，計一百四十六字。第一大段「分別敘述文王至恭王之德業，是周人記西周初期至中期初歷史的一個重要史綱」，第二大段敘述器主微史的家世：「略謂墻的高祖最先居於微，當周武王克服殷朝後，乃來觀見武王，武王授命周公爲微史在周卑之地建立住所。史墻的乙祖是個既勇且仁的長者來輔其國君，是國君的好臣子。亞祖祖辛乃一精明能幹的先祖，他使子孫繁衍，家族繁茂多福，如此光明燦爛的先祖，實當永遠享受祭祀。文考乙公天性閑雅，是個通明而又渾厚敦篤的人。史墻祈望農作豐登，於先祖的德業早晚不敢違失，時常自勉，不敢有所廢壞，以此揚顯天子的美命，故造此寶彝，光顯的祖父和美善的父親，予我華盛的官服，使我福祿茂盛。願我長壽百歲，俾能奉侍國君，所鑄此器，可留存至萬年之久。」〔註73〕史墻是恭王時的史官，對於恭王之前西周諸王的褒美及史事的追溯如文王協政，德及萬邦；武王克殷，撫民固邊；成王明聖，輔弼忠耿；康王分民居里，百姓安康；昭王嘉善，狩歷荊楚；穆王恭敬光明，誨教垂範；以及恭王繼烈，免民於亂；百餘字歷盡七王功德，可謂字字精確。而對自己家族的歷史與光顯的祖先人格、事業，亦極盡頌美揚休之能事。〔註74〕這種既述國史並及家史，類如譜牒的形式，除了史實的呈現，也含有申述衍論的實質。

史官書寫銘文，以金文之例，職司其事的主要是集中在王廷的史官。史官承受王命，預先依據成例書好銘文，在策命時將之交予王，王再授予宣命

　　二種》，頁164、167。王命作器如此，后、公、侯自作器前由其直屬史官書述當亦相同。
〔註73〕黃然偉，〈西周《史墻盤》銘文釋義〉，原刊日本《池田末利博士古稀紀念東洋學論集》，1989年9月10日出版。後收入黃然偉《殷周史料論集》（香港：三聯書店，1995），頁369～381。引文見頁374、378。
〔註74〕2003年1月19日陝西眉縣楊家村出土單氏家族青銅窖藏27件。其中逨盤372字，除記西周自文王至宣王十二王時單氏祖先輔佐王室、征戰、治政、任官的歷史，並及天子對逨的訓誥與賞賜。詳參江林昌，〈由新出　公盨、逨氏銅器論夏商周世系及虞代問題〉，收入李國章、趙昌平主編，《中華文史論叢》第七十七輯（上海：上海古籍出版社，2004），頁100～131尤其是頁107～111。

的史官誦讀。讀畢之後,受命者拜手稽首以答揚天子之德,通常會繼之以記述因此而為祖宗作祀器以祈禱求福的吉語。〔註75〕傳世金文中數量最多的王命作器,就內容可分為王命錫賜的文詞與受器者作器的吉語二大部分,而這二者通常會涉及到祖宗。銘文既然有頌美揚善的性質,且又多出自史官之手,久而久之便容易形成通例,包括書寫格式、鋪陳用詞,溯源頌揚的歷史光榮等等。於是不論是天子的史官還是后、公、侯、大臣的直屬史官,對於他們所隸屬的主人的歷史,比一般統治階層的知識分子擁有更多的歷史知識。同時,自殷商時代以迄於西周中晚期,政治結構上以世官世祿為主,各級貴族在職官上有獨占的特權,而「周王在冊命時經常講『更(訓續)乃祖考事』,即繼承你父親的職務」,〔註76〕所以當周王冊命之後,器主作器便將這些文詞並相關頌揚文字形諸銅器之上。史官,不論是王室或私家所屬,是最頻繁與常態性的參與者。這些銘文既然多出自於史官,亦即王及器主告知原由和相關資料,然後由史官加以鋪陳或潤飾。〔註77〕因此,史官不僅是記錄者、檔案公文的保管者,同時也是陳述歷史、鋪陳歷史的主事者。概言之,史官不只是記事,也不只是記言,他們有更多的時機從事重於或記事或記言,以及將事、言連綴,結合嫻熟的職業技能與文字運用,形成一時一地一家一姓的歷史載記。雖然這樣的歷史載記有其片面的局限,不能完整的呈現,然而史官在起草文書時必當忠於所受之命,而在行文時則有鋪陳潤飾的空間。此一發展,使得史官一方面要受客觀的事實制約,另一方面則可依據文字,適當、巧妙的運用,賦予某種價值與意義。這樣的史官文化、傳統,間接的體現了史官基於歷史與現實而進行知識與技能結合的世俗工作,已遠非原初型態的神職宗教性格,也加強了史官與「歷史」的密合。雖然史官依然保有部分原初的宗教神學的相關職掌,卻有愈來愈淡薄的趨向。當然也不是所有的史官都是如此,從文獻上來看,依然有不少史官還謹守著原初的角色,表現出的性質猶是原型的遺存。試以《左傳》為例:

〔註75〕 陳夢家,《尚書通論外二種》,頁172、175。
〔註76〕 《西周金文官制研究》,頁147。作者從商周金文中所載器主職官的延續性,比較全面的呈現此一現象。詳見同書頁145~147。
〔註77〕 以「作冊」為例,此一史職之官,殷墟卜辭已有,在商周銘文中,尤其是西周更常見,極盛於西周早、中期,其後「內史」興起,至西周晚期消失。論者指出,二者「是兩種性質更為接近的職官,甚至可能是同一職官的兩種不同稱呼」,而「作冊是各種冊命文書的起草人」。《西周金文官制研究》,頁34、35。既然是「起草人」,對於冊命內容的文詞加以一番鋪陳或潤飾當屬可能。

魯文公十三年（614B.C）：

> 邾文公卜遷于繹。史曰：「利於民而不利於君。」邾子曰：「苟利於
> 民，孤之利也。天生民而樹之君，以利之也。民既利矣，孤必與焉。」
> 左右曰：「命可長，君何弗爲？」邾子曰：「命在養民，死之短長，
> 時也。民苟利矣，遷也，吉莫如之！」遂遷于繹。

史官在占卜後，但就兆所示，直接解讀，邾文公則以利民則遷爲據。左右大臣
另主利君爲要，這中間不見史官有任何申說，若以利民利君而論，史官既熟知
歷史，當有進一步分說的能力，只是這位史官但止於卜兆解讀，不及其餘。

魯昭公七年（535B.C）載衛襄公卒後，因夫人姜氏無子，嬖子蝄始生長
孟縶，次元，衛卿孔成子與大夫史朝同夢衛始封祖康叔「立元」的兆示，成
子以《周易》筮二卦，得〈屯〉與〈屯〉之〈比〉以示史朝。

> 史朝曰：「『元亨』，又何疑焉？」成子曰：「非長之謂乎？」對曰：「康
> 叔名之，可謂長矣。孟非人也（指孟縶「足不良能行」），將不列於
> 宗，不可謂長。且其繇曰：『利建侯。』嗣吉，何建？建非嗣也。二
> 卦皆云，子其建之！康叔命之，二卦告之，筮襲於夢，武王所用也，
> 弗從何爲？……。」故孔成子立靈公。

史朝解卦兆以說明康叔之命的夢示，雖然舉武王爲例，[註78] 然其用意只在
符合夢示，依然不脫原初性格，同時也反映史朝對祖宗神鬼的認識，只宜依
從，不應違背。

魯哀公六年（489B.C）：

> 是歲也，有雲如眾赤鳥，夾日以飛三日。楚子使問諸周太史。周太
> 史曰：「其當王身乎！若禜之，可移於令尹、司馬。」王曰：「除腹
> 心之疾，而寘諸股肱，何益？不穀不有大過，天其夭諸？有罪受罰，
> 又焉移之？」逐弗禜。

天文星曆本來就是史官的原始職掌，周太史將天象的變異與人世的君主牽連
在一起，並說可經由禜祭而移災給大臣，這種「祭以移災」不知起於何時，
至少春秋晚期尚存遺風，周太史顯然是據此遺風加以直接的回答，反倒是楚
昭王表現出不以爲然的態度。類如上面所舉三例，都是謹守史官原初角色，

〔註78〕楊伯峻注「筮襲於夢」謂：「筮與夢相合」，注「武王所用」云：「《國語‧周
語下》引〈太誓〉曰：『朕夢協朕卜，襲于（原作於，據《國語》、〈太誓中〉
改）休祥，戎商必克。』」《春秋左傳注》，頁1298。

－37－

可說是比較保守的一類。〔註79〕

比起前述這一類謹守原初性格的史官，也有一些史官開始表現出運用歷史知識，結合現狀加以分說，甚至批評議論的另類特質。

魯莊公三十二年（662B.C）：

> 秋七月，有神降于莘。惠王問諸内史過曰：「是何故也？」對曰：「國之將興，明神降之，監其德也；將亡，神又降之，觀其惡也。故有得神以興，亦有以亡，虞、夏、商、周皆有之。」……。内史過往，聞虢請命。反曰：「虢必亡矣。虐而聽於神。」

> 神居莘六月。虢公使祝應、宗區、史嚚享焉。神賜之土田。史嚚曰：「虢其亡乎！吾聞之：國將興，聽於民，將亡，聽於神。神，聰明正直而壹者也，依人而行。虢多涼德，其何土之能得？」

《國語・周語上》記此事尤詳，略摘如下：〔註80〕

> 國之將興，其君齊明、衷正、精潔、惠和，其德足以昭其馨香，其惠足以同其民人。神饗而民聽，民神無怨，故明神降之，觀其政德而均布福焉。國之將亡，其君貪冒、辟邪、淫佚、荒怠、麤穢、暴虐；其政腥臊，馨香不登；其刑矯誣，百姓攜貳。明神不蠲而民有遠志。民神怨痛，無所依懷，故神亦往焉，觀其荷慝而降之禍。是以或見神以興，亦或以亡。

> （下舉三代興亡所見之神，略）……。

> 臣聞之：道而得神，是謂逢福；淫而得神，是謂貪禍。……。内史過歸，以告王曰：「虢必亡矣，不禋於神而求福焉，神必禍之；不親

〔註79〕 類似的例子尚有魯僖公十五年（645B.C）追述晉獻公筮嫁伯姬於秦，史蘇爲占，解《易》卦繇以説明不吉之因。魯成公十六年（575B.C），晉、楚鄢陵之戰，晉厲公筮得〈復〉，史曰：「吉。」魯襄公九年（564B.C），襄公祖母穆姜死前筮得〈艮〉之八，史曰：「是謂〈艮〉之〈隨〉。隨，其出也，君必速出！」穆姜不從，反有自己無有元亨利貞之德，必死無出的見解。魯襄公二十五年（548B.C），齊崔杼欲娶齊棠公寡妻東郭姜，筮得〈困〉之〈大過〉，史皆曰：「吉。」《正義》云：「史有多人皆言吉，阿崔子之意也。」分見《左傳正義》，頁 0232～0234，0475，0526、0527，0617、0618。以上四例都屬卜筮，史官但解卦象說繇辭，因此不見分說。唯崔杼之事，陳文子所解大異於史，認爲是凶卦。因此，《正義》說史皆阿崔子。杜預也說史是「阿崔子」。杜預，《春秋經傳集解》（上海：上海古籍出版社，1988），頁 1025。

〔註80〕 全文甚長，計 480 字。《國語》，頁 29～34。

於民而求用焉，人必違之。精意以享，禋也；慈保庶民，親也。今
虢公動匱百姓以逞其違，離民怒神而求利焉，不亦難乎！」

神降與國家興亡有關，而興在德，亡在惡；德加於民則神降示興，反之示亡，
此可驗諸既往。如今神降於虢境，而虢公無道，既不以精意禋祭，又淫虐人
民，不思修德，反求賜田，貪禍如此，其亡也必。內史過與其說是論神，不
如說是否政譽人。

　　魯僖公十六年（644B.C）：

春，隕石于宋五，隕星也。六鷁退飛過宋都，風也。周內史叔興聘
于宋，宋襄公問焉，曰：「是何祥也？吉凶焉在？」對曰：「今茲魯
多大喪，明年齊有亂，君將得諸侯而不終。」退而告人曰：「君失問，
是陰陽之事，非吉凶所生也。吉凶由人。吾不敢逆君故也。」

周內史叔興指出魯季友、戴伯之死是時事，齊有亂指次年桓公卒，孝公奔宋。
宋襄公將得諸侯而不終指五年後的鹿上之盟及次年的泓之敗，二者類如預
言，大概也是叔興從時局的觀察得出的見解，亦為針對「吉凶在何地」的答
覆，而石隕於宋與六鷁退飛在宋都，如果要說吉凶落在何地，以叔興之見，
主要是在宋，這與神降於虢境的預言類似。因此叔興雖沒有引歷史為例，不
過身為史官，知天文星曆的知識背景，讓叔興說出了類似內史過興亡神示的
吉凶所在之地。〔註81〕當然叔興似有間接儆示的意思，所以才說「吉凶由人」；
如以常情而論，石隕、鳥退飛是自然界的變化現象，叔興不直接告以「陰陽
之事」，反藉此而加以人事的解釋，〔註82〕含有批評議論的實質。

　　另如《國語・楚語上》楚左史倚相儆申公子亹之例。倚相往見子亹，子
亹不出迎見，倚相有謗言，大夫舉伯入告。

子亹怒而出，曰：「女無亦謂我它老耄而舍我，而又謗我！」左史倚
相曰：「唯子老耄，故欲見以交儆子。……昔衛武公年歲九十有五
矣，猶箴儆於國，曰：『自卿以下至於師長士，苟在朝者，無謂我老

〔註81〕春秋時，天象神事之異，常被視為有受殃所在，如魯昭公七年夏，日食，晉
　　　　平公問士文伯：「誰將當日食？」士文伯答以魯衛受其殃。《左傳正義》，頁
　　　　0761。
〔註82〕叔興最後說「不敢逆君」，易讓人產生錯覺，以為是他不敢違背宋襄公之意。
　　　　實則，從「君將得諸侯而不終」一語來看，重點似在強調「不終」，較諸「得
　　　　諸侯」更有儆示深意在。且從《左傳》用語而觀，「逆」字一百餘，十之八九
　　　　都作「迎」用（明書「迎」者唯一見：僖公二十二年：「婦女送迎不出門。」
　　　　《左傳正義》，頁0249）。「違」字數十，大抵為「違背」之意。因此，叔興的
　　　　「不敢逆君」不無不敢認同或不能順從的意味。

毫而舍我，必恭恪於朝，朝夕以交戒我；聞一二之言，必誦志而納之，以訓導我。』在輿有旅賁之規，位宁有官司之典，倚几有誦訓之諫，居寢有爲褻御之箴，臨事有瞽史之導，宴居有師工之誦。史不失書，矇不失誦，以訓御之，於是乎作〈懿〉戒以自儆也。及其沒也，謂之睿聖武公。子實不睿聖，於倚相何害。《周書》曰：『文王至於日中昃，不皇暇食，惠於小民，唯政之恭。』文王猶不敢驕。今子老楚國而欲自安也，以禦數者，王將何爲？若常如此，楚其難哉！」子亹懼，曰：「老之過也。」乃騖見左史。

子亹身爲楚國的社稷重臣，卻有倚老恃位驕人之舉，這對個人對楚國都不好，因此倚相舉衛武公老而知箴戒；文王賢而益加惠民恭政的例子，以作爲諷諫的理據。身爲史官，能以歷史顯例爲說，所以楚靈王說倚相是「能讀《三墳》、《五典》、《八索》、《九丘》」的「良史」；〔註 83〕而楚王孫圉也稱贊倚相與觀射父爲「楚國之寶」。〔註 84〕

〔註 83〕 杜預注《墳》等：「皆古書名。」《春秋經傳集解》，頁 1360。

〔註 84〕 王孫圉聘於晉，趙簡子問楚寶玉白珩傳世多久。王孫圉答道：「未嘗（以白珩）爲寶。楚之所寶者，曰觀射父，能作訓辭，以行事於諸侯，使無以寡君爲口實。又有左史倚相，能道訓典，以敘百物，以朝夕獻善敗於寡君，使寡君無忘先王之業，又能上下說於鬼神，使神無有怨病於楚國。……。此楚國之寶也。若夫白珩，先王之玩也，何寶之焉。」《國語‧楚語下》。《國語》，頁 579、580。王孫圉對倚相的描述與稱讚，與楚靈王的說法可見倚相這個史官，在當時的楚國是個傑出的人物。如果倚相只是一個長於記誦、熟於古書的單純史官，恐怕還稱不上「良史」吧！觀王孫圉的稱讚，倚相「能道訓典」應指能讀《三墳》等古書；但能讀古書只是史官技術性的能力，不足爲貴，可貴的是能勸善儆惡，讓爲政者知所儆戒，避免恣己虐民、壞家危國，這種史官，才堪當「良史」，甚至是「國寶」之名。（關於「良史」，最爲人所知的是晉史狐直書「趙盾弒其君」一事。《春秋》三傳中，《公羊》於傳無說，《穀梁》略述始末，記史狐之言：「子爲正卿，入諫不聽，出亡不遠，君弒，反不討賊則志同，志同則書重，非子而誰？」不載孔子贊語。《左傳》則事言詳具：「太史書曰：『趙盾弒其君』，以示於朝。宣子曰：『不然。』對曰：『子爲正卿，亡不越竟，反不討賊，非子而誰？』……。孔子曰：『董狐，古之良史也，書法不隱。趙宣子，古之良大夫也，爲法受惡。』」分見陳立，《公羊義疏》四十四〈宣二年〉（台北：鼎文書局，1973），頁 447；鍾文烝，《春秋穀梁經傳補注》卷第十五，〈文公第六上〉（北京：中華書局，1996），頁 472；《左傳正義》，頁 0365。從《左傳》記孔子的稱許而言，主要是圍繞在一個既存且客觀的規範——法——之上：董狐忠於職司，發揮的可說是職業道德的堅持，趙盾則表現出對此一規範的尊重，所以孔子才說他是「爲法受惡」，較諸崔杼殺二齊史之舉，趙盾不殺董狐倒也不失「良大夫」了。董狐秉筆直書，不畏權勢，孔子許爲「良史」，若倚相亦不

　　尚有魯太史克（里革）之例，見於《詩經・魯頌・閟宮》與《左傳・僖十八年》。首先來看〈閟宮〉。〈閟宮〉甚長，《毛詩正義》分 8 章，共 120 句，492 字。〈毛序〉云：「季孫行父請命于周而史克作是頌」。〔註85〕由於全詩甚長，此處不錄。掇其大意，約有數端：1. 敘來源、追祖德、頌宗功；2. 述僖公祭祀祖先；3. 美僖公戰績並頌復舊土；4. 結以新廟宏規，奚斯善監。簡單的說，全詩反映了周王室得天下約略的過程以及魯僖公個人特出的事功，也是歷史與現實結合的美文頌詩，洋洋灑灑，顯現作詩者豐富的歷史知識與斐然的文采。再來看《左傳・文公十八年》太史克回答魯宣公的一席話。當莒太子僕失寵遭黜後以國人弒其父，攜寶玉奔魯，宣公受寶玉並命季孫行父與之邑時，說道：「今日必授（邑）！」季孫行父不僅不受命，且令司寇將僕驅逐出境，同時說道：「今日必達！」全然不以宣公為意。宣公問其故，行父於是使太史克回覆原由。太史克首先說明行父係依其父臧文仲所教之禮行事，次舉先君周公制〈周禮〉曰：

> 「則以觀德，德以處事，事以度功，功以食民。」作〈誓命〉曰：「毀則為賊，掩賊為臧（臧，原作藏，據楊伯峻注改）。竊賄為盜，盜器為姦。主藏之名，賴姦之用，為大凶德，有常無赦。在九刑不忘。」

從「觀德」、「處事」、「度功」等德目來衡量莒僕攜寶玉奔魯的舉動，無有符合之處，因此行父不受命。太史克接著說：

> 孝敬、忠信為吉德，盜賊、藏姦為凶德。夫莒僕，則其孝敬，則弒君父矣；則其忠信，則竊寶玉矣。其人，則盜賊也；其器，則姦兆

畏權勢，且能導君於正途，亦可任「良史」之稱。

〔註85〕　〈閟宮〉的作者向來有二說：一為史克，如《毛序》、王肅主之。《毛詩注疏》，頁 0762、0763。另一則據終章「新廟奕奕，奚斯所作」句，主出自奚斯（公子魚）之手，如段玉裁〈奚斯所作解〉、《韓詩章句》。轉引自程俊英、蔣見元，《詩經注析》（北京：中華書局，1996），頁 997、1010。按詩三百，明書作者的寥寥無幾。以終章內容所述「徂來之松，新甫之柏，是斷是度，是尋是尺。松桷有舃，路寢孔碩，新廟奕奕，奚斯所作。孔曼且碩，萬民是若。」來看，是在說明新廟的建材來源；新廟的規制，以及人民合力完成。至於奚斯的角色，孔穎達說：「此廟是誰為之，乃是奚斯所作，美其作之得所，故舉名言之，奚斯監護而已。……奚斯與新廟連文，……。奚斯所作之意，正謂為之主帥。主帥教令工匠，監護其事，屬付工役，課其章程而已。」孔氏於《毛序》「史克作是頌」下疏云：「史官名克者作是〈駉〉（魯頌四篇之首）詩之頌，……。下三篇亦是行父所請，史克所作。」《毛詩正義》，頁 0763、0783。參以後文《左傳・文公十八年》事，《毛序》與《孔疏》可從。

也。保而利之，則主藏（臟）也。以訓則昏，民無則焉。不度於善，
而皆在於凶德，是以去之。

這一段勸誡之語，係上面周公〈誓命〉之文的引申與論述，含有道德準據的
批判，卻也是歷史與現實的連繫和縮結，肯定了季孫行父的決定，也直接批
判莒僕的弒父及以寶玉賄宣公之舉，並間接批評了宣公的授邑之不當。不僅
如此，太史克話鋒倏轉，一口氣列舉了古帝王高陽氏有才子八人，謂之八愷，
高辛氏亦有才子八人，謂之八元，皆「世濟其美，不隕其名」。帝鴻氏有不才
子渾敦，少皞氏有不才子窮奇，顓頊氏有不才子檮杌，並縉雲氏的不才子饕
餮，是謂四凶，皆「世濟其凶，增其惡名」。至舜時，舉十六相，去四凶，使
天下無凶人，終爲天子，因此太史克結論道：

今行父雖未獲一吉人，去一凶矣。〔註86〕

太史克雖係爲季孫行父辯，然而從他所列舉的古人古事而加以行止上的垂訓
鑑戒之義，不能說太史克除了記誦歷史之外，別無自己對歷史與現實縮結的
寄意。取太史克之語與〈史墻盤〉之銘合而觀之，則其間發展已有本質上的
變化。〔註87〕

《國語‧魯語上》另載里革（太史克）論國君之過，亦頗能反映史官的
識見與論述。事當魯成公十八年（573B.C），晉欒書、中行偃使程滑弒厲公，
〔註88〕邊人以告，成公當朝問道：「臣殺其君，誰之過也？」舉朝大夫無人回
答，只有里革大膽說道是國君的過錯：

夫君人者，其威大矣。失威而至於殺，其過多矣。且夫君也者，將
牧民而正其邪者也，若君縱私回而棄民事，民旁有慝無由省之，益

〔註86〕《春秋左傳注》，頁633～642。此事亦見載於《國語‧魯語上》，太史克作里
革，而記敘有所偏倚。於命季孫行父授邑較詳，且里革非受行父之使，乃主
動更書，以致宣公命人拘執里革，遂有如下精彩的對話：「違君命者，女亦聞
之乎？」對曰：「臣以死奮筆，奚啻其聞之也！臣聞之曰：『毀則者爲賊，掩
賊者爲藏，竊寶者爲宄，用宄之財者爲姦』，使君爲藏姦者，不可去也。臣違
君命者，亦不可不殺也。」《國語》，頁176。
〔註87〕就二者性質而言，〈史墻盤〉是賞賜作器，銘文在突顯賜受雙方的德業事功，全
是正面肯定的頌美揚休。也因爲如此，所以就無法體現歷史正反的兩面，而當
事者的歷史認識也只表現在正面的肯定上。至於如〈閟宮〉、《左傳》，則可以透
過文字的潤飾，將所偏重的意旨寄託其中；同時，《詩》、《傳》之文亦非錫命作
器的銘文，不必只求頌揚。此外，時移勢異，春秋時代的君臣互動，並知識分
子的角色意識也發生了實質的變化，如前注里革的「以死奮筆」便是其例。
〔註88〕《左傳正義》，頁0485。

邪多矣，若以邪臨民，陷而不振，用善不肯專，則不能使，至於殄
滅而莫之恤也，將安用之？桀奔南巢，紂踣于京，厲流于彘，幽滅
于戲，皆是術也。夫君也者，民之川澤也，行而從之。美惡皆君之
由，民何能為焉？

里革藉由桀、紂、厲、幽這些「威大」而卻「失威至於殺」的人君，都是「縱
私回（邪）而棄民事」，大失「牧民正邪」之責，以致落得奔、踣、流、滅的
下場，全是咎由自取，與臣子人民無關，而晉厲公正是桀紂一流，因此，人
臣無過。里革的大膽陳言，以一人臣言，適突出其耿介個性，〔註89〕同時以
史官的知識做為論事的依傍，即便是「臣殺其君」這種政治綱常的不道舉動，
也取得了自遺伊慼的理據，雖然不能遽為里革係為中行偃、欒書弒君開脫，
從其中「美惡皆君之由」的結論，卻也間接的傳達了這一層信息。

　　類如里革論弒君的事例，又見於魯昭公遭三桓所逐，七年不得返，終死
於乾侯（晉地）之例。七年不短，而魯人服於季氏，趙簡子甚為不解，遂問
史墨。

趙簡子問於史墨曰：「季氏出其君，而民服焉，諸侯與之；君死於
外而莫之或罪，何也？」對曰：「物生有兩、有三、有五、有陪貳。
故天有三辰，地有五行，體有左右，各有妃耦；王有公，諸侯有
卿，皆有貳也。天生季氏，以貳魯侯，為日久矣，民之服焉，不
亦宜乎！魯君世從其失，季氏世脩其勤，民忘君矣。雖死於外，
其誰矜之？社稷無常奉，君臣無常位，自古以然。故《詩》曰：『高
岸為谷，深谷為陵。』三后之姓，於今為庶，主所知也。在《易》
卦，雷乘〈乾〉曰〈大壯〉，天之道也。昔成季友，桓之季也，文
姜之愛子也。始震（娠）而卜，卜人謁之，曰：『生有嘉問，其名
曰友，為公室輔。』及生，如卜人之言，有文在其手曰『友』，遂
以名之。既而有大功於魯，受費以為上卿。至於文子、武子，世
增其業，不廢舊績。魯文公薨，而東門遂殺適立庶，魯君於是乎
失國，政在季氏，於此君也四公矣。民不知君，何以得國？是以
為君慎器與名，不可以假人。」

史墨此處所論有歷史成分，也多有引申之義。史墨時代已入春秋晚期，虞、

─────────────────────────────
〔註89〕〈魯語上〉另載里革斷裂魯宣公「夏濫於泗淵」的魚網，並引不應濫捕、
　　　　濫殺、濫伐、濫漁的「古訓」，以預防宣公陷於過度的貪欲。《國語》，頁178。

－43－

夏、商後代幾已悉爲強國所併，而列國弒篡廢立時時而有，君權旁落於勢家亦爲實情，〔註90〕至於「魯君失民」更是時人所共知。〔註91〕魯國四君失政歷時近百年（608～510B.C），三桓執權柄，尤以季氏爲顯，是以民知有季氏而不知有魯君。歷史上的三后之姓與當今喪政失民的國君，時代容有先後，實質則並無二致，史墨以飽學論事，〔註92〕不離實情，或可視爲常情之論，然而那一句「社稷無常奉，君臣無常位」卻非尋常之語，而其後緊綴以「自古以然」，既有歷史經驗的現世洞見，更透顯一己的獨明與不畏威勢的批判勇氣。雖說春秋晚季是王綱解組的時代，有外在政治綱常夷壞的客觀環境，不過能說出、敢說出這種深刻儆語的卻也難得，比起里革「美惡皆君之由」，不僅不遑多讓，甚有過之；而最後一句「爲君愼器與名，不可以假人」，不僅是針對魯昭公與三桓而發，也是對當代所有爲君與爲臣者而發。歷史與現狀，在史墨的認知與引申間，同樣取得密切連繫。

史官嫻熟歷史發展，並將此一既往的利弊得失與現狀加以縮結，甚至進一步廣泛引申論說的最明顯例證，可能要數西周末季，幽王司徒鄭桓公向周太史伯一番未雨綢繆的請益。這件事詳見於《國語·鄭語》。〔註93〕《國語·鄭語》只有二則，全長1684字，〔註94〕桓公與史伯的對話載於首則，文長1615字。其中桓公六問只有44字，而史伯的六答卻有1510字。〔註95〕以下僅就

〔註90〕 衛獻公淹留境外十二年，謀返國，使弟子鮮與甯喜約。子鮮云：「苟反，政由甯氏，祭則寡人。」雖爲條件互換，卻也說明勢家權力之大。事在魯襄公二十六年。《左傳正義》，頁0630。又如叔向與晏子論「季世」時說公室「降在皂隸，政在家門」，也是這種情狀。事見昭公三年《傳》文。《左傳正義》，頁0723。

〔註91〕 宋樂祁建議宋公嫁女予季平子時說：「政在季氏三世矣，魯君喪政四公矣。」時爲魯昭公二十五年。同年，昭公被逐。《左傳正義》，頁0888。

〔註92〕 前面引文已可略見史墨的飽學，至於其詳則見於魯昭公二十九年，史墨回答魏獻子問「龍見于絳郊」時的長篇論述（485字）。《左傳正義》，頁0922～0926。

〔註93〕 《國語》，頁507～523。此事並見《史記·鄭世家》。文長近300字，史伯的回答近三分之二。參見《新校本史記三家注》，頁1757。合二書而觀，〈鄭語〉記桓公六問，史伯六答；〈鄭世家〉則四問四答（實際是五問五答，〈鄭語〉中第五、六二問二答在〈鄭世家〉中合在一起）。至於〈鄭語〉中桓公的第四問：「周其弊乎？」史伯752字的答語中關於褒姒的傳說幾佔一半，亦見於《史記·周本紀》，文長略當其數。見《新校本史記三家注》，頁147、148。

〔註94〕 《國語》以〈晉語〉最長，〈鄭語〉最短，有謂〈鄭語〉「兩千五百字左右。」易中天注釋，《新譯國語讀本》（台北：三民書局，1995），〈導讀〉，頁5。係誤。

〔註95〕 餘61字爲：「桓公爲司徒，甚得周眾與東土之人，問於史伯曰」、「公說，乃東寄帑與賄，虢、鄶受之，十邑皆有寄地」，以及幾次的「公曰」、「對曰」。此處不厭其煩的列出數字，是爲了突顯史伯在此事中所表現的識見。

問答內容摘釋要意：

桓公首問：「王室多故，余懼及焉，其何所可以逃死？」史伯先舉成周四面爲大小親戚封國暨戎、狄、荊、蠻諸異族所在，這些地方「非親則頑，不可入」。而處於濟、洛、河、潁之間的虢、鄶，前者恃勢，後者恃險，唯「皆有驕侈怠慢之心，而加之以貪冒」。桓公「若以周難之故，寄孥與賄」，當「周亂而弊，是驕而貪」必會背叛，而桓公藉此出師伐罪，必能克，且收鄰近的鄶、弊等八邑，進而「修典刑以守之，是可以少固」。史伯在 215 字中，具體分析了天下列國的性質，說明可入不可入的理由，這是基於對現狀的掌握，向桓公提出的具體建議。

桓公次問：「南方不可乎？」史伯首先指出荊人傳世的大概，雖有禍難，然而皆爲有大功的重、黎後代，子孫「必光啓土，不可偪也。」並申明「成天地之大功者，其子孫未嘗不章」的歷史，包括了虞及三代、祝融、姜、嬴諸著姓「實與諸姬代相干」（韋昭注云：「干，犯也。言其代彊更相犯間。」）。史伯在第二次回答中，以 430 字追溯了自遠古以來，有大功於人世的君主或重臣，如「虞幕能聽協風，以成樂物生」、「夏禹能單平水土，以品處庶類」、「商契能合五教，以保于百姓」、「周棄能播殖百穀疏，以食民人」，其後代「皆爲王公侯伯」。至於祝融，「亦能昭顯天地之光明，以生柔嘉材」，其後代在周時雖未有侯伯，卻顯於夏、商；其後或滅或爲采衛或在夷、狄，然將必有繼興者如「荊實有昭德，若周衰，其必興」。它如伯夷之後的姜，伯翳之後的嬴，「其後皆不失祀而未有興者，周衰其將至矣。」此一大段長文，既有歷史追溯性質，亦有興替盛衰的論證；既符合了史伯史官博聞的身分，也顯現史伯綰合歷史與現狀而加以判斷的論述。

桓公三問：「謝西之九州，何如？」史伯對謝西之地從民情的「沓貪而忍」，亦即貪黷不義，認爲不宜。若眞要立國，則謝、郟間勉強可以，然須以忠信訓導，始能長久。此段只 45 字，卻從風情立論，把握了民風的特色。

以上三問係桓公就避難之地就教於史伯，而史伯則援古據今，在切合問旨的前提下，說出了自己衡情度勢的意見。接下來的三問三答則集中周衰以及同姓異姓諸侯之興的論證。

桓公四問：「周其弊乎？」史伯明確答以：「必弊」，並引《尚書・周書・泰誓上》的「民之所欲，天必從之」的古訓，反襯幽王「棄高明昭顯，而好讒慝暗昧」，恰與民欲相違，也與先王「至和」相悖。史伯並以對襃姒得寵的

觀察,指出〈訓語〉所記:「夏之衰也,褒人之神化爲二龍」的傳說。〔註96〕
夏后卜殺、去、止二龍皆不吉,乃卜藏龍漦,得吉。此龍漦櫝藏三代未曾開
啓,至厲王始「發而觀之」,乃有漦流王庭化爲玄黿入王府,致使童妾十五歲
得孕,至宣王時生下後來的褒姒。這一傳說很難稽實,重點在於史伯藉此一
傳說,來說明幽王時的「王室多故」,除了現狀下重用「讒諂巧從」的虢石父,
更偏寵「爲毒也大」的龍漦所化生的褒姒,二者並至,正是「淫德加之」的
結果。因此,史伯預言:「凡周存亡,不三稔矣!」史伯在此次的答語,主要
是從「近頑童」、「行婦言」的不當,論周必亡;然而文長 752 字中,敘述褒
姒的傳說卻佔了將近一半的篇幅,這般費詞,不在於徒逞口舌,也不在於炫
耀知識。從歷史認識的層面上加以分疏,不難看出其中的實質,實際上是有
史伯個人連繫歷史載記(不論是〈訓語〉或《史記》)與人世現狀的用意。

　　桓公的第五、六問是問周衰後,諸姬與姜、嬴著姓中何者將會興盛。史
伯答以晉、齊與秦。晉係因姬文祚盡,而姬武嗣存;武嗣以晉「距險鄰小,
若加之以德,可以大啓」。而嬴、姜則爲有大功於民的伯翳、伯夷傑出的後代,
當有可能興於周衰之後。

　　綜觀史伯千五百字的答語內容,雖然是針對鄭桓公的六問,然而其中牽
涉到的卻包含了二個重大的層面:一是對現狀周延具體的分析,包括封國、
異族的態勢,優劣賢否以及風情大概,並及衰盛的可能因由。二是對歷史既
往的追溯與鋪陳,點出了歷史發展上,興替盛衰與人謀舉止的不可分割的關
係。這二者間的互動,都有根源性與現實性的連結,在發展上有它的遞進遞
變。史伯的論述,便是出於對這二者的掌握,有條不紊的將自己的歷史知識,
貫穿到當下的政治現實,「凡周存亡,不三稔」、「晉……可以大啓」、「秦、齊
侯……其將大興」等,雖不無預言的成分;卻也反映了史伯身爲史官,於博
聞強記的知識記誦能力之外(這是史官工具性的文書記載的能力積累,以及
掌書策、熟典故的職業技藝),還有經由此記誦能力,而逐漸衍生的一番申意

〔註96〕韋昭注云:「〈訓語〉,《周書》。」《國語》,頁 520。經查《尚書》全文,皆無
此事。復查《逸周書》全文並書後附錄所輯佚文 166 條,並皆不見載記。見
黃懷信、張懋鎔、田旭東撰,李學勤審定,《逸周書彙校集注》(上海:上海
古籍出版社,1995)。輯佚見〈附錄一〉,頁 1222~1272。此事唯見於《史記·
周本紀》:「周太史伯陽讀《史記》曰:『周亡矣!昔自夏后氏之衰也,有二神
龍止於夏庭……。』」參《新校本史記三家注》,頁 147。〈周本紀〉或錄〈鄭
語〉,唯〈訓語〉作《史記》。

寄義的論述；亦即歷史已不再只是單純的載記，不再只是藏諸盟府的資料，歷史已逐漸成爲某些知識分子臧否月旦，具有鮮活內涵的有機體。換句話說，歷史與論者的意識有了更直接更內在的結合。〔註97〕

史官之外，尚有瞽亦能誦記歷史，甚至善於援引論述以及否臧月旦。

瞽爲盲人。〔註98〕先秦文獻中時有所見，大抵爲遠古便有，也可能是因爲職位不高，是以未曾出現於金文，〔註99〕然而數量卻頗爲可觀，〔註100〕這是因爲瞽與詩樂有關，舉凡朝問、會同、盟聘都常有宴飲；〔註101〕祭祀、饗、射、喪，亦參與其事。〔註102〕而瞽於樂則能奏，於詩聲則能辨、能歌，〔註103〕《周禮・春官・宗伯》記載瞽的職掌爲「諷誦詩、世奠繫」，〔註104〕以及「九

〔註97〕 這種情況是隨著時空的延展以及政治、社會的變遷交織而成的；簡單的說，是整個文化因革損益在史官文化與史官傳統上的呈現。徐復觀曾指出，史有六項任務，在第六項「掌管氏族的譜系」時說道：「就史所紀錄的內容說，最重要的發展，是由宗教的對象，進而紀錄到與宗教無直接關係的重要政治活動。這是史由宗教領域，進入到人文世界的重要關鍵。」徐復觀，〈原史——由宗教通向人文的史學的成立〉，收入徐復觀，《兩漢思想史 卷三》，頁 228。徐氏所引例證是春秋時代的情形，春秋之前是否已有這麼清楚的人文發皇，尚可討論，如果以《尚書・周書》爲例，這些比較可信的文獻資料，其內容既多屬檔案文書，便多有史參與其中的影響。因此，徐氏前面所說的「由宗教領域，進入到人文世界的重要關鍵」，不僅是春秋時代如此，甚且可以向前追溯。

〔註98〕 《論語・季氏》：「未見顏色而言，謂之瞽。」《論語注疏》，頁 0149。《荀子・樂論》：「墨子之於道也，猶瞽之於白黑也。」；《荀子・解蔽》：「瞽者仰視不見星，人不以定有無：用精惑也。」見王先謙，《荀子集解》（北京：中華書局，1997），頁 380、405。

〔註99〕 參見《西周金文官制研究》，頁 124。

〔註100〕《周禮・春官・宗伯》太師下有瞽矇三百人：上瞽四十人，中瞽百人，下瞽百有六十人。《周禮注疏》，頁 0262。

〔註101〕《詩・周頌・有瞽》：「有瞽有瞽，在周之庭，設業設虡，崇牙樹羽。應田懸鼓，鞉磬柷圉。既備乃奏，簫管備舉，喤喤厥聲，肅雝和鳴，先祖是聽。我客戾止，永觀厥成。」《正義》云：「有瞽，始作樂而合乎祖也。」《毛詩正義》，頁 0731～0733。

〔註102〕《周禮・春官・宗伯》太師下：「大祭祀：帥瞽登歌，……。大饗，亦如之。大射，帥瞽而歌射節。……。大喪，帥瞽而廞。」《周禮注疏》，頁 0356、0357。《禮記・禮運》載天子祭帝於郊，祀社於國時云：「宗祝在廟，三公在朝，三老在學；王前巫而後史，卜筮瞽侑皆在左右。」《疏》云：「瞽是樂人，主和。」《禮記注疏》，頁 0438。

〔註103〕《尚書・夏書・胤征》：「瞽奏鼓」《尚書正義》。頁 0102。《禮記・樂記》：「樂師辨乎聲詩」《禮記注疏》，頁 0685。瞽能「爲詩」，亦能歌，如師曠。事見《左傳・襄公十四、十八年》。《左傳正義》，頁 0563、0579。

〔註104〕鄭司農云：「諷誦詩，主誦詩以刺君過。」杜子春謂：「瞽矇主誦詩，并誦世

德六詩之歌」。〔註105〕瞽知音律，目雖不能辨顏色、別白黑，聽覺則特出於一般人之上；〔註106〕因此，瞽自古以來便憑此優點，成為諧和音律以配合「天道」的樂師，如周景王將鑄無射（樂器名），問律於樂官州鳩，州鳩回答說：「律所以立均出度也。古之神瞽考中聲而量之以制，度律均鍾，百官軌儀，紀之以三，平之以六，成於十二，天之道也。」韋昭指「神瞽」是「古樂正，知天道者，死以為樂祖，祭於瞽宗，謂之神瞽。」而「紀之以三」為「聲合樂以舞天神、地祇、人鬼」；「天之道」係指「天之大數不過十二」。〔註107〕對於陰陽、天時有傳承的知識，在政治上也具有一定的功能，與其他具有箴誦諫規的職事者，同為君主周遭的教誨之士。〔註108〕

　　瞽於聲詩音律特具專長之外，與歷史傳誦也有一定的關係。《國語》數見瞽、史連文，或引《瞽史記》之載。只是這種記載與前文論史官所涉及的內容差別不小，且多籠統不具體。〔註109〕瞽或瞽史被視為氏族社會「這一時期

繫以戒勸人君。」賈公彥稱：「諷誦詩，謂於王喪將葬之時，則使此瞽矇諷誦王治功之詩；觀其行以作諡，葬後當呼之。云世奠繫者，奠，定也，謂辨其昭穆以世之序而定其繫。」《周禮注疏》，頁0358。

〔註105〕六詩指風、賦、比、興、雅、頌。見《周禮注疏》，頁0356。「九德之歌」為可以誦的「九功之德」，參見《左傳·文公八年》，郤缺引《尚書·夏書·大禹謨》：「戒之用休，董之用威，勸以九歌，勿使壞。」以諷趙盾時說道：「九功之德皆可歌也，謂之九歌。六府、三事，謂之九功。水、火、金、木、土、穀，謂之六府；正德、利用、厚生。謂之三事。」參見楊伯峻，《春秋左傳注》，頁563、564。

〔註106〕《孟子·離婁上》：「師曠之聰，不以六律，不能正五音。」《孟子·告子上》：「惟耳亦然，至於聲，天下期於師曠，是天下之耳相似也。」以瞽師曠為例，便是因為師曠的聽覺特出於人群。《孟子注疏》，頁0123、0196。

〔註107〕見《國語·周語下》。《國語》，頁132、133。

〔註108〕如邵公諷諫周厲王「防民之口，甚於防川」時說：「天子聽政，使公卿至於列士獻詩，瞽獻曲，史獻書，師箴，瞍賦，矇誦，百工諫，庶人傳語，近臣盡規，親戚補察，瞽、史教誨，耆、艾修之，而後王斟酌焉，是以事行而不悖。」見《國語·周語上》。《國語》，頁9、10。瞽除了負責音樂之外，尚與史共以「陰陽、天時、禮法之書，以相教誨。」而此教誨之書，似先經天子師傅過目（耆、艾修之），再送給天子。以上並為韋昭注語。要之，較諸其餘，瞽、史的教誨係出之以文書方式，於引瞽申述或有更為寬廣的空間。

〔註109〕如〈周語下〉單襄公回答魯成公問晉將亂是天道還是人事時，說道：「吾非瞽、史，焉知天道？」〈晉語四〉記晉文公妻齊姜促文公離齊入晉時引《瞽史之紀》所載「唐叔之世，將如商數」。〈晉語四〉另有董因迎文公於河，答文公必能入晉，引《瞽史記》所記：「嗣續其祖，如穀之滋，必有晉國。」分見《國語》，頁90，342，365。

史官的主要代表」，〔註110〕在口耳傳誦的歷史階段或有可能，例如《詩經》中的不少〈風〉詩原本就傳流於各地，瞽者中或有頗能詠誦的人，〔註111〕至於進入周代之後，則顯然已大為淡薄了。因此，從瞽的角色分疏他們的歷史認識，只能見諸極少數特出的個人，例如師曠。

師曠的事蹟，先秦文獻中經常可見。以《左傳》為例，計出現在五年的《傳》文中，分別是襄公十四年、十五年、二十六年、三十年及昭公八年。魯襄公十四年（559B.C）衛獻公被逐奔齊，晉悼公問師曠，衛人出君是否太過分了，師曠有一番頗有見地的應答：

> 或者其君實甚。良君將賞善而刑淫，養民如子，蓋之如天，容之如地；民奉其君，愛之如父母，仰之如日月，敬之如神明，畏之如雷霆，其可出乎？夫君，神之主而民之望也。若困民之主，匱神乏祀，百姓絕望，社稷無主，將安用之？弗去何為？天生民而立之君，使司牧之，勿使失性。有君而為之貳，使師保之，勿使過度。是故天子有公，諸侯有卿，卿置側室，大夫有貳宗，士有朋友，庶人、工、商、皂、隸、圉皆有親暱，以相輔佐也。善則賞之，過則匡之，患則救之，失則革之。自王以下各有父兄子弟以補察其政。史為書，瞽為詩，工誦箴諫，大夫規誨，士傳言，庶人謗，商旅于市，百工獻藝。故《夏書》曰：「遒人以木鐸徇於路，官師相規，工執藝事以諫。」正月孟春，於是乎有之，諫失常也。天之愛民甚矣，豈其使一人肆於民上，以從其淫，而棄天地之性，必不然矣。

師曠從君為社稷主與民之父母，論述為君之道在於保國養民，為君的可貴也在於能克盡此道，要成為人民所擁戴的「良君」，必須賞善刑淫，必須接受規

〔註110〕尤學工，〈先秦史官角色意識的歷史演變〉，收入華中師範大學歷史系中國古代史教研室編，《中國古代史論集》，頁17。

〔註111〕如《左傳・襄公十八年》，楚冬日伐鄭，師曠以「歌北風」、「歌南風」相較，因「南風不競」，斷言楚必無功。董叔解釋是「天道多在西北。南師不時，必無功。」叔向則說是「在其君之德。」依董叔的說法，師曠所歌的南、北風應是陰陽、天時，所以是「天道」，亦即伶州鳩所說的「天之道」；叔向則以國君的特質為斷。從《傳》文「南風不競，多死聲」來看，顯然與董叔、叔向所說未必有關；師曠當是指自己歌二風時的音律強弱高低乃至氣勢有高下之差。果真如此，則歌二風或有可能是歌詠南、北二地的〈風〉詩。例如《史記・樂書》便有「舜彈五弦之琴，歌南風之詩，而天下治。紂為朝歌北鄙之音，身死國亡」之語。見《新校本史記三家注》，頁1235。

諫，不能縱欲肆虐。這種論述是封建政治中制欲防淫、保民養民傳統的反映，悖離了這一傳統，則君民之間的關係是可以改變的。以衛獻公被逐而言，孫林父、甯殖的舉動雖然未必可取，〔註112〕然而比較起來，則衛獻公失君道於前（期食而不召、射鴻不釋冠而與之言、飲宴而以詩諷刺孫林父等），孫、甯以受辱爲亂於後；君臣不能相得，二者各有過錯，師曠以爲衛獻公的錯要大於孫、甯。這是因爲國君是人民希望所仰寄，所以衛君被逐是罪有應得、咎由自取，類如四十年後，史墨論魯昭公爲季平子所逐所說的「社稷無常奉，君臣無常位」。

師曠受問而善言君臣之道，前引《夏書》之語係援引歷史記誦之能，以證自己一番論述之有據。師曠的嫻熟往事尙可見於他推算絳縣老人年齡一事。魯襄公三十年（543B.C），晉悼公夫人賜築杞的役人飲食，絳縣老人因無子而親往，主事問其年齡。

> 曰：「臣，小人也，不知紀年。臣生之歲，正月甲子朔，四百有四十五甲子矣，其季於今三之一也。」吏走問諸朝。師曠曰：「魯叔仲惠伯會郤成子于承匡之歲也。是歲也，狄伐魯，叔孫莊叔於是乎敗狄於鹹，獲長狄僑及虺也、豹也，而皆以名其子。七十三年矣。」史趙曰：「亥有二首六身，下二如身，是其日數也。」士文伯曰：「然則二萬六千六百有六旬也。」〔註113〕

三人中師曠以曆推算，並具體說出老人出生當年的史事、人事。其餘二人的回答只推算日數，其中，士文伯當係就師曠與史趙之言，推算出二萬六千六百六十的數字，是以《傳》文綴以「然則」（相當於白話的「那麼應該是」）。亦可見師曠對於史事的熟稔，足爲人君請教的對象。〔註114〕又如魯昭公八年（534B.C），晉平公問能言石之事：

〔註112〕孫林父謀事前，曾詢問蘧伯玉。蘧伯玉答以：「君制其國，臣敢奸之？雖奸之，庸知愈乎？」蘧伯玉的看法是君臣有一定的倫常，即大臣不應圖謀、干犯國君。不過他也知道孫林父的意圖已決，因此，間接的譏諷說即使廢舊立新，又豈知新必勝於舊？《左傳正義》，頁 0560。

〔註113〕史趙的說詞較不易解，楊伯峻認爲係古文字各異所使然，楊氏略謂其數當二萬六千六百。《春秋左傳注》，頁 1171。觀其後士文伯之言，楊說可從。

〔註114〕師曠三人推算絳縣老人年齡時，適有魯使在晉，歸告魯大夫。執政的季武子就說：「晉未可婾也。有趙孟以爲大夫，有伯瑕（士文伯）以爲佐，有史趙、師曠而咨度焉，有叔向、女齊以師保其君。其朝多君子，其庸可婾乎！勉事之而後可。」《左傳正義》，頁 0681。

> 春，石言于晉魏榆。晉侯問於師曠曰：「石何故言？」對曰：「石不
> 能言，或憑焉。不然，民聽濫也。抑臣又聞之曰：『作事不時，怨讟
> 動于民，則有非言之物而言。』今宮室崇侈，民力彫盡，怨讟並作，
> 莫保其性，石言，不亦宜乎？」於是晉侯方築虒祁之宮，叔向曰：「子
> 野（師曠字）之言君子哉！君子之言，信而有徵，故怨遠於其身。
> 小人之言，僭而無徵，故怨咎及之。」

石而能言，亦屬怪誕，平公問故，師曠直接回答石不能言，不然就是人民聽
錯了。回答至此似乎也算是回答，然而，師曠實有刺諷之意在，雖引聽聞之
言，卻在批評，且這種批評顯然有具體可信的民怨制作為據，只是何以「朝
多君子」的晉國，竟少有人敢言平王築宮之非，若非師曠藉石言之事加以批
評，此事或許將不見於記載（雖然，平公並沒有聽進師曠的諫語，虒祁之宮
於當年夏完成）。

　　石言與石隕，前屬怪誕，後則自然（陰陽），然而晉平公、宋襄公皆視之
有故。師曠申言以勸阻，內史叔興援事以儆君，一瞽一史，相去百餘年（644
～534B.C），卻可相互輝映，叔向稱師曠為「君子」，固然。師曠善解音律，
並熟悉往事陳跡，此頗能契合他的原始角色與知識傳承，至於善於援例，藉
事以發揮論述、批評，則是師曠一己特出的表現。〔註115〕以《周禮》中瞽數
三百，歷經時代也不短，而見諸載記的卻寥寥無幾，至於足堪論道的僅只師
曠一人。這一現象除了說明師曠的尤為特出之外，也透顯出隨著周代文質遞
變，而文又大大超過質，使具有書寫能力的史官，有更大的發揮空間與現實
需求所提供的發展機會，相對的，也使得曾經與史同樣重要的瞽，快速的剝

〔註115〕師曠尚有二則傳世故事，一與晉平公論「亡國之聲」與「最悲之樂」；一以琴
撞晉平公，斥平公「莫樂為人君！惟其言而莫之違」之失言。二則皆出於《韓
非子》。前者在衛靈公時，參稽《左傳》，晉平公與衛靈公並世只有三年（魯
昭公八年——十年，十年秋平公卒），《經》、《傳》皆無載。後者無法得知確
實年代，若依《韓非子》之文，師曠的動作不小，連琴都撞壞了，《左傳》對
這一頗具意義的君臣互動卻不加記載，倒也奇怪。當然，韓非自有他的用意，
如對於前者，他批評君主「不務聽治，而好五音不已，則窮身之事」，而批評
後者是「平公失君道，師曠失臣禮。」所以事情是否真實也就不是那麼重要
了。也因為不易稽實，因而師曠這二則故事只附於注釋，以為參考。二事：
前者見〈十過〉（《史記・樂書》亦載其事，《考證》云：節錄《韓非・十過》
篇。瀧川資言，《史記會注考證》（台北：洪氏出版社，1981），頁 447。），
後者見〈難一〉。詳見陳奇猷，《韓非子新校注》（上海：上海古籍出版社，2000），
頁 205～207；858～859。

除原初的功能。因此，瞽最初不見於金文，可能是職位不高，進入周代也不見多少記載，除了原來職位沒有提升的因素之外，史官文化的高度發展，應是最重要的原因。這種消長，可視爲文化發展的一個側面，也可看做是周代尚文的一種必然的結果。從這個層面來看，做爲形象最鮮明，表現最特出的瞽師，師曠不僅是瞽中之瞽，以知識分子而言，比起《左傳》中眾多的有識之士，亦不遑多讓。唯其特出，是以值得論說，也因其稀少，更突顯此一群體因時代而趨淡，並對照出史官群體的上升。因此，師曠看似孤例，然而卻有其價值與意義。

本章結語

　　上古歷史荒遠難稽，進入三代之後，才有相對可信的資料，尤其是文字書寫相較發達的商、周時代。當然，歷史的進程是漫長的，而文字的書寫卻是很晚出。早於書寫記載的所謂「信史」時代，歷史一直在累積；即使進入歷史書寫時代，文字所呈現的歷史仍不免片面與局限。不過，這樣的歷史面貌雖然很模糊，卻也彌足珍貴，不論是經由口耳傳誦，還是鑴鑄鐘鼎，抑或書諸簡策，身當其任的各種執技之士，都扮演了恰適的角色；在古代中國，對於歷史傳承都貢獻了一己的心力。從文化史的角度來說，這一群人不論是否具備了後人所說的「自覺意識」，都可看成古代中國原型的知識分子。

　　這一群原型的知識分子，以本章所論，大別爲巫覡、史（史官）與瞽。三者中似乎巫覡出現得最早，史與瞽或稍有先後，而就歷史傳承上的明確程度而言，瞽、史又較諸巫覡更爲清楚且具體。此一現象與宗教神秘性的深淺，世俗職務的重輕有關，大致上，宗教性格比較強，則與「歷史」載記的關係就比較模糊、籠統；反之，則比較清楚、具體。在表現形式上，則爲初階的歌舞樂頌禱祝，以及徵稽援據、連句綴文、引申論說上的差別。

　　上古歷史，在漫長的早期階段，藉由宗教角色的巫覡祭祝活動，得以有部分的保留，同時也因爲祭祀行爲的主要對象是鬼神、祖宗，禱祝的意圖是祈福禳凶；針對性與目的性集中且明確，是以誦記的歷史內涵也充滿了神話與傳說的色彩。以屈原〈天問〉爲例，一百七十問的自然、人事內容，便奇瑋的體現了文字之前的「圖寫」歷史的長篇縮影。此一「圖寫」的歷史內容，當尋常的日子，只靜靜的留在「先王之廟」、「公卿祠堂」，一般人可能無緣目睹，也就無從知悉這其中的「天地山川神靈」、「古聖賢怪物行事」；即使貴族

子弟，若無祭祀的舉行，或許也難以知曉。然而，當祭祀時，這些「圖寫」的歷史，將隨著巫覡等神職人員的歌舞詠頌，化成連綿的「表演的」歷史，間接的將充滿琦瑋僪佹的自然、人事歷史呈現出來。〈天問〉中的描寫，當然已是文字化的高度表現，不過，就引發問題的那些壁畫，不但是文字發問的依據，也是更早於文字的古代史的濃縮吧。這些濃縮的歷史，到了屈原時成為〈天問〉，在屈原更早之前，就靠巫覡傳誦了。巫覡，應可看成這一歷史階段的歷史傳承者，他們對歷史的傳誦，開啓了古代中國歷史衍遞的初步階段。

相較於巫覡以歌舞樂誦的肢體語言所表現的模糊、神秘歷史，史官顯然表現了更為具體的歷史面貌。一方面，史官雖保留了部分的祭祝身分，卻是愈來愈淡薄，轉而趨向於俗世事務的參與。另一方面，隨著尚文風氣的發皇，政治事務的複雜，政治體系的分化，以及禮樂規制的完備，在在的擴大了俗世生活的面相，加深了文化的內涵。對於既往的追溯，不再只停留於宗教祭祝活動中的頌詠；對於現實世界的各種發展變化，除了加以保留記載，也賦予必要的說明或解釋。

過去與現在的連繫，不只在宗教祭祀活動中結合，俗世生活中的諸多事務，也常縮結到歷史的現象或內容。舉凡人群的活動，林林總總，經由頻繁的互動，透過文字，得以保留下來。在這一尚文的大傳統形成的時代，身當其任的史官，一方面隨著職事的專業化，表現出明確的忠於職業上書寫載記的如實直書；另一方面則依憑豐富的歷史知識，對於當世重大的人、事，提出某種程度的刺譏規諫或臧否且，大為提高歷史認識與現況陳述的連結作用。

從知識的性質來說，史官既反映了工具性的書寫技能，也開始出現了某種程度的角色意識。當然，這一層次的變化，不是每一個史官都有，毋寧說是某些史官對歷史認識的轉化表現，以本章所引的例子來看，西周暨春秋時期，綿延七百年，也只得數例，可見當時具有這種角色意識的史官，在整個史官社群中，依然是少數。然而，也因為稀少，卻足以突顯歷史認識與歷史論述的結合，在當時代的政治環境中，身為知識分子的史官，以其歷史知識為據，表現出的現世情懷，是有它在文化傳承與創造上的意義。

至於瞽或瞽師，曾經有一段時期與史具有高度類似的角色與功能，瞽、史並重主要表現在「知天道」，亦即熟悉陰陽、曆象方面的事務，這一階段約略是文字書寫比較成熟的時期之前。進入書簡普遍的時期之後，史官的重要性大為提高，相對的，瞽可能因為目不能視物的感官缺陷，即使依然善於音

律，卻無法像史官般具有書寫的技能，因此，瞽或瞽師與「歷史」的關係，便更加的疏遠。在文字高度運用的尚文時代，瞽的數量雖然龐大，卻只能扮演協助太師的音樂人的角色；若將瞽置於「歷史認識」的層次，千百年也只得一師曠。本章特別舉出師曠的例子，與其說是突顯特例，不如看成是西周以下尚文的文化發展的一個側面；在這一潮流之下，瞽的淡出，正也襯托出史官一系的壯大。

巫覡、史官、瞽師三者，在古代社會，身分、地位、角色各有某種程度的同質性，也有某種程度的分化，彼此之間與「歷史」的關係也有不同程度的親疏發展；大致上，時代愈早，同質性愈高，例如巫覡與史官。在宗教祭祀方面，可能有一段爲時不短的階段是不易區別其身分、角色，甚至是地位。另如史官與瞽師，在天文曆象方面的身分與角色，可能是一樣的。三者同質性的延續，到了西周之後，出現了比較明顯的分化，就「歷史認識」甚或「歷史述論」而言，史官成了承續的主流，其餘二者則淡出了此一知識傳承。〔註116〕究其原因，無不與尚文的文化風氣息息相關，同時也反映「歷史認識」與「歷史述論」朝向歷史知識俗世化的大趨勢。〔註117〕

〔註116〕此處所說的「承續」與「淡出」，係就後來整體發展而言，閻步克論證樂官（瞽）與史官在春秋之後各自成就了「師道的分立」與「史道之發達」。就知識的角色而言，二者都是「宗教、禮義、思想和政治知識的保有者、傳承者。」閻步克，〈樂師、史官文化傳承之異同及意義〉，原刊於《慶祝鄧廣銘教授九十華誕論文集》（石家莊：河北教育出版社，1997），後收入閻步克，《樂師與史官——傳統政治文化與政治制度論集》（北京：三聯書店，2001），引文見頁84。

〔註117〕劉師培認爲古代尊史官，「非尊其官也，尊學術耳。」又說：「史官之職，至周代而始輕。」見劉師培，〈古學出於史官論〉，收入杜維運、黃進興編，《中國史學史論文選集一》，頁54。史官與古代學術的關係密切已是定論，這裡所說的「歷史知識俗世化」是指歷史述論的呈現，正朝向與俗世事務更緊密的互動，目的是爲了說明古代學術的性質，伴隨時代的文化脈動所產生的演變，同時也說明三種古代與「歷史」記誦最直接相關的原型知識分子，在此文化脈動中的演變。

第二章　王朝時期典冊中的歷史述論（上）
——《詩經》

第一節　典冊釋義與《詩經》中的史迹性質

先秦的典冊，一般習稱「經典」。「經典」，除了作爲學術史上應合各家學說思想的文本載體，也包含了某種「論述體系」的架構，具有一定程度的「神聖的、權威的」崇高地位。〔註1〕從形成與發展的角度而言，前述的意涵都是晚出的，二者與經學、思想文化又糾結不清，研究者取徑分殊，而論旨亦紛呈，各有關懷，也互有勝場。本文不涉及經學與哲學的糾葛，但從載籍的使用，亦即以周初即有的「典冊」名稱，作爲本章討論的依據；以歷史的角度，疏通當時書籍文本中所含蘊的知識分子的「歷史述論」。

〔註1〕　陳來在論述經典與文本時說：「經典是一套論述體系，而非一二句格言，經典的文本在獲得經典地位之後，其文化力量，其掌握群眾的力量，極爲巨大。⋯⋯。經典化包含的預設，是被經典化的文本的原本具有具體意義的話語可以被闡釋爲『經典』應有的意義。」陳來在《詩》《書》的「文本的經典化」及「運用的倫理化」的論旨上得出「經典之成爲經典，在且僅在於群體之人皆視其爲神聖的、有權威的、有意義」、「經典意義的出現突出體現了文化對價值權威的要求」的結論。引文分見陳來，《古代思想文化的世界——春秋時代的宗教、倫理與社會思想》（北京：三聯書店，2002），頁 133、134、171。這種論述有作者命題上的方法運用及研究上的論證主軸（見該書〈引言〉四、〈春秋的思想世界〉，頁 15、16），不能遽言是非。不過，如以當時具有編纂成書的時代用法，「經典」的稱呼便有仁智之見，陳氏稱《詩》《書》爲經典是爲了突顯研究指涉，至於「經典」此一後起概念，陳氏也承認春秋時代還沒有。說詳陳來前書，頁 172。

　　古代中國以文字書寫的記錄而形諸典冊形態，究竟起於何時尚不能確知，[註2]以周人的認識，至遲殷商時代已有。[註3]《尚書》中的《商書》，應當是周人根據商人留下的典、冊資料加以纂輯的，而《虞夏書》亦當如此。這一類的典、冊資料，孔子稱之爲「文獻」，[註4]也有稱「典籍」的。[註5]至於某書或一書的某些篇章而連綴以「經」的，則偶見於後代的戰國時人的著作，[註6]雖然有「經」名，但與一般習稱的「經典」有別。後世所謂的「經典」是秦漢之後，尤其是西漢武帝尊崇儒術之後，用以指稱儒家典籍的名稱；[註7]而到了儒學、儒術成了國家治具的帝制時代，「經典」並與之同時共進

〔註2〕　有學者指出甲骨文本中常見「冊」、「典」二字「都是以繩編簡的象形」，認爲殷商周初便有簡牘的使用。見傅修延，《先秦敘事研究——關於中國敘事傳統的形成》（北京：東方出版社，1999），頁39。

〔註3〕　《尚書・周書・多士》載周公在經營成周後，告誡殷商遺民時説道：「惟爾殷先人，有冊有典，殷革夏命。」《尚書正義》，頁0238。周公説商人有冊有典記載「殷革夏命」，是指政權的轉移，用意在告誡殷商遺民正視天命的取捨，同時強調周取代商一如商取代夏，都具有它的正當性。雖然如此，然而殷商既有典冊，且可能有「瞽宗」之學的知識保存與傳授體系（《禮記・明堂位》：「瞽宗，殷學也」。見《禮記注疏》，頁0582），當亦可能有當時貴族教育的知識內容。

〔註4〕　《論語・八佾》：「子曰：『夏禮，吾能言之，杞不足徵也。殷禮，吾能言之，宋不足徵也。文獻不足，故也；足，則吾能徵之矣。』」《集解》引鄭玄曰：「獻猶賢。」是以文爲典冊、典籍，而別以當世賢人爲獻。《論語注疏》，頁0027。後世經師及注疏者率循鄭説，或稱獻爲時君、賢才，故舊老成。俱見程樹德《論語集釋》，頁140～143。按獻字，《爾雅・釋言》釋爲「聖」，郭璞注云：「諡法曰：『聰明睿智曰獻。』」《爾雅注疏》，頁0042。與孔子所説的「文獻」異。且遍檢經、子、獻字，《詩》、《書》、三《禮》、三《傳》近三百，無一通賢意，而先秦子書近百，亦無此用法；因此，獻字宜與文連稱，直釋爲典籍、典冊即可。

〔註5〕　如魯昭公十五年（517B.C），周敬王稱籍談的先世「司晉之典籍以爲大政，故曰籍氏。」，魯昭公二十六年（506B.C），召伯盈逐王子朝，王子朝等「奉周之典籍以奔楚。」分見《左傳正義》，頁0824、0922。另《孟子・告子下》有「諸侯之地方百里，不百里，不足以守宗廟之典籍。」趙歧注：「典籍，謂先祖常籍法度之文也。」《孟子注疏》，頁0220。

〔註6〕　戰國時期的書籍間有稱「經」的，如李悝有《法經》。篇章間有綴以經名的，如《墨子》〈經〉上、下、〈經説〉上、下。《墨子》中的〈經〉、〈經説〉，亦稱《墨經》，即《莊子・天下》篇所説：「相里勤之弟子五侯之徒，南方之墨者苦獲、已齒、鄧陵子之屬，俱誦《墨經》，而倍譎不同，相謂別墨」的《墨經》。另《韓非子》有〈八經〉。觀其內文，〈八經〉與〈內儲〉、〈外儲〉同例，重在治世用人、防範、主道、參言、聽法等統御之術，重在論述。因此，〈八經〉的「經」意猶「論」、「説」，或正道常理。

〔註7〕　參見王葆玹，《今古文經學新論》（北京：中國社會科學出版社，1997），頁30

的「經學」就全係儒家典冊與學術的專稱了。〔註8〕

　　周人稱商代已有的文獻爲典、冊，一直到春秋晚期仍由舊例。魯定公四年（506B.C），衛祝佗與周太史萇弘論封建時所說的「備物典策」中的「典策」即「典冊」，亦即「書策之典」。〔註9〕可見「典冊」是周代對文獻的概括稱呼。而典冊的性質，從《尚書》與《左傳》的資料來看，尤重於「典」。〔註10〕這是因爲「典」有常經常法之義，〔註11〕且重要的人事、言行可以爲後世取資效法，因此將記載這類重要人事、言行的文獻稱之爲「典」，有它的深意在；《左傳・昭公十五年》載叔向所說的：「言以考典，典以志經」，〔註12〕指的

　　　　〜34。另關於「經學」，其說錯綜複雜，徐復觀有要略的分疏。徐氏意在述論經學，而「經學的基礎，實奠定實（疑衍）於孔子及其後學，無孔子即無所謂經學。」並推崇孔子「可以說集古代文化的大成。」徐復觀，《中國經學史的基礎》（台北：學生書局，1982），頁26、27。徐氏所指的是「經學」，揆其意在申張「經學」之「義」。雖然如此，然孔子乃至戰國並未以「經」名稱儒家典籍。

〔註8〕　經學的形成、發展與研究是中國學術史上的大題目，其中牽涉的問題非常廣泛，相關的評議論述可詳參朱維錚編，《周予同經學史論著選集（增訂本）》（上海：上海人民出版社，1996），朱維錚，《中國經學史十講》（上海：復旦大學出版社，2002）。另林慶彰主編的《經學研究論著目錄》三冊，含蓋了 1912〜1997 的全面研究介紹（三書皆由台北漢學研究中心出版，出版年份爲 1989、1995、2002）；其次，林氏尚主編《（1950~2000）五十年來的經學研究》（台北：學生書局，2003）暨其它相關的經學研究資料彙輯，詳參游均晶、黃智明合撰，〈經學文獻整理概況〉，收入前書，頁 321〜353。此外，對於經學發展的歷史以及相關論旨，重要命題進行歷史考索的精略著作，可參見姜廣輝等人分章撰寫的合輯，《中國經學思想史》卷一、二（北京：中國社會科學出版社，2003）。

〔註9〕　「備物典策」，杜預注：「策，本又作冊。」孔穎達疏：「備物典策，謂史官書策之典。」《左傳正義》，頁 0947。

〔註10〕如〈胤征〉的「《政典》」，〈畢命〉的「弗率《訓典》」，〈同命〉的「先王之《典》」。分見《尚書正義》，頁 0103、0291、0295。文公六年《傳》：「告之《訓典》」，哀公十一年《傳》：「周公之《典》」。《左傳正義》，頁 0314、1019。

〔註11〕《爾雅・釋言》：「典，經也。」邢昺疏：「《周禮》：『太宰之職，掌建邦之六典。』鄭注云：『典，常也，經也，法也。』」《爾雅注疏》，頁 0046。

〔註12〕魯昭公十五年，周敬王於穆后除喪後宴晉大夫荀躒，責晉沒有「薦彝器於王」，荀躒使籍談答以「晉居深山，戎狄之與鄰，而遠於王室，王靈不及，拜戎不暇，其何獻器？」敬王則以唐叔封晉，多有分物彝器。且籍談先祖孫伯黶職司晉之典籍，並以籍爲氏。談爲司典之後，因何忘之？遂有「數典忘祖」之譏。籍談歸晉以告叔向，叔向則以敬王「以喪賓宴，又求彝器」爲非禮，進而批評道：「禮，王之大經也，一動而失二禮，無大經也。言以考典，典以志經，忘經而多言，舉典將焉用之？」《左傳正義》，頁 0823〜0825。叔向此處所稱之典，便是指記載常經常法的文獻。

便是這一層意義。

　　典冊較諸瞽矇的口誦，就學習的依據而言，有更爲具體的文字資料，亦即更爲方便誦記與持續的學習、理解。同時，以周代的知識技能和政治參與密切的關係而論，接受教育除了一般性的技藝的養成，尚包含有其它層面的預期。孟子說三代之學各有異名，至於「學則三代共之，皆所以明人倫」，〔註13〕「人倫」實含有道德人格之義，焦循便指出貴族子弟入學，「順先王《詩》、《書》、《禮》、《樂》以造士」。〔註14〕《尚書·周書·周官》的「學古入官，議事以制，政乃不迷」，《正義》云：「言當先學古訓，然後入官治政。凡制事必以古義議度，政乃不迷錯。」〔註15〕孔穎達說「學古」是「學古訓」，與〈畢命〉的「不由古訓，于何其訓」及〈呂刑〉的「古有訓」同義。〔註16〕這些所謂的「古訓」可能還有部分是口耳傳誦，更多的則是形諸文字的典冊，前引《尚書》諸例即是《尚書》此一典冊之語。

　　周代的典冊當然不只《尚書》。《國語·楚語上》載楚莊王時，士亹請教申叔時如何教育太子，申叔時以九教答覆。所謂九教是：《春秋》、《世》、《詩》、《禮》、《樂》、《令》、《語》、《故志》以及《訓典》。楚莊王（613～590B.C在位）時當春秋中期，九教的文本後世無傳，不過從申叔時所說的九教的作用，依然可略知其性質。〔註17〕試觀《禮記·經解》依托孔子論六藝的特質，其中的《書》教、《禮》教、《春秋》教等，與〈楚語上〉九教的《世》、《語》、《故志》、《禮》、《春秋》多有可相互發明的地方。〔註18〕至於《詩》，九教謂

〔註13〕語見《孟子·滕文公上》。趙歧注云人倫爲人事。《孟子注疏》，頁0091。朱熹則以後句君臣、父子、夫婦、朋友五倫釋人倫。朱熹，《四書集注》，頁602。

〔註14〕焦循，《孟子正義》（北京：中華書局，1998），頁347。

〔註15〕《尚書正義》，頁0272。類似的說法又見《尚書·商書·說命下》：「學于古訓，乃有獲。」《尚書正義》，頁0142。

〔註16〕〈畢命〉之語，孔穎達解古訓爲「古訓典籍」，稍異。要之古訓可學，本含文獻資料的典籍，因此，文雖重沓，其義則一。分見《左傳正義》，頁0292、0296。

〔註17〕申叔時所闡述的九教及性質、作用爲：「教之《春秋》，而爲之聳善而抑惡焉，以戒勸其心；教之《世》，而爲之昭明德而廢幽昏焉，以休懼其動；教之《詩》，而爲之導廣顯德，以耀明其志；教之《禮》，使知上下之則；教之《樂》，以疏其穢而鎮其浮；教之《令》，使訪物官；教之《語》，使明其德，而知先王之務用明德於民也；教之《故志》，使知廢興者而戒懼焉；教之《訓典》，使知族類，行比義焉。」這九教顯然有它的文本，不是一般的泛說，觀後文更列「明」、「導」十餘種方法以濟九教，更可見九教所列《春秋》等，必有文本。《國語》，頁528、259。

〔註18〕如〈經解〉稱：「疏通知遠，《書》教」，九教云：「教之《世》，而爲之昭明德

「耀明其志」，與《尚書‧虞書‧舜典》的「詩言志」義同。〔註19〕據此，則周代貴族教育的教材已具備了多樣性，體現了當時知識分子的知性質素與其知識來源。這些知識來源的內容足供探討的面相極爲豐富，基於本文的研究旨趣，在此但就這些典冊中所牽涉的「歷史述論」加以申說。

《詩經》〔註20〕作品的相對年代，一般的通論涵蓋西周全期，也有部分篇章是完成於春秋初期。概括來說，大致是西元前十二世紀末葉到西元前七世紀中後期的詩歌彙輯，就時代或作品眞僞等問題，迭經古今學者研究，一般而言，是先秦典冊中較少有大爭議的。〔註21〕春秋以及春秋之前，詩與歌、聲、樂、

而廢幽昏」、「教之《語》，使明其德，而知先王之務用明德於民」、「教之《故志》，使知廢興者而懼」。〈經解〉言：「恭儉莊敬，《禮》教」，九教謂：「教之《禮》，使知上下之則」。〈經解〉說：「屬辭比事，《春秋》教」，九教指：「教之《春秋》，而爲之聳善而抑惡。」〈經解〉，鄭玄以爲是「記六藝政教得失」。孔穎達疏云：「《書》教也者，《書》錄帝王言語，舉其大綱，事非繁密，是疏通；上知帝皇之世，是知遠。……《禮》教者，《禮》以恭遜、節儉、齊莊、敬愼爲本。……屬辭比事，《春秋》教也者，屬，合也；比，近也。《春秋》聚合會同之辭是屬辭，比次褒貶之事是比事也。」《禮記注疏》，頁 0845。

〔註19〕《尚書正義》，頁 0046。春秋時貴族會聘宴享亦多引詩以明志，如魯襄公二十七年，晉趙文子說：「詩以言志」。《左傳正義》，頁 0648。

〔註20〕《詩》而有「經」之名，始於戰國時期，至於以《詩經》爲書名，似乎是宋以後才有。參見屈萬里，《詩經詮釋‧敘論》，頁 2、3。另見白川靜著，杜正勝譯，《詩經的世界‧序章》（台北：東大圖書公司，2002），頁 3。《詩經》的稱呼出現雖晚，但已是一般的通例，是以本文便以通名爲稱。

〔註21〕《詩經》篇章出現的時間先後，大致上是先〈頌〉，繼之以〈雅〉，最後是〈風〉。學者一般將時代斷自西周而迄於春秋。錢穆認爲《詩》多爲「周公作，或秉承周公之意爲之者。」並稱《詩經》完成分爲三期：西周初年，亦名「〈雅〉、〈頌〉時期」；厲、宣、幽之世，亦稱「變〈雅〉時期」；平王東遷，爲「〈國風〉時期」，亦可謂「變〈風〉時期。」錢穆，〈讀《詩經》〉，收入錢穆，《中國學術思想史論叢（一）》（台北：蘭臺出版社，2000），頁 123、147、148。屈萬里從文辭上分析，指出〈周頌〉最早，爲西周初年作品，二〈雅〉中，〈大雅〉有幾篇「像是周初年的作品」，〈小雅〉「有少數顯是作於東周初年」，其餘爲西周中葉的產物。〈國風〉介於西周晚年至春秋中葉。〈魯〉、〈商〉二〈頌〉，則爲春秋前、中葉作品。《詩經詮釋》，頁（六）。白川靜以爲〈國風〉大抵是東遷前後者居多數，二〈雅〉則爲「西周後期動亂時代哀告先祖而作的廟歌」，「〈周頌〉三十一篇是周王室的廟歌，……。西周中葉，即西元前十一世紀末頃的昭王、穆王時期，周人在神都榮京的廟中舉行盛大的祭祀典禮。〈周頌〉較古部分殆始於此時。」《詩經的世界》，頁 5、6 及頁 225～230。孫作雲則指出歷史上所謂的「成康之治」時期，正是〈周頌〉絕大部分祭祀歌形成的時期。孫作雲，〈從詩經中所見的西周封建社會〉，收入孫作雲，《詩經與周代社會研究》（北京：中華書局，1996），頁 131。《詩經》的年代、眞僞，即使疑古如顧頡剛等「古史辨」派也說

舞常常相應相合，〔註22〕尤其在饗宴、祭祀時，更是慎重其事。〔註23〕詩而能歌，則所表述的內容不離人事景況，反映了當下的情緒與思維，同時以吟詠頌歌樂舞的方式，傳達此一情緒與思維，實際上也涵攝了對於對象的陳述、演繹、詮釋與寄託；簡言之，實有寄情與寄意的呈現，並且傳達出此一情思所期望達到的對於對象深刻的思索意義。白川靜曾概括指出：「歷史初發曙光時，就是輝煌燦爛的古代歌謠時代，歷史便在歌舞樂句中展開。」〔註24〕歷史，從廣義上而言，當然是早於歌謠時期，不過如果從與群際攸關的國族起源和發展變遷的各種事物演化來看，歌謠的傳誦吟詠者，是最有可能將本族的歷史，藉由詩歌加以演繹的一群人。從這個層面來說，《詩經》的時代，那一群或具有創造力，或進行蒐集保存的人們，當他們在進行這一古老藝術的時候，實際上也正透過所有的「歷史記憶」，進行著某種程度的「歷史世界」的建構與記憶傳承，而這種活動，不能完全沒有人們對歷史的見解。這層意涵，固然不是整部《詩經》都有，卻也有不少的篇章具有此一質素。

　　《詩經》成品所橫亙的四、五百年期間，跨越了文物燦備的宗周時期，迄止於宗法已然鬆動的春秋初期。從禮樂文化發展的面相來看，正是周文化「尚文」風氣自最高漲逐漸步入陵替的階段。以周王朝的發展而言，便是王朝由艱苦立國、包有天下、燦爛輝煌而至災禍頻生，民人流離，王政晦暗乃至宗周云亡的一連串歷史變遷。可以意想，在這段漫長的歷史時期，身處其

《詩經》是「春秋時代以至西周時人的作品」、「比較的最完全，而且最可靠」，甚而稱《詩經》：「可以算做中國所有書籍中最有價值的。」顧頡剛，〈《詩經》在春秋戰國間的地位〉，收入顧頡剛編著，《古史辨第三冊下編》（台北：明倫出版社據樸社初版重印，1970），頁309。按，「古史辨派」對於《詩經》的討論文章，集中在第三冊下編，計51篇，為討論最多的單一古籍。

〔註22〕《墨子・公孟》有「誦詩三百，弦詩三百，歌詩三百，舞詩三百」之語。孫詒讓注引《經》、《傳》謂：「以聲節之曰誦」、「弦，謂鼓琴瑟」、「歌，依詠詩」、「舞，謂舞人歌詩以節舞」。孫詒讓，《墨子閒詁》，頁418。墨子所說的詩不論是否指《詩經》，總是清楚的分別了詩在呈現上的幾種相應相合的形式。類似的說法見毛詩〈鄭風・子衿〉，《傳》云：「古者，教以詩、樂，誦之、歌之、弦之、舞之。」孔穎達《正義》申言：「古者，教學子以詩、樂，誦之謂背文闇誦之；歌之謂引聲長詠之；絃之謂以琴瑟播之；舞之謂以手足舞之。」《毛詩正義》，頁0179。

〔註23〕如魯襄公十六年，晉侯與諸侯宴於溫，使諸大夫舞，曰：「歌詩必類」。楊伯峻注引王紹蘭云：「古人舞必歌詩，……。必類者，一則須與舞相配。」《春秋左傳注》，頁1026、1027。

〔註24〕《詩經的世界》，頁15。

間的知識分子，隨著政治局勢與社會景況的異動，不能不受到衝擊。周人如此，殷商之後亦然。對這些當代的變化以及對此變化的反映，求之於歷史記載，除去已出土的金銘文資料，主要的便是《詩經》了。

孟子說：「王者之迹熄而詩亡，詩亡然後《春秋》作。」趙岐注云：「王者，謂聖王也。太平道衰，王迹止熄，頌聲不作，故詩亡。」〔註25〕趙岐以聖王釋王，反映漢儒的崇聖思想，實則王係宗周天子權威之意，亦即王政、王道，王迹熄便是王政陵夷、王道缺廢，〔註26〕而詩亡指的是傳誦的西周既其前代歷史的中斷，趙岐以「頌聲不作」釋「詩亡」，得其真實。顧炎武稱：「王者之迹熄而詩亡，西周之詩亡也。詩亡而列國之事迹不可得而見，於是晉之《乘》、楚之《檮杌》、魯之《春秋》出焉，是之謂『詩亡然後《春秋》作。』」〔註27〕《春秋》為魯史，以《春秋》繼西周詩，意同趙岐的「頌聲不作」。以史繼《詩》，則《詩》顯然具有史的性質。錢穆指出：「孟子之所謂《詩》亡，乃指〈雅〉、〈頌〉言」，又說：「若王政能推及於諸侯，是王朝之詩能〈雅〉矣。若王政不下逮，僅與諸侯相似，則雖王朝之詩，亦謂之〈風〉，故曰不能〈雅〉也。」〔註28〕通觀《詩經》，〈雅〉、〈頌〉二體多含史迹，而二體屬宗周者為多，所以〈雅〉、〈頌〉亡與不能〈雅〉，意指宗周歷史與二體大致並為始終。所謂「周之有史，殆在宣王之後。其先則〈雅〉、〈頌〉即一代之史」，〔註29〕錢氏之論，就詩論史，可說是中肯。

〔註25〕《孟子‧離婁下》。《孟子注疏》，頁0146。

〔註26〕「王迹」意為「王政」，鄭玄已先發其意。《詩譜》云：「於是王室之尊與諸侯無異，其詩不能復〈雅〉。」孔穎達復申言：「言與諸侯無異者，以其王爵雖在，政教纔行於畿內，化之所及與諸侯相似，故言無異也。」見《毛詩正義》，頁0146。另《淮南子‧泛論訓》：「王道缺而《詩》作，周室廢，禮義壞而《春秋》作；《詩》、《春秋》，學之美者也，皆衰世之造也。」見張雙棣，《淮南子校釋》（北京：北京大學出版社，1997），頁1350。《淮南子》說《詩》是王道缺的衰世之作，係在闡述古、舊不必一定要法循，遂舉以為例並批評儒者所循不得其旨，自有作者對古今異宜的用意。通觀《詩》的年代既長，有衰世之作宜然，一如有盛世之音亦然，應加以分疏。章學誠也說《詩》亡然後《春秋》作「蓋言王化之不行也，推原《春秋》之用也。」《文史通義‧書教上》。《文史通義校注　校讎通義校注》，頁31。

〔註27〕《日知錄》卷三，〈王〉。《日知錄集釋》，頁10。

〔註28〕俱見錢穆，〈讀《詩經》〉，《中國學術思想史論叢（一）》，頁149、150。

〔註29〕〈讀《詩經》〉，頁150。錢穆在其它地方說道：「竊意史遷〈年表〉，始於共和，是共和以前，固無編年載事之史，有之當自共和始，故史遷據以為〈表〉。」「要之〈雅〉、〈頌〉在西周，其功用實兼乎史記，是《春秋》繼《詩》不繼

　　《詩經》既有西周歷史的性質,則首先需要分別的是,這種歷史至少有二種形態。一是當代的歷史,一是當代之前的歷史。二種形態的歷史,經由當代的知識分子加以誦傳,今天看來固然都是荒遠的古史,然而,在當時代的知識分子眼中,則是相互呈現的。《詩經》中的知識分子,身處變異的時局,有當下情境的反應,有身分角色的思索,有群際互動的表現,也有族類的省思,可以說是與時代的脈絡緊緊相扣。這層體會不只是當下時空的感懷,往往是有著歷史情思的聯繫,因此,二種形態的歷史,容有時間的先後,卻也呈現了知識分子在歷史述論上的廣度與深度。

　　《詩經》雖然可視爲西周的史籍,但是它與一般的史籍在體例上並不同,這當然是因爲它的表現形式不同於史書,就詩以論史,自不能以後世史著形制相求。即便如此,卻不妨從中見出當代知識分子對於歷史演化的理解。本章試從〈頌〉、〈雅〉的內容分疏此一主旨,並旁及部分的〈風〉詩。

　　前言《詩經》中的歷史形態有二,其中關係到古代歷史的部分以三〈頌〉與〈大雅〉爲多。鄭玄《詩譜序》論詩的流衍,謂自上皇之世至於周初「〈風〉有〈周南〉、〈召南〉,〈雅〉有〈鹿鳴〉、〈文王〉之屬。及成王、周公致太平,制禮作樂而有頌聲興焉,盛之至也。」《毛詩大序》云:「雅者,正也,言王政之所由廢興也。政有小大,故有小〈雅〉焉,有大〈雅〉焉。頌者,美盛德之形容,以其成功告於神明者也。」孔穎達認爲只有〈周頌〉堪稱是「成功告於神明」,至於〈魯頌〉、〈商頌〉,前者「主詠僖公功德」,後者爲「死後頌德」,唯三〈頌〉作爲祭祀之歌則同。〔註30〕頌爲美盛德,則頌之作在所頌詠的盛德之人後,因此「〈頌〉聲係於所興之君,不係於所歌之主」。〔註31〕這裏的「所興之君」正是《詩譜序》所指的成王、周公,錢穆則明確的指出或是周公,或是「周公命其意,而由周公之從者爲之」。〔註32〕白川靜則以爲〈頌〉、〈雅〉多爲昭、穆時期之作,而間有夷、厲乃至共和時代的歌詠。〔註33〕以上各家的說

　　　《書》。」正是將《詩經》看成西周的歷史。見錢穆,〈《西周書》文體辨〉。
　　　收入《中國學術思想史論叢(一)》,頁 199。
〔註30〕分見《毛詩正義》,頁 0005、0018、0019。
〔註31〕〈周頌譜〉,孔穎達疏語。《毛詩正義》,頁 0703。
〔註32〕〈讀《詩經》〉,頁 139、140。楊向奎亦指出〈周頌〉和〈大雅〉「典雅雍容」,是經過加工改造的,其中,部分的〈周頌〉是周公所改造。楊向奎,《宗周社會與禮樂文明修訂本》(北京:人民出版社,1997),頁 355。
〔註33〕白川靜說〈周頌〉較古的部分成於昭、穆時期。《詩經的世界》,頁 225～230。在另外的文章中,除了重申昭、穆時期是「作成若干〈周頌〉之詩篇,頌聲蔚

法，或有確指，或只揭示時代。在知識發展的進程上，能鋪陳演繹的人，總不外是當時代的知識分子，尤其是宗廟祭祀與貴族宴饗的〈頌〉、〈雅〉，不同於〈風〉，捨知識分子之外，難有其他。

　　〈頌〉既然是莊嚴美盛的詩歌，而〈雅〉，尤其是〈大雅〉是貴族宴饗詠唱，在歷史述論的面相上便以正面的頌揚爲基調，不論是國族的起源、經營、突破，天下的取得、摶聚、興盛乃至中衰；或是社會結構、經濟發展等，無不一再的強調。而縮結此一歷史述論的根本思維，是來自於對時代發展的體認，只是這一現象必需透過相對的具體人、事在歷史階段的作爲與發展的結果，才能有效的落實到政治生活與社會生活上，進而才有可能形成族群效法、恪遵的集體意識，是以對於特出的祖先或重要的事件，不厭其煩、不憚其詳的加以強調又成了此一歷史述論基調的核心。創業伊始如此，受命有天下如此，對前朝的評騭如此，乃至王朝出現危機時也莫不如此。

第二節　〈商頌〉與宋人的歷史述論

　　《詩經》中的三〈頌〉，涉及國族的歷史述論的有商、周二代，至於〈雅〉，則集中於周代。三〈頌〉中的〈商頌〉，迭經歷代學者考證，當成於周王室東遷前後，爲「宗周中葉宋人所作以祀其先王」的宗廟樂詩。〔註34〕至於〈魯頌〉，自《毛序》以下，咸認爲是魯僖公（659～627B.C 在位）時代的廟歌。二〈頌〉的時期相近，王國維認爲〈魯頌〉是襲〈商頌〉。〔註35〕周魯一姓，宋爲商後，

起的太平時代」之外，「夷、屬時代的社會詩與政治詩兩系列的諸篇，以及以回顧文武之創業，向祖靈哀告時局之艱危爲内容的〈雅〉、〈頌〉諸篇，……，其實主要都是這個夷、屬共和時代的歌詠。」詳見白川靜著、溫天河、蔡哲茂譯，《金文的世界──殷周社會史》（台北：聯經出版公司，1989），頁 104、185。
〔註34〕王國維之語。詳見〈說〈商頌〉上、下〉。《觀堂集林（外二種）》，頁 66～68。引文見頁 68。〈商頌〉爲周王室東遷前後之作諸家意見並參程俊英、蔣見元，《詩經注析》（北京：中華書局，1996），頁 1023～1024。〈商頌〉的完成時代，爭議不少。自漢以後就有商詩與宋詩的不同，這中間不同主張的人各有論據，參馮浩非，〈關於三《頌》〉，收入馮浩非，《歷代詩經論說述評》（北京：中華書局，2003），頁 382～391。張啓成，〈《詩經》頌詩新說〉、〈《魯頌》新探〉、〈說《商頌》爲商詩〉、〈說《商頌》爲商詩補證〉，收入張啓成，《詩經風雅頌研究論稿》（北京：學苑出版社，2003），頁 329～372。夏傳才，〈張松如先生《商頌研究》序〉，收入夏傳才，《思無邪齋詩經論稿》（北京：學苑出版社，2000），頁 216～221。
〔註35〕王氏云：「魯之於周，親則同姓，尊則王朝，乃其作〈頌〉，不摹〈周頌〉而

宗廟的歌舞樂詩多爲祭禱的呈現，便多有本族歷史的誦揚。三〈頌〉之外，二〈雅〉述及的歷史，則都屬周朝，本節將以〈商頌〉爲基礎，探討殷商後嗣的宋國知識分子，經由詩篇所呈現的歷史述論的面相以及他們的文化意識。

商人的歷史，直接見於《詩經》的只有〈商頌〉。《毛序》於〈商頌〉五篇，分題祭祀成湯的〈那〉，祀湯之玄孫中宗太戊的〈烈祖〉，祀高宗武丁的〈玄鳥〉、〈殷武〉，以及郊祭天地大禘的〈長發〉。方玉潤則以爲〈那〉、〈烈祖〉係祀成湯，〈玄鳥〉、〈長發〉同於《毛序》，〈殷武〉則係「高宗廟成」。〔註36〕另杜正勝從「受天命者皆指新共主」的觀點，主張〈商頌〉「可能都是贊美成湯的樂章」。〔註37〕屈萬里稱〈那〉、〈烈祖〉爲祀成湯，〈長發〉「蓋亦祀成湯」，〈玄鳥〉祀武丁，〈殷武〉美宋襄。〔註38〕類似的說法所在多有，不贅舉。〈商頌〉既爲宋襄公時代宋人祀其先王的廟詩，則身爲殷商之後，且時當殷商王朝滅亡已逾四百年後的春秋時期，「殷遺」的知識分子如何追憶自己國族發展的歷史？此一歷史記憶所呈現的歷史述論有何特質？。

宋人追述國族的起源甚爲簡略。〈玄鳥〉：

　天命玄鳥，降而生商。

〈長發〉：

　有娀方將，帝立子生商。

二詩的商，所指的是始祖契。說到契的出生，一言天命，一稱帝立，都含始生的神話性質。白川靜指出：「神話是經過漫長的史前時期而成立的」，又說：「神話是每個民族固有想像力的最初產物」；「神話是民族固有的想像力，其中必定包含著這個民族的認識、思想與美的理念，因此透過神話的表現而形成的歷史世界也就是傳統」，「神話的傳統與民族的生存方式是有關連的，不

摹〈商頌〉，蓋以與宋同爲列國，同用天子之禮樂，且〈商頌〉之作，時代較近，易於摹擬故也。」《觀堂集林（外二種）》，頁68。〈魯頌〉是否摹擬〈商頌〉，難以徵實，唯時代隣近，風氣相似，綴文成篇或有相同者，王氏的「時代較近」之說可參。

〔註36〕 方玉潤，《詩經原始》卷十八。收錄於《續修四庫全書》編纂委員會編，《續修四庫全書》七三‧經部‧詩類（上海古籍出版社據北京大學圖書館藏清同治十年隴東分署刻本影印，原書未署出版年份），頁270～274。

〔註37〕 詳見杜正勝，〈夏商時代的國家形態〉下篇〈夏商爭霸反映的國家形態四〈玄鳥〉受命〉，收入杜正勝，《古代社會與國家》（台北：允晨文化，1992），頁253、254。

〔註38〕 《詩經詮釋》，頁618～628。杜正勝不同意〈殷武〉爲美宋襄，說詳正文。

論在什麼樣的情形下，神話傳統都必須做為一種歷史性的傳承形式而活在歷史之中。」〔註39〕契，一般被認爲是商的始祖，〔註40〕已是頗具賢聖質素的人格祖神，〔註41〕此一人格祖神在宋人的「歷史世界」裡，被傳誦的除了「宗祖以卵生而創業」〔註42〕的神話傳統之外，最主要的作爲已是具有俗世性的奠基、拓展的功業。〈長發〉第二章：

> 玄王桓撥，受小國是達，受大國是達，率履不越，遂視既發。相土
> 烈烈，海外有截。

玄王便是契。全章大意是說契很英明，受堯封於商爲小國，至舜末增其土地爲大國，都能通達順利，同時契又能循禮不越軌，而人民也遵行其教令。〔註43〕契的奠基、拓展，從「率履不越」來看，屬敬愼奉事，大概契的小、大國是達，在宋人的「歷史世界」的形象，是一種個別人格特出的形象，而非赳武拓疆的形象。另，〈那〉：

> 自古在昔，先民有作。溫恭朝夕，執事有恪。

雖是贊美成湯，卻也符合契恭敬謹愼的質素。

　　殷商在契「率履不越」下奠立基業，二代之後的相土便展開對外的拓土行動，其後至盤庚之前，復有成湯以及武丁的大規模向外經營。〔註44〕〈玄鳥〉：

〔註39〕白川靜著，王孝廉譯，《中國神話》（台北：長安出版社，1991）。引文分見頁17、29、212、213。

〔註40〕白川靜認爲殷的始祖神（神格祖）是舜，並舉《楚辭・天問》：「簡狄在臺嚳何宜？玄鳥致貽女何喜」句，指出：「簡狄在臺的時候，命令妃吞食玄鳥之卵的是帝嚳，嚳也是舜的名字，…，這些都具有太陽神性格的。因玄鳥之卵的契，在〈商頌・長發〉等稱爲玄王，《荀子・成相》篇有『契玄王』的句子，就是契是玄鳥之子。」《中國神話》，頁20、112。孫作雲則分舜（太暤）與契（太暤）各爲風（鳳）姓祖與嬴（燕）姓祖，雖同爲東方氏族，卻各有圖騰。詳見孫作雲，〈中國古代鳥氏族諸酋長考〉，收入杜正勝編，《中國上古史論文選集》（台北：華世出版社，1979），頁425、430、431。

〔註41〕《尚書・虞書・舜典》：「帝（舜）曰：『契，百姓不親，五品不遜，汝作司徒，敬敷五教，在寬。』」《尚書正義》，頁0044。契爲虞廷卿士，已是古聖賢的形象。《荀子・成相》列舉古聖王能任賢，其中「契爲司徒，民知孝弟尊有德。」亦是倫理化的聖賢輔弼形象。參見李滌生，《荀子集釋》（台北：學生書局，1988），頁576。

〔註42〕見傅斯年，〈夷夏東西說〉。收入傅斯年，《民族與古代中國》（石家莊：河北教育出版社，2002），頁4。

〔註43〕釋文參見，程俊英、蔣見元，《詩經注析》，頁1035。

〔註44〕相土、成湯、武丁的拓土經營參見傅斯年，〈夷夏東西說〉，《民族與古代中國》，頁22～23。

> 古帝命武湯,正域彼四方。方命厥后,奄有九有。商之先后,受命
> 不殆,在武丁孫子。武丁孫子,武王靡不勝。龍旂十乘,大糦是承。
> 邦畿千里,維民所止,肇域彼四海。四海來假,來假祁祁,景員維
> 河。殷受命咸宜,百祿是何。

〈長發〉第二章:

> 相土烈烈,海外有截。

第三章至第七章:

> 帝命不違,至於湯齊。湯降不遲,聖敬日躋。昭假遲遲,上帝是祇。
> 帝命式於九圍。
> 受小球大球,爲下國綴旒,何天之休。不競不絿,不剛不柔,敷政
> 優優,百祿是遒。
> 受小共大共,爲下國駿厖,何天之龍。敷奏其勇,不震不動,不戁
> 不竦,百祿是總。
> 武王載旆,有虔秉鉞。如火烈烈,則莫我敢曷。苞有三蘖,莫遂莫
> 達。九有有截,韋顧既伐,昆吾夏桀。
> 昔在中葉,有震且業。允也天子,降予卿士。實維阿衡,實左右商
> 王。

〈殷武〉:

> 撻彼殷武,奮發荊楚。罙入其阻,裒荊之旅。有截有所,湯孫之緒。
> 維女荊楚,居國南鄉。昔有成湯,自彼氐羌,莫敢不來享,莫敢不
> 來王,曰商是常。
> 天命多辟,設都于禹之績。歲事來辟,勿予禍適,稼穡匪解。天命
> 降監,下民有嚴。不僭不濫,不敢怠遑。命于下國,封建厥福。
> 商邑翼翼,四方之極。赫赫厥聲,濯濯厥靈,壽考且寧,以保我後
> 生。
> 陟彼景山,松柏丸丸。是斷是遷,方斲是虔。松桷有梴,旅楹有閑。
> 寢成孔安。

自〈玄鳥〉以下,所詠頌的內容主要環繞著殷商王朝成爲天下共主前後的重
要發展,約略而言,包含征伐拓土、受命、再征伐拓土,而結以都邑之建。
其中無疑的以受命一端尤其重要。首先是〈烈祖〉的「受命溥將」,強調接受
天命既廣且長;繼之〈玄鳥〉的「商之先后,受命不殆」,確立接受天命的關

鍵爭霸考驗：「景員維河」，〔註45〕隨之確立殷王朝是天命所歸，自是足以承負上天賞賜多福：「殷受命咸宜，百祿是何」。復詠代夏，領天下諸侯，謹教萬民：〈殷武〉的「天命多辟，設都于禹之績」、「天命降監，下民有嚴」。設都禹績，監察下民，都是在受命已成爲事實之後的控馭施政舉措。殷商奄有天下是在成湯的時代，受天命與奄有天下詞異而義同，同指成爲天下的共主。

　　受命有天下可說是〈商頌〉的基調，而此一基調之所以成爲宋人的國族「歷史世界」的記憶內涵，是經由成湯多次征伐拓土的武裝行動而得以落實的。〈玄鳥〉：「古帝命武湯，正（征）域彼四方。方命厥后，奄有九有（域）」是征伐與拓土。〔註46〕〈長發〉第六章通章的大意透過對成湯軍容的誇讚，終於「韋顧既伐，昆吾夏桀」的大獲全勝，更是語氣昂揚，十足是軍事捷報的具體宣示。〈殷武〉，舊說稱是祀武丁之作，如《毛序》、《孔疏》；〔註47〕近人屈萬里別解是「美宋襄公之詩」，〔註48〕杜正勝駁之，並主張〈殷武〉亦是美成湯之作。杜氏認爲荊、楚地望與武丁最盛的武功─征鬼方不合，並舉晚近商代二里岡期的文化分布甚廣，認爲「〈殷武〉篇詠成湯『奮伐荊楚，裒荊之旅』，似乎亦非憑空擬造。」〔註49〕〈殷武〉的「奮伐荊楚」當然是重大的軍事征伐，至於「自彼氐羌，莫敢不來享，莫敢不來王」緊接上章伐荊楚之後，文詞相連，文氣相扣，自然也是經由武力征伐後勝利者對戰敗者不敢不

〔註45〕　「景員維河」之意，自〈毛傳〉、〈鄭箋〉以下，多有異說。晚近杜正勝疏理文獻，結合考古資料，反駁舊說，別立新解，指出景爲景山，河是黃河，「也就是成湯發動盟主爭霸戰的地方」，亦是「開國聖地」。詳見〈夏商時代的國家形態〉下篇〈夏商爭霸反映的國家形態四〈玄鳥〉受命〉，《古代社會與國家》，頁 254、255。

〔註46〕　湯的向外征伐，據文獻記載有「九征」，如《竹書紀年》：「湯有七名而九征」；「十一征」，如《孟子‧滕文公下》：「〈湯〉十一征而無敵於天下。」有「二十七征」，如《帝王世紀》：「（成湯）凡二十七征，而德施于諸侯」；亦有「九征二十七戰」之說，如《廣弘明集》卷一一法琳〈對傅奕廢佛僧事〉所云。俱見方詩銘、王修齡，《古本竹書紀年輯證》（台北：華世出版社，1983），頁 21。

〔註47〕　《毛詩正義》，頁 0804。

〔註48〕　《詩經詮釋》，頁 628。另，古史辨盛行的時代，俞平伯亦指出〈殷武〉非指武丁時事，認爲「把這事歸在宋襄公身上，卻是很像」，因爲「宋襄公本是夸大狂，他想做盟主，想去伐楚國，都是事實，不容懷疑。把這事來說〈商頌〉，正相符合」。顧頡剛，〈案語〉則以爲「記追隨齊桓公伐楚事。」總之不離美宋襄公。見俞平伯，〈論〈商頌〉的年代〉，收入顧頡剛編著，《古史辨第三冊下編》，頁 508～510。

〔註49〕　〈夏商時代的國家形態〉下篇〈夏商爭霸反映的國家形態四〈玄鳥〉受命〉，《古代社會與國家》，頁 253。杜說可參。

臣服的得意口吻。而〈長發〉的「受小球大球，爲下國綴旒」、「受小共大共，爲下國駿厖」，恰恰彰顯身爲天下共主的成湯，對諸侯而言具有崇高的地位。球與共，《毛傳》訓爲玉、法。〔註50〕清沈鎬疏理諸家之說，云：「案上章《傳》云球，玉，此章云其法。蓋謂玉爲寶器，惟天子得守之；法爲綱常，惟天子得主之。」〔註51〕章太炎說同沈鎬，謂：「蓋玉以班瑞羣后，法以統制諸侯。共主之守，莫大於此。」〔註52〕成湯得以班瑞授法，可能是得自向外征討獲得顯赫勝利的結果。從〈商頌〉分章的二篇：〈長發〉、〈殷武〉的內容中充滿踔厲奮揚的赳武氣息來看，這樣的推論，當不至於太過。

　　成湯之外，〈商頌〉中與征伐拓土攸關的是相土與武丁。對於相土，詩文只略略提及，〈長發〉第二章最末二句：「相土烈烈，海外有截」，《鄭箋》云：「截，整齊也。相土居夏后之世，承契之業，入爲王官之伯，出長諸侯，其威武之盛，烈烈然。四海之外率服，截爾整齊。」《正義》則以天子始得威行海外，並引《左傳》僖公四年管仲說太公爲王官之伯，得承王命征伐爲例比之相土。〔註53〕《左傳》記管仲答楚成王語：「昔召康公命我先君太公曰：『五侯九伯，女實征之，以夾輔周室。』」〔註54〕旨在強調伐楚的正當性。且周初的政治局勢、國家形態不必同於相土時代的夏后之世，雖有高於其它諸侯的共主，卻未必有周王的權威。〔註55〕因此方國之間的征伐，除了受共主之命而行，亦有可能是方國本身

〔註50〕《毛詩正義》，頁 0802。

〔註51〕沈鎬，《毛詩傳箋異義解》卷十六，〈受大共爲下國駿厖〉條。出處同注 36，頁 496～497。

〔註52〕見章太炎，《菿漢閒話》，收入《章太炎全集》第五卷（上海：上海出版社，1985），頁 111。此外，王引之之釋「球」、「共」皆爲法，云：「承上文『帝命式于九圍』言之。言受小事之法，大事之法於上帝，故能爲下國綴旒，爲下國駿厖。所謂『式于九圍』也。」「小球、大球，小共、大共，謂所法制有小大之差耳。」王引之，《經義述聞》（台北：廣文書局，1971），頁 177、178。

〔註53〕《毛詩正義》，頁 0801。

〔註54〕《左傳正義》，頁 0202。

〔註55〕杜正勝說：「夏代到商初是『城邦聯盟』，最晚到武丁，商王國力愈勝眾邦，逐漸進入『封建城邦』。」《古代社會與國家》，頁 269。許倬雲從商人屢次遷都的情形，稱：「商人不常厥居的緣由，今日已難考知，但可以推想商人的政治組織，並不以『地著』爲其特色，當是凝聚諸羣而爲部落的政體。」許倬雲，〈中國古代社會與國家之關係的變動〉，收入《許倬雲自選集》（上海：上海教育出版社，2002），頁 186。白川靜認爲「族是商人社會的基礎。」白川靜，〈殷の社會基礎〉，《立命館創立五十周年紀念論文集》（京都：立命館大學，1951），頁 260～296。另外王貴民結合卜辭、金銘文以及傳統文獻，對商代侯伯子、方國與商的關係，甄別其支配與自主關係。大致上，侯伯係原地發展的自然現狀，

主動的行為。參酌〈長發〉第六章頌揚成湯征伐頌詞：「如火烈烈，則莫我敢曷」、「九有有截，韋顧既伐，昆吾夏桀」，〈殷武〉首章的「有截其所」；「烈烈」、「有截」俱指主動的軍事行為，則相土的「烈烈」、「有截」亦當近似，〔註56〕三者之間或有規模的差別，性質上則同。〈玄鳥〉述武丁的功烈在繼承成湯，「邦畿千里，維民所止，肇域彼四海」。「肇域」意同成湯受古帝命「正域彼四方」的「正域」，同指征伐與拓土。然而武丁最顯赫的武功是征討西北的鬼方，此事〈商頌〉卻闕如。〔註57〕舊說〈殷武〉為武丁祀詩，然而荊楚與鬼方地望不合，說已見文前杜正勝之辨。以宋人深明成湯的征伐歷史，何以於成湯後十世的武丁，時代愈近，反而淆混其他，殊不易解。〔註58〕

前言〈商頌〉的基調是受命，至於宋人的「歷史記憶」中祖先的功業是征伐拓土，因此詩中對於武力征戰成就的誦贊便成為宋人對先人「歷史世界」述論的主軸。至於《尚書》以下迄於《史記》所述，成湯以及「先哲王」的道德形象，即使不是闕如，至少是隱晦不彰。從寬而論，唯有以周代之後論證受命惟德的觀念，始能契合成湯道德哲王的形象。然而此係周人政治哲學的道德理念，是否就是春秋時代「殷遺」宋人的心理，則有待分疏。清儒舉

子則更多政治企圖，如軍事征伐。方國與侯伯子有別，甚具獨立性，是「獨立於王朝之外的異族共同體。」詳見王貴民，《商周制度考信》（台北：明文書局，1989），頁95～165。尤其頁96、97、103～116、152～154。王氏認為「部落聯盟」、「方國聯盟」、「城邦國家」或「貴族民主」等「都不能反映商周政權的性質」（頁95），卻又說：「甲骨文中記載各侯、伯、方國受王朝調遣從事武裝征伐，向王朝貢納，隨處可見」（頁96、97），則聯盟形態縱使不能概其性質，亦不妨王朝為諸國之長的歷史情狀。甲骨以下資料屬商中期之後，則其前情況或有差別，至少相土時代不能等同成湯已成天下共主的時代。

〔註56〕「相土有截」的「截」字，王國維指「殆為載」，在河南，近亳地。見《觀堂別集》卷一〈殷虛卜辭中所見地名考〉，《觀堂集林（外二種）》，頁780。傅斯年於「海外有截」對截地雖無分說，卻指「海外」為「遼東半島或朝鮮西北境。」〈夷夏東西說〉，《民族與古代國家》，頁14。翦伯贊亦不同意王氏截為載地之說，指「截」究指今日何地雖無從考證，唯翦氏本其商族環勃海而居的主張，說：「必在海外，則可斷言。」翦伯贊，《先秦史》（台北：知書房出版社，2003），頁164。

〔註57〕武丁功烈，不見於《史記・殷本紀》，《今本竹書紀年》自武丁三十二年至五十年有伐鬼方、克鬼方、滅大彭、征豕韋的記載，是武丁奮武揚威合於詩文「肇域彼四域。」參見王國維，《今本竹書紀年疏證》，收錄於方詩銘、王修齡前揭書，頁225。

〔註58〕今存〈商頌〉篇數與原數差多。《國語・魯語下》記閔馬父之言：「昔正考父校商之名頌十二篇，以〈那〉為首」。注云：「名頌，頌之美者。」《國語》，頁216。據韋注，似乎尚有「名頌」之外的商頌，其詳為何，無說。

〈那〉的音聲樂舞為能盡「人神交感」，謂：「審音以知樂，觀樂而知德，非湯盛德，孰克當此」。〔註59〕〈那〉的樂，《鄭箋》指係「湯受命伐桀，定天下而作〈濩〉樂」。〈濩〉即《莊子‧天下》篇的〈大濩〉，〔註60〕亦作〈護〉，又名〈大護〉、〈大濩〉、〈大獲〉。《墨子‧三辯》：「湯放桀於大水，環天下以自立為王，事成功立，無大後患，因先王之樂，又自作樂，命曰〈護〉。」孫詒讓引《風俗通義‧聲音》篇：「湯作〈護〉，護，言救民也。」〔註61〕《呂氏春秋‧仲夏紀‧古樂》：「殷湯即位，夏為無道，……。湯於是率六州以討桀罪，功名大成，黔首安寧。湯乃命伊尹作為〈大護〉。」王利器博引諸家解，謂：「護大意率為救民於患。」〔註62〕《墨子》言「放桀」，《呂氏春秋》稱「討桀」，二者俱為武事，則〈大護〉容有武烈之音聲。〈那〉的舞是〈萬〉舞。《公羊傳‧宣公八年》：「〈萬〉者何，干舞也。」何休謂〈萬〉為武樂篇名。〔註63〕《左傳‧莊公二十八年》：「楚令尹子元欲蠱文夫人，為館於其宮側，而振〈萬〉焉。夫人聞之，泣曰：『先君以是舞也，習戎備也。今令尹不尋諸仇讐，而於未亡人之側，不亦異乎！』」〔註64〕是〈萬〉舞明顯為武舞。復見諸〈魯頌‧閟宮〉與〈邶風‧簡兮〉，亦為武舞。〔註65〕楚文王舞

〔註59〕 方玉潤：「說者謂商人尚聲，聲之盛是德之盛也，湯之功德自有天濩之樂。此所謂聲即〈大濩〉之聲耳。……，借聲以召神……，至於鏞鼓之戁戁然而盛也，〈萬〉舞之奕奕然有次序也……。是故審音以知樂，觀樂而知德，非湯盛德，孰克當此。」《詩經原始》，頁270。

〔註60〕 郭慶藩，《莊子集釋》（台北：河洛圖書出版社，1980），頁1074。

〔註61〕 孫詒讓，《墨子閒詁》，頁36、37。

〔註62〕 王氏所徵引資料廣博。〈護〉、〈大護〉、〈濩〉、〈大濩〉、〈大護〉同指湯樂名，大意皆為救民於患。王利器，《呂氏春秋注疏》，頁565、566。

〔註63〕 《公羊傳注疏》，頁0195。

〔註64〕 《左傳正義》，頁0177。

〔註65〕 〈閟宮〉：「周公皇祖，……。籩豆大房，〈萬〉舞洋洋。」《鄭箋》：「〈萬〉舞，干舞也。」〈簡兮〉：「簡兮簡兮，方將〈萬〉舞，日之方中，在前上處。碩人俁俁，公庭〈萬〉舞。有力如虎，執轡如組。左手執籥，右手秉翟。」〈萬〉舞，《毛傳》：「以干羽為〈萬〉舞。」《鄭箋》：「〈萬〉，舞干羽也。」《孔疏》則云：「〈萬〉舞為干舞，不兼羽籥。」「以干戚武事，故以〈萬〉言之，羽籥文事，故指體言籥耳。」分見《毛詩正義》，頁0778、0099～0100。毛、鄭干羽並舉，合於「執籥秉翟」詞意，要之總不離武舞形貌。另聞一多以男女相悅的角度，謂：「愛慕之情，生於觀〈萬〉舞，此則舞之富於誘惑性可知。夫〈萬〉舞為即高禖時所用之物。」見聞一多，〈高唐神女傳說之分析〉，收入聞一多，《神話與詩》（台中：藍燈出版社，1975），頁113，註55。聞氏旨在論「高禖」，與本文所論異趣，不取。

〈萬〉習武備，〈閟宮〉中的皇祖周公武功亦顯，〈簡兮〉為衛地之詩，衛係周初康叔的封國，地原「殷墟」，人為「殷民七族」；〔註66〕〈那〉祀成湯，則〈萬〉舞論性質為武舞，論來源，可能是殷人固有的族舞。〔註67〕即便不然，關係也是菲淺。

結合〈濩〉樂與〈萬〉舞的〈那〉，當進行宗廟祭祀時，會是甚麼場面不難想見：勇碩的表演者在「穆穆厥聲」的樂音中，可能正高亢的誦贊受祭祖先的武勇功烈，正以威武的肢體語言，形象的舞動著。如此一來，雖然沒有明言祖先的武功，然則透過音聲舞樂的現場表演，與祭的「殷遺」亦不難從本族顯赫的固有樂舞，遙想祖先的功蹟，冥思祖先征伐拓土的威烈景況。

祀成湯的樂舞有武烈之象，詠成湯的文詞又多征伐拓土勳業之語，宋人對自己國族的歷史記憶所重在此，這中間所透顯的信息，或許反映西周後以迄春秋早、中期宋人國族繼亡以及再興的心理。

宋國始封於周公誅武庚後，命微子啟奉殷商宗祀，以宋地為國名，〔註68〕終於周赧王二十九年（286B.C）為齊所滅，〔註69〕傳國可謂久長，比諸列國，不遑多讓；而君位傳承，雖有三君之弒，較諸其它，並非特出。〔註70〕宋國歷史，春秋之前疏略，進入春秋後，《左傳》所載宋事殊為不少，其中攸關交戰的軍事行動經常可見，而以與鄭國交兵更屬突顯，此雖緣於地勢偪近，實力伯仲，〔註71〕亦有政局驟變，霸權代興的時勢因素。顧棟高於宋鄭交兵，

〔註66〕魯定公四年，衛祝佗與周太史萇弘論封建語。《左傳正義》，頁0948。

〔註67〕白川靜在談到〈周頌・振鷺〉時說：「此舞又稱『萬舞』，似乎是自古殷人相傳的樂舞。殷亡後，子孫建立宋國，宋的廟歌收在《詩經》的〈商頌〉五篇……。第一篇〈那〉，……。其詩歌云：「『庸鼓有斁，萬舞有奕』，……，合和其音而舞，這是古來殷商文化圈相傳的舞樂。」《詩經的世界》，頁74、75。白川氏一言「似乎是」，一言「這是」，不外視〈萬〉舞為殷商固有的族舞。

〔註68〕《尚書・周書・微子之命》，《孔傳》：「成王既黜殷命，殺武庚，命微子啟代殷後，作〈微子之命〉。」《尚書正義》，頁0195。「代殷後」，指續殷商的祭祀，亦即存亡國，唯未言國名。《史記・殷本紀》：「立微子於宋，以續殷後」。〈宋微子世家〉：「命微子開代殷後，奉其先祀。作〈微子之命〉以申之。國于宋。」分見《新校本史記三家注》，頁109、1621。則以宋地為國名，始於微子啟。

〔註69〕《史記・六國年表》：周赧王二十九年，齊湣王三十八年載「齊滅宋」。《新校本史記三家注》，頁740。

〔註70〕三君為殤、湣、昭，分別為第十五、十七及二十一任國君。見《史記・宋微子世家》，《新校本史記三家注》，頁1623、1624、1628。其詳可參高士奇，《左傳紀事本末》卷三十四〈宋殤閔昭公之弒〉（台北：里仁書局，1981），頁529～535。

〔註71〕顧棟高〈春秋宋執政表・敘〉云：「中州為天下之樞，而宋、鄭為大國，地居要

尤致意於霸局的變化與二國的互動，稱齊、晉、楚霸業興時，則二國兵息，反之，則兵戎相向；霸業盛衰且與宋鄭休戚緊相依存。〔註72〕

宋處四戰之地，時當周鄭交質，王狩河陽，天子權威大爲陵夷而霸主政治興起之時，求存圖霸，拓境兼併，皆不離武備；外援盟助，內聚戰力，「思啓封疆以利社稷」，〔註73〕此是大勢所趨。以宋而言，襄公時期最能顯示迎合此一趨勢，也是國力相對興盛的階段。〈商頌〉的詠頌在武烈，或許頗合國情，此處所言，非指〈商頌〉文辭成於爭霸的宋襄公時期，事實上也不易稽考確切時代，然而以微子啓奉商祀而言，初始的宗廟祭祀樂歌之詞，縱使不是全同，必也近是。〔註74〕《史記》所謂正考父美宋襄公而追述「殷所以興，作〈商頌〉」，於時不合，於義或囿於《公羊》，〔註75〕然稱宋襄「欲爲盟主」卻允爲中肯。宋襄公「欲爲盟主」，《左傳》記載甚詳。先是賡續先君參與齊桓公的會盟之列，〔註76〕當齊桓公晚年，宋襄公曾於魯僖公十五年有過一次獨

害，國又差強。故伯之未興也，宋與鄭常相闘爭。逮伯之興，宋、鄭常供車賦，潔玉帛犧牲以待于境上，亦地勢然也。顧春秋時宋最喜事，春秋之局變多自宋起。」〈春秋宋鄭交兵表・敍〉謂：「春秋之初，宋、鄭號中原大國。……地既偪近，力又相捋，故其勢常至於闘爭。……春秋二百四十二年之中，宋、鄭凡四十九交戰，然其局凡三變。……《春秋》于列國戰爭不悉書，獨于兩國自隱、桓至定、哀，凡取邑取師無不備載。」顧棟高，《春秋大事表》（北京：中華書局，1993），引文分見頁 1843、2129～2130。宋與鄭交戰最多，此外，與其它國家交戰：秦四、楚三、齊、邾各一。分見顧棟高〈春秋秦晉交兵表〉、〈春秋晉楚交兵表〉、〈春秋齊魯交兵表〉、〈春秋魯邾莒交兵表〉、〈春秋宋鄭交兵表〉。顧高棟前書，頁 2043、2049、2055、2065、2091、2093、2094、2100、2108、2134。

〔註72〕〈春秋宋鄭交兵表・敍〉：「齊桓興而（宋、鄭）兵爭息。……晉文、襄起而（宋、鄭）兵爭又息。……（楚興），兩國息于兵戎者六十八年」、「每當伯功之息，則宋、鄭首發難。……。伯功視兩國之向背爲盛衰，而兩國又視伯功之興廢爲休戚。」顧棟高前書，頁 2129、2130。

〔註73〕魯成公八年，晉申公巫臣使吳，過莒，謂其城「惡」。莒子曰：「辟陋在夷，其孰以我爲虞？」巫臣對曰：「夫狄戎思啓封疆以利社稷者，何國蔑有？唯然，故多大國矣。」《左傳正義》，頁 0446。

〔註74〕孔穎達有詳論。見《毛詩正義》，頁 0787～0788。另《國語・魯語下》言正考父「校」商之名〈頌〉，《鄭箋》稱正考甫「得」〈商頌〉於周太師，明〈商頌〉爲既有。詳見注 58。

〔註75〕《史記・宋微子世家》：「襄公之時，修行仁義，欲爲盟主。其大夫正考父美之。故追道契、湯、高宗，殷所以興，作〈商頌〉。襄公既敗於泓，而君子或以爲多。傷中國闕禮義，襃之也。宋襄之有禮讓也。」《索隱》、《考證》有所駁辨。《史記會注考證》，頁 619。

〔註76〕齊桓公會諸侯十五次，宋每次必預。見錢穆，《國史大綱》，頁 42。按桓公與

力伐曹的軍事舉動，《傳》云：「討舊怨」。舊怨，杜注：「莊十四年曹與齊、陳伐宋」。次年，石隕宋五，六鷁退飛過宋都，襄公問吉凶於周內史叔興，叔興答以「君將得諸侯而不終」。叔興之言雖類如預言，似乎也透露了宋襄公有成為諸侯盟主的心思與實力。自齊桓公歿後至敗於泓，宋襄公有幾次明顯不符「修行仁義」的軍興及虧德的行為。《左傳》：

> 魯僖公十八年春，以諸侯伐齊。夏，敗齊師于甗，立孝公而還。
> 十九年春，執滕宣公。夏，使邾文公用鄫子于次睢之社，欲以屬東
> 夷。秋，圍曹，討不服。
> 二十年，欲合諸侯。
> 二十一年春，為鹿上之盟，以求諸侯於楚。楚人許之。秋，
> 會諸侯于盂。楚執襄公以伐宋。冬，會于薄以釋之。
> 二十二年夏，伐鄭。冬，楚救鄭，戰于泓。襄公傷股。

伐齊立孝公，尚屬師出有名，[註77] 至於執滕宣公，以鄫子為人牲、圍曹三事，皆被執政子魚批評為於德有虧。欲合諸侯一事，魯大夫臧文仲直指以己欲強人。鹿上之盟、盂之會、伐鄭等，子魚更明指為召禍之舉。[註78] 然而這些反面的意見並沒有發揮遏阻的效果，足見宋襄公「欲為盟主」的心思甚為明顯。除此之外，宋襄公似乎也有興復之志。伐鄭之舉引起楚人介入。魯僖公二十二年秋冬之際，「楚人伐宋以救鄭。宋公將戰，大司馬固諫曰：『天之棄商久矣，君將興之，弗可赦也已。』」[註79] 大司馬固的諫止依然沒有軟化襄公的戰爭決心，於是乃有冬十一月的泓役之敗。所謂「天之棄商久矣」，

襄公並世八年（魯僖公十年至十七年，650～643B.C），會有三次，分別為僖公十三年、十五年、十六年。《左傳正義》，頁 0223、0229、0235。

〔註77〕齊桓公卒，易牙與寺人貂立公子無虧，孝公奔宋。先是桓公生前「與管仲屬孝公於宋襄公以為太子」，此係引宋襄以固太子。其後無虧立而孝公奔宋，襄公以諸侯伐齊，是以師出有名。《左傳·僖公十七年》。《左傳正義》，頁 0237。

〔註78〕執滕宣公，以鄫子為人牲，子魚舉齊桓存三亡國，猶為薄德為例，批評宋襄「一會而虐二國之君，又用諸淫昏之鬼，將以求霸，不亦難乎？得死為幸。」口氣甚是嚴峻。臧文仲說：「以欲從人，則可：以人從欲，鮮濟。」則宋襄欲合諸侯，似乎尚不孚人望，取與僖公二十一年《經》：「宋人、齊人、楚人盟于鹿上」合觀，與盟唯齊、楚，是支持者少。其餘三事，子魚的批評更是直接、露骨。鹿上之盟：「小國爭盟，禍也。宋其亡乎！幸而後敗。」盂之會：「禍其在此乎！君欲已甚，其何以堪之？」伐鄭：「所謂禍在此矣。」分見《左傳正義》，頁 0240、0241、0242、0247。

〔註79〕《左傳正義》，頁 0248。

是「殷遺」接受政權興替此一客觀政治現實，而「君將興之」則隱含對意圖翻轉此客觀政治現實的主觀期望的質疑；然則前提是「天之弃商久矣」，不免結果將是「弗可赦」，亦即逆天而行，終將有滅亡之禍。

宋襄公一心一意想成爲盟主，且在位後期迭有征伐戰事，則宋襄公於武烈之事，縱使不是耽醉沉溺，也稱得上是深致其意。〔註80〕宋以共主之遺，處變動之世，奉先祖宗祀，承既有的武勇廟堂頌歌舞樂；祭則以〈護〉以〈萬〉，頌則皇祖受命，征討烈烈。「殷遺」知識分子，想見先祖，緬念功業，俱見武勇的先人如在眼前。〈商頌〉做爲「殷遺」知識分子的「歷史記憶」，不只有殷商輝煌的歷史記實，也有「殷遺」知識分子的情志寄托；而〈商頌〉的「歷史世界」所體現的尚武思維與受命的密合，更突顯「殷遺」知識分子對自己國族征伐拓土以得天下的烈祖功業史懷抱深沉的情思，甚且此一情思或許又緔解某種幽微的頡頏意識。魯僖公二十四年，鄭卿皇武子答鄭文公問享宋成公之禮云：「宋，先代之後也，於周爲客。天子有事，膰焉；有喪，拜焉。豐厚可也。」〔註81〕此事在泓之敗後二年，而泓役肇因於伐鄭，鄭不因舊怨而厚享宋君，或有其它因素；要之，皇武子之言不似示好，舉天子禮宋之成事也不可能是憑空臆撰，且無必要。看來，「於周爲客」的宋，一直受到周王朝的禮遇，長此以往，不無產生某種幽微的自主意識的可能。此論若不至於過謬，則〈商頌〉不僅是宗廟祀詩，更是撮其精要的殷商光榮歷史，甚至讓人有「召喚」的感覺——透過儀式召喚祖先，經由歷史榮光的誦揚，思見祖先；且「祭如在」，彷彿祖先就在眼前，正在殷殷叮嚀，也是召喚，誦詩述史，述史寄志，〈商頌〉或可作如是觀。〔註82〕

〔註80〕宋襄公泓敗之後答國人責難時說：「君子不重傷，不禽二毛。……。寡人雖亡國之餘，不鼓不成列。」後世甚美之。竊頗疑此係襄公諉過之詞，觀子魚所說：「若愛重傷，則如勿傷，愛其二毛，則如服焉。」則思過半矣。《左傳正義》，頁 0248。且眞以重傷、二毛爲念，又何必屢次軍興？就事論事，宋襄公縱有一時之仁，卻不能盡掩尚武之心，後世溢美，宋襄豈能任之。急於圖霸雖有時局之趨，當不無興復之志。顧棟高責之以「輕用民力」，例之以「尫弱之夫而舉鼎絕臏而死」，猶儒者之見。《春秋大事表》、〈春秋宋楚爭盟表〉卷二十七，頁 1969、1970。另蘇軾批評宋襄公「以不仁之資，盜仁者之名」、「其不鼓不成列，不能損襄公之虐」，稱宋襄公爲「欺於後世者」。雖爲「仁」辨，亦可見後人對「宋襄之仁」的深不以爲然。蘇軾，〈宋襄公論〉，收入傅成、穆儔標點，《蘇軾全集》（上海：上海古籍出版社，2000），頁 698。

〔註81〕《左傳正義》，頁 0258。

〔註82〕宋爲前朝之遺，於武烈之事數致其意，〈商頌〉已見其寄託，若再參合武丁卜

第三節　周人歷史述論對象的時代分期──文王之前

　　周代歷史的面貌，透過傳統文獻，結合出土的地下資料，迭經學者精心的研究，已取得了豐碩的成果。〔註 83〕相較於受限於資料的殷商歷史，雖然學者苦心孤詣辛苦探索，也獲取可觀的成績，畢竟詳略有別。〔註 84〕造成這種差異的原因，主要是來自於資料，尤其是敘述性與說明性的文字資料，包含金文與典冊。換言之，周代，尤其是西周的歷史，在文字資料上具有殷商所無法企及的優勢，此一優劣對於本文所要討論的問題，亦即從當時代知識分子所遺留的知識性資料，論述此一群體由「歷史記憶」、「歷史圖像」所呈現的「歷史述論」，會有相對的周詳。

　　西周知識分子所身處時代的文化氛圍，是三代文化最為輝煌的階段，也是禮樂文化臻於高峰的時期。禮樂文化既是儀式，也是一種普遍的集體意識；不只具有儀文的外在形貌，同時也含攝此一知識群體的內在精神與情志。身為此一文化的載體，知識分子究竟如何傳達他們的歷史記憶，如何由身處的時代環境，建構認知上的歷史圖像，亦即如何呈現他們整體的歷史述論；凡此，莫不與他們做為統治集團一分子的角色認知與身分意識的自我定位與自

辭所見「璞周」、「　周」等軍事征伐之例而觀，武丁的「肇域四方」也含有與周的征戰內容。孫作雲即指出：「武丁時征服周國，使周成為商的附屬國。」宋人頌武丁，雖不明言服周舊事，而其中意致，或不無隱晦之迹。孫說見〈從《詩經》中所見滅商以前的周社會〉，《《詩經》與周代社會研究》，頁 30。

〔註 83〕這方面的成績除了針對各項專題所做的論文形式的學術成果之外，綜合性且深具內涵的著作可以楊寬、翦伯贊、許倬雲、童書業等學者的著作為代表。例如楊氏的《西周史》（台北：商務印書館，1999）、《戰國史增訂本（上、下）》（台北：谷風出版社，1986），翦氏的《先秦史》，許氏的《西周史（增訂版）》，童氏的《春秋史》（台北：開明書店，1978）。其中以楊、許二氏的《西周史》尤為詳瞻。以本文此處所欲討論的歷史內容而言，二氏的著作提供了極有助益的具體參考成果。

〔註 84〕致力於經由出土資料，並結合其它學門而進行殷商歷史的建構的學者亦不乏其人，且也取得一定的成績。這一方面可以白川靜與張光直為代表。白川氏的《甲骨文の世界》、《金文の世界》二書，中譯：《甲骨文世界》（台北：譯者發行，巨流總經銷，1977），由蔡哲茂譯；《金文的世界──殷周社會史》由溫天河、蔡哲茂合譯。前書著重於古代殷商王朝的建構，後書則以周代為主，並及殷商，重點在政治、社會史的論證。至於張氏的著作為一系列的青銅研究，運用考古、人類學、文化學、宗教學並及藝術美術，致力於殷商歷史的重現，其綜合性的著作為英文的《商文明》，此書後由張良仁、岳紅彬、丁曉雷譯成中文（瀋陽：遼寧教育出版社）。另胡厚宣、胡振宇父子合著的《殷商史》（上海：人民出版社，2003）亦為精心之作。

我觀照息息相關。

《詩經》中涉及周人的歷史記憶、歷史圖像的歷史述論,主要是〈周頌〉與〈大雅〉,其次是〈魯頌〉,再其次是〈小雅〉與少數的〈風〉詩。下面的討論就以前述的篇章爲基礎。

周人對其國族的起源、肇建、遷徙、征伐、壯大以迄於王朝奄有天下等歷史史實,有詳細的傳誦、記載,處處可見充滿濃郁的族群情感之思。對於關鍵性人物的詠歎,更是數致其意,文詞並茂,情意殷殷。

周人的始祖是后稷,后稷的時代可追溯到堯舜,〔註85〕因此稷的事蹟難免有些許的神話與傳說成分,〔註86〕例如〈大雅·生民〉前兩章載姜嫄生育后稷的經過:「履帝武敏歆,攸介攸止。載震載夙,載生載育,時維后稷。」「以赫厥靈,上帝不寧。不康禋祀,居然生子。」具有「感生神話」的成分。第三章的三棄三收則有神靈護佑的「棄子傳說」的內容。〔註87〕周人對於自己始祖降生存活的歷史記憶,主要不脫神話與傳說的影子,經由靈異,襯托出后稷係上帝所特別眷顧的天之寵幸形象。就詩文而言,周人不諱三棄此一悖離人倫的行爲,除了爲突出始祖的天眷恩寵,恐怕不需如此費其文詞,甚有以遺「自誣其祖」之嫌。〔註88〕周人特別神異其始祖,較諸〈商頌〉述契

〔註85〕《尚書·虞書·舜典》:「帝(舜)曰:『俞!咨禹,汝平水土,惟時懋哉!』禹拜稽首,讓于稷、契暨皋陶。帝曰:『俞!汝往哉。』帝曰:『棄,黎民阻飢,汝后稷,播時百穀。』《尚書正義》,頁 0044。前言禹讓稷、契,後言棄、后稷,二者合觀,稷、棄爲一人;至於「后稷」,以〈舜典〉命某人主某事作某官之例,則「后稷」似乎又類如官事之名。許倬雲説:「大約后稷之名,原非官號,只是指周人爲務稷的部族」《西周史(增訂版)》,頁 33。苟如許氏所言,則后稷之「后」,宜可分疏。說詳正文。

〔註86〕關於神話和傳說之別,杜正勝曾有簡要的定義。他説:「神話和傳說當然有別,分判的標準端在一個『人』字。凡是人的成分重的,即比較合乎自然律,人性人情的,屬於傳說;反之,屬於神話。」杜正勝,〈導論——中國上古史研究的一些關鍵問題〉,收入杜正勝編,《中國上古史論文選集》,頁 39。準此,則后稷在〈大雅·生民〉的前三章可謂是由神話漸進爲傳說,第四章以下則幾無傳說的影子了。

〔註87〕「感生神話」與「棄子傳說」自古以來便有許多學者進行過疏通與述論,可謂是意見紛陳,莫衷一是,詳細的介紹説明可參考蕭兵,《中國文化的精英——太陽英雄神話比較研究》(上海:上海文藝出版社,1989),頁 183～247。蕭氏説感生係來自對「聖足迹」的崇拜。頁 192。至於「棄子傳説」,蕭氏分古、近二系。古説有賤棄等 13 種解釋。頁 218～231。近説有輕男等 5 類説法。頁 235～242。

〔註88〕皮錫瑞説:「帝既弗無子,生子何又棄之,且一棄再棄三棄,必欲置之死地?

而言，可謂彰明；尤其是三棄三收，似含上天考驗之意，亦即周人藉此以突顯自已國族的起源除了是上帝賜子這個神聖根源之外，也隱含著始祖克服死生相迫的嚴峻考驗。經由此克難，始能肇建家邦，奠立根基，綿而延之，最後子孫終於能以小邦周取代大國殷而奄有天下，此一歷史記憶所形構的后稷形象，在歷史的述論上於是成為周人國族發展上克服考驗的突破性原始基調。

　　后稷做為周人始祖的主要事功，首先是在農業上的作為。〈生民〉後三章頌詠后稷精於稼穡獲致豐收，與〈周頌・思文〉的「貽我來牟」，〈魯頌・閟宮〉的「俾民稼穡，有稷有黍，有稻有秬」同為藝殖百穀的農耕開拓、改良者的形象。其次則為祭祀上帝儀禮的肇建者。〈生民〉第六章終句：「以歸肇祀」，《毛傳》謂：「始歸郊祀」。〔註89〕第七章述祭祀物品，第八章前半述器具，中間說「上帝居歆」，總承后稷肇祀深得上帝受祀之義；而總結以「后稷肇祀，庶無罪悔，以迄于今。」周人此一始祖造像，以歷史發展而言，實含有國族發展上的經濟思維與宗教思維。后稷的藝殖百穀，標示出周族在農事上的精勤與突破，此一糧食物資的播殖豐登，在生產器具尚不甚發達的上古時代，無寧是族群發展的大事。至於祭祀，后稷之前已有，然而論國族所有，則周人的歷史記憶雖有姜嫄時已奉行的「禋祀」，然而卻不得其詳，必待后稷藝殖百穀而有大成就後始明其大概，此一宗教思維隱含著天（上帝）人（后稷）授受、崇德報功的相諧意致。所謂「以歸肇祀」是對上帝佑護的崇報，而「上帝居歆」則為上帝歆饗的嘉許。后稷與上帝，在宗教行為的互動上，一方持之以敬，一方歆饗福佑；二者在周人的心中，具有近似的形象與功能，所以〈思文〉說后稷配天，〈大雅・雲漢〉云：「后稷不克，上帝不臨」，《鄭箋》謂：「我先祖后稷不識知我之所困，與天下視我之精誠」，《正義》引王肅云：「后稷不能福祐我邪！上帝不能臨饗我邪！」〔註90〕后稷敬天，周之子孫尊后稷，於后稷言，所最敬者為天；於周之子孫言，則將后稷上躋於天。周

作此詩（〈生民〉）者乃周人，尊祖以配天，若非實有神奇，必不自誣其祖。」見皮錫瑞，〈論〈生民〉〈玄鳥〉〈長發〉〈閟宮〉四詩當從三家不當從毛〉，文出自皮錫瑞，《經學通論二　詩經》（北京：中華書局，1995），頁41。皮氏說：「若非實有神奇，必不自誣其祖」，前提是周人「尊祖配天」，合乎周人的政教倫常。神奇即神話靈異。楊寬也說：「神話之來源有純出幻想者，亦有真實歷史為之背景者。」楊寬，《中國上古史導論・自序》，文見呂思勉、童書業編，《古史辨第七冊上編──古史傳說統論》，頁70。

〔註89〕《毛詩正義》，頁0594。
〔註90〕《毛詩正義》，頁0660。

代文獻，於周人祖先稱配天者唯后稷一人，即使至德如文王，也只說「在上」、「在帝左右」，《毛傳》：「在上，在民之上」，《正義》：「言文王觀知天意，解『在帝』也；順其所爲從而行之，解『左右』也」。〔註 91〕朱熹謂：「文王之神在天，一升一降，無時不在上帝之左右，是以子孫蒙其福澤，而君有天下」，方玉潤說：「文王之德足以配天」、「文王德配上帝」；方宗誠云：「文王德合于天」。〔註 92〕《毛傳》的說法證諸〈大雅・大明〉：「明明在上，赫赫在下」，則「在民之上」恐有失；上下對文，明上者指天上，朱熹說近是。二方則推衍爲文王之德。即使文王德洽，亦以文王之德爲主語，與〈思文〉中后稷「克配彼天」不侔。以此而論，周人先祖能承擔配天的，只后稷一人。〔註 93〕其次，〈思文〉爲〈頌〉，〈文王〉爲〈雅〉，前者祭祀爲主，後者則重於宴饗，其中的輕重宜有分別。

周人將后稷上躋於天，實有宗教上的思維，同時也含有以宗教神權絡結俗世政權，以確立自己國族在三代歷史遭遞上的正當與合宜。何以見得？以下試從后稷的后字以及后稷與夏后、商之先后此二種出現在周人早期文獻的情形稍加說明。

后，依據《爾雅》，指的是國君。〔註 94〕基本上此一說法並沒有疑義，然而尚可加以分疏的是，在西周的文獻中提及此一稱謂時，是否具有針對性，如果有，那麼這一針對性所傳達的信息可以是什麼意涵，這是本文此處之所以想要加以說明的原因。

〔註91〕〈大雅・文王〉首章：「文王在上，於昭于天。⋯⋯。文王陟降，在帝左右。」《毛傳》、《正義》文見《毛詩正義》，頁 0533、0534。

〔註92〕分見朱熹，《詩集傳》（香港：中華書局，1976），頁 175。方玉潤，《詩經原始》，頁 203；方宗誠，《說詩章義》卷中，出處同於方玉潤前書，頁 518。

〔註93〕配天，在周不多見，然則在殷商時期則常有，卜辭數見「賓于帝」的刻詞。胡厚宣指出：「殷人對於先祖固有可以配天之觀念」，「因武丁時已有先祖配天之觀念，故先祖亦能降若授祐」。詳參胡厚宣，〈殷代之天神崇拜〉，收入胡厚宣，《甲骨學商史論叢初集（外一集）上》（石家莊：河北教育出版社，2002），頁 206～241。引文見頁 218。

〔註94〕〈釋詁〉：「林、烝、天、帝、皇、王、后、辟、公、侯，君也。」《邢昺疏》引《說文》：「后者，繼體君也，象人之形，施令以告四方。」云：「故后之從一口，發號者，君后也。」《爾雅注疏》，頁 0006、0007。邢昺以字形釋后，雖符合「施令」、「發號」，未必符合本意，說詳正文。另郭鵬飛〈《爾雅》〈釋詁〉「林烝天帝王后辟公侯，君也」探折〉，《漢學研究》18 卷 2 期（2000），頁 57～83。亦有詳細的分疏。

后字卜辭從女從 或從母從 ，殷卜辭中有「后祖乙」的刻辭。〔註95〕
后字做為國君的稱謂，使用在卜辭與金文上的例子雖有，然而遠不如王、祖
等字頻頻出現。之所以如此，主要的原因應該是使用上有其慣例，亦即商周
時代重要的卜問記錄已有成例，而西周銅器上的長篇銘文也延續此一用法。
至於典冊文獻中的后字，以《詩經》為最早。《詩經》的〈周頌〉、〈魯頌〉與
〈大雅〉中的后字，除了冠以名號的后稷一名外，尚有泛指國君而與謚號連
用，以及指稱某君的用法。

直接冠以名號的唯有后稷一人，計有四例。〈周頌・思文〉：

思文后稷，克配彼天。

〈魯頌・閟宮〉：

赫赫姜嫄，……。是生后稷。……。纘禹之緒。

后稷之孫，實維太王。

皇皇后帝，皇祖后稷。

〈大雅・生民〉：

載震載夙，載生載育，時維后稷。

鳥乃去矣，后稷呱矣。

誕后稷之穡，有相之道。

后稷肇祀，庶無悔罪，以迄于今。

〈大雅・雲漢〉：

后稷不克，上帝不臨。

謚號連用，似指文王的有一例。〈周頌・雝〉：

宣哲維人，文武維后。〔註96〕

〔註95〕卜辭中「后」字形狀已知的至少有七種，王國維云：「字皆從女，從 ，倒子。
或從母，從 ，象產子之形。……。或從 𠂤 者，與從女、從母同意」、「『先後』
之後古亦作后」、「其與祖乙連言者，又假為『後』字，『後祖乙』謂武乙也」。
說詳王國維，〈殷卜辭中所見先公先王續考〉。《觀堂集林（外二種）》，頁 280、
281。王文中所說的「后」字，重在釋后的字形及其與毓、育、後為同義之訛
假。據王文，后字乃先人之義，固然也可申言為先王，唯所引七例中六例指祖
乙，按王氏所說「后祖乙」乃「後祖乙」之假，則此「后」字似無特指國君之
意。另參王國維，《古史新證——王國維最後的講義》（北京：清華大學出版社，
1996），頁 34、35。朱芳圃引董作賓謂：「后祖乙，小祖乙也就是小乙。甲骨甲時
稱小乙為祖乙，與河亶甲子祖乙不別，故加小字、后（後）字以為記識。」見
朱芳圃編，《甲骨學商史編》（香港：香港書店，1973），頁 65、66。

〔註96〕〈雝〉，《毛序》：「禘太祖也。」《毛詩正義》，頁 0734。方玉潤引朱熹駁辨

指稱某君如文王的有一例。〈大雅・文王有聲〉：

> 築城伊淢，作豐作匹，……。王后烝哉。〔註97〕
>
> 王公伊濯，維豐之垣，四方攸同。王后維翰，王后烝哉。

指稱某君如文王、武王的有一例。〈周頌・昊天有成命〉：

> 昊天有成命，二后受之。成王不敢康，夙夜基命宥密。〔註98〕

指稱某君如太王、王季、文王的有一例。〈大雅・下武〉：

> 下武維周，世有哲王。三后在天，王配于京。〔註99〕

以上所舉數例中，後四例包括了太王、王季、文王以至武王，四世前後相繼，與周世奄有天下最有關係，前三人雖無稱王，唯周人追述祖德宗功，一併以一國之君稱之，其事理不難理解。至於稱始祖稷爲后，除了周人主觀上的崇敬心理，或許尚有王室政權淵源統緒的承啓意識。關於此一意識，可以從周人與夏人以及「夏后」、「夏后氏」的關係上窺見端倪。

「夏后」之名，《詩經》中雖然只出現過一次，〈大雅・蕩〉：

> 殷鑒不遠，在夏后之世。

且係文王告誡殷人之語。《鄭箋》以桀釋夏后，專指夏桀。〈蕩〉的夏后是專名一人，然而參酌其它先秦文獻，夏后通常是泛指夏朝的國君，亦即舉凡夏王都可稱爲夏后。根據個人的統計，「夏后」一語出現在先秦《經》、《傳》與

之說：「太祖，即后稷也。……。《序》云：『禘太祖』，則宜爲禘嚳於后稷之廟矣，而其詩之詞無及於嚳稷者，若以爲吉禘文王，則與《序》已不協，而詩文亦無此意，恐《序》之誤也。此詩但爲武王祭徹祖之詩，而後通用於他廟耳。」詳見《詩經原始》，頁 255、256。「宣哲維人，文武維后」，《鄭箋》云：「文王徧使天下之人有才知，以文德武功爲之君。」《正義》：「言文武，故知文德武功即〈文王有聲〉所云：『文王受命，有此武功』。是文王有文有武也。」《毛詩正義》，頁 0734、0735。按，〈雝〉詩有「皇考」、「烈考」，《毛傳》、《孔疏》言「皇考」指文王，「烈考」指武王。《毛詩正義》，頁 0735。據此，則「文武維后」所指的文王則有重文之嫌，唯若以「文德武功」釋「文武」，則周之先祖足堪「德」「武」之稱的又只有文王一人，故本文此處著一「似」字，以爲折衷。

〔註97〕 王后，《正義》云：「王之爲人后也。」《毛詩正義》，頁 0583。〈文王有聲〉此二章指作邑於豐，事在文王之時，故《正義》所說的王是指文王。方玉潤也說「王后」是指文王。《詩經原始》，頁 212。

〔註98〕 《正義》云：「二后，文王、武王也。以二王俱受天命，共成周道，故連言之。」《毛詩正義》，頁 0716。朱熹則說「成王」便是武王之後的成王，全詩爲祭成王之詩。朱熹，《詩集傳》，頁 225。

〔註99〕 《毛傳》：「三后，太王、王季、文王也。」《毛詩正義》，頁 0581。

子書的次數至少有十四處（含〈大雅・蕩〉）。〔註100〕這十四處的「夏后」絕大多數是指夏朝的國君，間有指王朝之名的。〔註101〕而「夏后氏」出現的更多，計有三十一處，幾乎全是指王朝名。〔註102〕這種稱謂相較於對殷商的稱呼，不論是國君還是王朝，都有明顯的差別。周人未曾以「殷（商）后」、「殷（商）后氏」稱呼殷商的國君或其王朝，典冊文獻如此，金銘文亦然。這中間所透露的信息，不無可能含有某種國族歷史意識與歷史述論上承續性的文化心理。

　　周人與夏人淵源甚深已是歷史學界的通論，雖然夏禹的問題仍存有疑義，然而周人尊崇夏人及其王朝，卻是事實，這裡面有夏周同屬西系的族群親近性，也有周人續夏人之緒的王朝延續性。〔註103〕此一歷史記憶反映了夏周二族的歷史淵源，當周人說到夏朝的國君與朝代名稱時，使用了有別於殷商的稱呼——「夏后」與「夏后氏」。〔註104〕楊寬：說「『夏后』即『下后』，本即下土之神，殷周人神視先王，尊先王爲『后』或『夏后』，『后』與『夏

〔註100〕《經》《傳》部分8處：《詩經》1.《左傳》4.《孟子》3。子書部分6處《墨子》1.《晏子春秋》1.《管子》1.《呂氏春秋》3。另《國語》2處。

〔註101〕如《左傳・昭公二十六年》，晏子諫景公禳彗星時引《詩》之語：「《詩》曰：『我無所監，夏后及商。』」《左傳正義》，頁0904。《孟子・公孫丑上》：「夏后、殷、周之盛。」〈萬章上〉引孔子之語：「唐虞禪，夏后、殷、周繼，其義一也。」分見《孟子注疏》，頁0051、0168。《墨子・耕柱》：「夏后氏失之，殷人受之；殷人失之，周人受之。夏后、殷、周之相受也，數百歲矣。」《墨子閒詁》，頁0385。《晏子春秋》卷七〈景公使祝史禳彗晏子諫第六〉：「《詩》曰：『我無所監，夏后及商。』」吳則虞，《晏子春秋集釋》（台北：鼎文書局，1977），頁445。

〔註102〕《經》《傳》部分26處：《周禮》2.《儀禮》1.《禮記》19.《左傳》2.《論語》1.《孟子》1。子書部分5處：《列子》1.《墨子》1.《韓非子》2.《呂氏春秋》1。另外，《國語》也有1處。

〔註103〕說詳傅斯年，〈夷夏東西說〉，《民族與古代中國》，頁30、55。許倬雲說：「由於周人的起源在山西，周人始終不忘本族與山西古族夏人的淵源。周人自謂夏的後人，認夏爲正宗。……夏代建國山西，及於河南，其疆域未及渭水流域。周人自同於夏的心理，只能由歷史記憶中周人老家在山西爲解釋……周人與夏的關係，不能由地望確立，遂只能用歷史淵源爲說了。」《西周史（增訂版）》，頁49。許氏所說的「歷史記憶」、「歷史淵源」可以補強傅斯年舊說。

〔註104〕楊寬認爲「夏后」、「夏后氏」之夏爲上下之下，指出：「夏后即下后即社神之義」，「本爲下土之神或人王之通名，而下土之神最著者莫如鯀禹啓等，于是『夏后』一名乃展轉而爲鯀禹啓等之通名，夏史之系統遂亦因此而組合矣。」楊寬，《中國上古史導論》，《古史辨第七冊上編——古史傳說統論》，頁282、283、286。

后』因此漸爲人王之稱號。周人既自尊其國,以爲乃天之下土,故《周書‧君奭》〈立政〉等篇自稱爲『我有夏』;周人又尊其王,視若天之下后,故《周書‧顧命》自稱爲『夏后』。」〔註105〕楊氏以下釋夏,似乎是他的一己之說,不過他說:「『后』乃用於神視之王」,〔註106〕特重於崇敬的尊稱,卻也道出了周人在使用此一稱呼時的針對性。而就三代王朝的前後關係言,夏是一個王朝的名稱,夏后做爲夏王朝的國君,從周人的立場上來說,未必只如楊氏所說的「下土之神」,因此即使楊氏認爲傅斯年所推測的夏后氏爲諸夏盟長的說法是「近於臆說」,〔註107〕在夏的義涵可以區別爲「歷史上的一段特定時間、一個政權名稱與民族稱呼」〔註108〕的分歧之下,持平而論,恐怕還是以周人普遍性的指稱——夏后即夏王朝的國君——來理解爲宜。

周人對后、夏后的使用有歷史記憶的文化心理,同時也反映了周人對自己國族的始祖「神視」的尊崇。《尚書‧周書‧呂刑》云:「乃命三后,恤功于民,伯夷降典,折民惟刑;禹平水土,主名山川;稷降播種,農殖嘉穀。三后成功,惟殷于民。」〔註109〕禹爲夏王朝的宗神,則此處的稷,在周人的心目中與禹等同,同爲「恤功于民」、「成功」之后。稷的功勞在於「降播種,農殖嘉穀」,是屬於「法施於民」的功烈之祖。《禮記‧祭法》記載國族祀典分別有五種得祀的類型:法施於民、以死勤事、以勞定國、以禦大菑、能捍大患。並列舉厲山氏以下至文王、武王諸「有功烈於民者」,其中厲山氏之子農與稷同類。「農,能殖百穀;夏之衰也,周棄繼之,故祀以爲稷。」〔註110〕《左傳‧昭公二十九年》

〔註105〕《中國上古史導論》,《古史辨第七冊上編——古史傳說統論》,頁 295。
〔註106〕《中國上古史導論》,《古史辨第七冊上編——古史傳說統論》,頁 294。
〔註107〕《中國上古史導論》,《古史辨第七冊上編——古史傳說統論》,頁 293。按傅氏原文是延續「自啓以後方稱夏后」並謂:「排比夏迹,對於關涉禹者應律除去,以后啓以下爲限,以免誤以宗教之範圍,作爲國族之分布。」然後緊接的說道:「所謂夏后氏者,其名稱甚怪,氏是族類,后爲王號,何以於殷曰殷人,於周曰周人,獨於夏曰夏后?意者諸夏之部落甚多,而有一族爲諸夏之盟長,此族遂號夏后氏。」〈夷夏東西說〉,《民族與古代中國》,頁 24。傅氏此處是爲了說明「夏迹」而附帶提及的,本不是爲了分疏「夏后」,而從上面的引文,傅氏特別區分禹與啓,是有意識的以夏后做爲人王,是夏后乃夏王朝的國君。
〔註108〕此一義涵上的區別,是鄒衡在 1990 年於美國加州大學洛杉磯分校舉辦的「夏文化國際研討會上」發表的論文:〈夏文化研討的回顧與展望〉中提出來的。此處引文轉引自杜正勝,〈夏文化可能討論嗎?〉,《古代社會與國家》,頁 882。惟引文文字稍有更動。
〔註109〕《尚書正義》,頁 0298。
〔註110〕《禮記‧祭法》,《正義》指二者皆屬「法施於民」的類型。《禮記注疏》,頁

記蔡墨答魏獻子問社稷五祀時說道：「稷，田正也，有烈山氏之子曰柱爲稷，自夏以上祀之。周棄亦爲稷，自商以來祀之。」〔註111〕《禮記》、《左傳》所指的稷雖然不是人名，然而任稷之官的則是後世所共指的周人始祖棄；重要的是，此周棄被祀爲稷，在周人的認知裡是繼承夏王朝的「農」或「柱」，是周人縮結夏周，並以祀典突顯的歷史述論。

綜合上述，周人稱始祖稷爲后稷與稱夏王爲后，有其國族發展上賡續夏朝的政權意識與體現歷史記憶時的文化心理。〔註112〕

《詩經》中所彰顯的后稷形象大致如此，其後的歷史述論便集中在公劉、太王、王季、文王與武王身上。

《詩經》中周人先王的事迹，后稷之後有數世闕如，至公劉時始有記載。〔註113〕關於公劉時期周民族的歷史，《史記·周本紀》約言〈大雅·公劉〉的內容而推衍：「公劉雖在戎狄之間，復脩后稷之業，務耕種，行地宜。自漆沮度渭，取材用。行者有資，居者有畜積。民賴其慶，百姓懷之，多徙而保歸焉。周道之興自此始。故詩人歌樂思其德。」〔註114〕〈周本紀〉述公劉的功烈在「脩后稷之業」，最大的貢獻在於開啓周民族興盛的契機。復脩后稷之業指在農耕上的經營，而據〈周本紀〉，周自第二代不窋時就「棄稷之官」、「奔

0803。

〔註111〕《左傳正義》，頁 0925。另《國語·魯語上》記展禽因批評臧文仲使國人祭海鳥「爰居」爲「無故而加典，非政之宜」，並申言聖王制祀的情形，文合《禮記·祭法》、《左傳·昭公二十九年》蔡墨之言。唯〈祭法〉云：「夏之衰」，展禽則謂：「夏之興」。《國語》，頁 166。

〔註112〕傅斯年說周人對殷商文化是「一面接受，一面立異」，「周人所以標出來抗殷的是夏」；「且承諸夏正統」「是符合情理的。」見〈新獲卜辭寫本後記〉跋，《民族與古代中國》，頁 184、185。顧頡剛主張后稷是「周民族所奉的耕稼之神，拉做他們的始祖，而未必真是創始耕稼的古王，也未必真是周民族的始祖。」見顧頡剛，〈討論古史答劉胡二先生（5）后稷的實在怎樣？〉，收入顧頡剛編著，《古史辨第一冊中編》，頁 141、142。傅氏的標夏抗殷、周承夏統，說明周人的夏周賡續的文化心理。顧氏則以疑古的精神，申說后稷係重視農業的周族拉來的一個祖神。即如顧說，個人認爲此一文化心理與《禮記》、《左傳》夏人的稷神崇拜不無關連，亦即周人的文化心理反映在歷史記憶中，進而加以述論，是有其夏周統緒意義的內涵。

〔註113〕周人世系自后稷至公劉向來就有異說，《史記·周本紀》公劉爲第四世。《史記·劉敬叔孫通列傳》記劉敬說高祖：「周之先，自后稷，堯封之邰，積德累善，十有餘世，公劉避居豳。」與〈周本紀〉異。分見《新校本史記三家注》，頁 112、2715。

〔註114〕《新校本史記三家注》，頁 112。

戎狄之間」，第四代的公劉既復脩稷業，當覓適合耕稼之地，因而有遷渭之舉。
楊寬就說過：「公劉時期惟一的大事就是遷都到豳」，且「遷都的行動是積極
的，是為了發展農業生產，振興周族，鞏固和擴大這個新建的國家。」「公劉
時代，是周族開始振興的時期。這時創建了國家機構，有計劃的選定和營建
了新的國都，對國都的布局作了適當的安排，在郊外對平原和低地加以開墾，
在高崗一帶駐屯了三支軍隊。在京都，建設了招待族眾集會飲食的廳堂，並
在西區建造了許多宮室。」〔註115〕許倬雲以為：「周人在公劉時代，大約始有
相當的政治組織。」分別為：政治上建立了政治權威形態的「族長權威」(「君
之宗之」)；軍事上組織了三個作戰單位 (「其軍三單」)；經濟上實行整治田畝
的配土政策 (「徹田為糧」)，並且建立了政治中心 (「于京斯依」)。〔註116〕二
氏對於〈大雅‧公劉〉六章詩文的分疏雖有差別，於公劉的重大功烈內容的
詮釋也各有偏重，卻也大為彰明了〈周本紀〉中公劉的形象。

　　〈大雅‧公劉〉所載的歷史，含攝了政治、社會、軍事、經濟等重大形
態的創制與發展情狀，以周人的歷史記憶而言，不論公劉是第四代還是第十
餘代，〔註117〕從后稷以後至公劉，可能是周民族國族發展上相對蹇晦暗的
低潮期；其間的歷史或許荒淹難稽，或許乏善可陳，直到公劉居豳，才再度
奠立周人生蕃壯大的國族基業。公劉遷豳，從〈公劉〉全詩來看，耕稼事務
佔了很大的比重，詩人著意於族人與公劉的同心協力，以及族人對公劉各種
舉措的支持，突顯公劉個人足堪景仰的形象。然則遷豳也是新挑戰的開始，
當時周人在豳地的實際情況，可能有很長的時間仍處於突破困境的階段。〈豳
風‧七月〉中描寫農民一年不得閒的生活景況，不無可能是此一階段的實情。
〔註118〕居豳固然有如〈七月〉所述的艱困，然而卻也為周族的壯大奠立宏基。

〔註115〕《西周史》，頁 027、028、034。
〔註116〕《西周史（增訂版）》，頁 53、54、55。
〔註117〕見注 113。
〔註118〕〈七月〉全詩甚長，所詠以農事為主，詩篇的年代，《毛序》云：「陳王業也。
　　　　周公遭變，故陳后稷、先公風化之所由，致王業之艱難也。」《毛詩正義》，
　　　　頁 0279。白川靜以為：「可能是周公之一族封於太王故地，吟唱經營豳地的
　　　　情形。」若然，則其時間與《毛序》相近。然而白川靜且謂：「(〈七月〉) 這
　　　　首長詩歌詠的農事曆，即所謂行夏之時的夏曆，可知其傳誦的農事曆年代必
　　　　極古遠。」此可視為詩篇所詠的年代早於周公時期。《詩經的世界》，引文見
　　　　頁 203、199。孫作雲將〈七月〉年代分為編成與選輯入宮廷二期，而以周公
　　　　為其中介，雖然沒有明確說明上、下年限，卻主張〈七月〉是《詩經》中最
　　　　早的一首詩。孫作雲，〈讀〈七月〉〉，《詩經與周代社會研究》，頁 203。斯維

〈公劉〉、〈七月〉所描繪的都是社會發展，人群生養的俗世內容，在此階段裡最重要的人物便是公劉。比起后稷的神話形象，公劉則是實實在在，既具體且明晰的人間國度中創業人君，也是周民族追崇祖德宗功時，緬念自豪的先王。在周人的歷史記憶中，如果說后稷是周人繫結夏后的象徵，則公劉足當周族篳路藍縷，宏基丕奠的國族賢王的先驅。〈公劉〉六章，章首始句皆為「篤公劉」，再而三的呼喚賢王，此中的意致，後世讀來，猶見情思。合〈公劉〉與〈七月〉並觀，公劉渭域創業於周族而言，意義既大且明。〔註119〕

公劉之後，周民族長期居於涇、渭的平原區，九傳至古公亶父（太王）又有一次自豳地遷往岐山之下周原的大移徙。〔註120〕其後至文王時復徙都於豐。自古公亶父以後，周族的歷史在《史記・周本紀》有清楚的記載，而出土文物如卜辭與金文乃至《竹書紀年》也有豐富的資料，晚近學界在這一方面已取得可觀的研究成果與詳贍精要的論述，〔註121〕下文將適當的參酌這些

至亦從「王業艱難」的角度，雖不駁詠周公之說，卻也認爲：「（〈七月〉）既然陳述周先公創業之艱難，那麼，它或多或少還保留著公劉居豳的生產情況。」〈公劉遷豳與先周文化兼論魯之東遷〉，收入斯維至，《中國古代社會文化論稿》（台北：允晨文化，1997），頁169。另徐中舒從詩中所述作物種類非豳地與雍州所宜有，斷定〈七月〉是春秋時代魯人用「豳樂」來歌頌魯地生產的作品。徐中舒，〈豳風説〉。楊寬對徐說有駁論。見《西周史》，頁198。前述徐中舒之説轉引自楊書。許倬雲也有類似的主張，可參考。見《西周史（增訂版）》，頁232、233。此處不贅。

〔註119〕公劉之後，太王之前諸先王的事蹟不明，連帶的使周族的歷史有一段長期間的空白，孫作雲認爲「大概因爲在《詩經》中沒有歌頌這些國王的詩，所以他們的事蹟被湮沒。」並指出周人的頌后稷與公劉「這種選擇態度，是可以注意的。」孫氏並沒有進一步加以說明所謂的「選擇」態度何指。《《詩經》與周代社會研究》，頁29，注2。

〔註120〕周民族以周爲國號，究竟始於何時，《史記・周本紀》無說，唯《集解》於古公亶父去豳至岐下句引皇甫謐云：「邑於周地，故始改國曰周。」《新校本史記三家注》，頁114。皇甫謐與裴駰的時代，殷墟猶在地下，如今所見殷墟第一期武丁卜辭中已有數片記載「璞周」、「敦周」、「 周」的甲骨，陳夢家所列即有十六條之多。《殷墟卜辭綜述》，頁291、292。並參《西周史（增訂版）》，頁43；《西周史》，頁035～036。可見皇甫謐之說不確。楊寬認爲周的國號早於古公亶父即有，楊氏説：「『周』的國號，可能是武丁給的」，又説：「『周』的國號早在建都豳的時代已經存在」。《西周史》，頁037、038。周人都豳始於公劉，止於古公亶父，武丁的時代爲與古公亶父並世的商王武乙前三世，則楊氏所指時期爲武丁。唯以前述陳夢家所引而言，周的稱謂起於何時，未知，但至少武丁時已有。

〔註121〕這方面的研究，最爲精詳的論述以許倬雲與楊寬的著作爲代表。分見《西周史（增訂版）》，頁55～70。《西周史》，頁035～077。

論述，以《詩經》爲主，說明周人對太王以下至滅商時期，近似於周王朝肇建的近代史的歷史述論，一來說明此一歷史述論的中心意旨，二來甄別這階段的歷史述論與后稷、公劉時期歷史述論的延續與差異。

首先根據〈周本紀〉，簡要條舉太王至武王四世重要的事蹟內容。古公亶父（太王）：

> 復脩后稷、公劉之業，積德行義。避戎狄至岐下，行仁，他國多依。
>
> 貶戎狄之俗，營築城郭室屋，別邑居民。

王季〈季歷、公季〉：

> 脩古公遺道，篤於行義，諸侯順之。

文王（西伯）：

> 遵后稷、公劉之業，則古公、公季之法。賢士歸之。紂使西伯得征伐。決獄虞、芮，諸侯謂西伯蓋受命之君。伐犬戎、伐密須、敗耆、伐邘、伐崇，作豐邑，自岐下徙都豐。益八卦爲六十四卦。改法度制正朔，追尊古公爲太王，公季爲王季。

武王：

> 脩文王緒業，誓師伐紂，滅商，受天明命。襃先聖王、封功臣謀士。
>
> 問殷亡於箕子。

四王概都「脩」、「遵」前王之業、遺道、緒業。其間稍有差異：太王、王季不載征伐，文王、武王則武事頻舉。而諸侯歸依則同。是四王或以仁義服人，或以武舉壯大，至文、武二世於是成爲「受命」之君。〈周本紀〉是史書的體例，史公爲漢人，敘事雖精，然而終非周人的立場，要了解周人的歷史記憶所投射的歷史述論旨趣，還是要回到《詩經》的文本（《尚書》的部分見下章）。先說太王與王季。

太王事蹟見於《詩經》的有〈周頌·天作〉：

> 天作高山，太王荒之。彼作矣，文王康之。彼徂矣，岐有夷之行，子孫保之。

〈魯頌·閟宮〉：

> 后稷之孫，實維太王。居岐之陽，實始翦商。至于文武，纘太王之緒。

〈大雅·緜〉：

> 緜緜瓜瓞，民之初生，自土沮漆。古公亶父，陶復陶穴，未有室家。

古公亶父，來朝走馬。率西水滸，至于岐下。爰及姜女，聿來胥宇。
周原膴膴，菫荼如飴。爰始爰謀，爰契我龜。曰止曰時，築室于茲。
迺慰迺止，迺左迺右。迺疆迺理，迺宣迺畝。自西徂東，周爰執事。
乃召司空，乃召司徒，俾立室家。其繩則直，縮版以載，作廟翼翼。
捄之陾陾，度之薨薨。築之登登，削屢馮馮。百堵皆興，鼛鼓弗勝。
迺立皋門，皋門有伉。迺立應門，應門將將。迺立冢土，戎醜攸行。
肆不殄厥慍，亦不隕厥問。柞棫拔矣，行道兌矣。混夷駾矣，維其
喙矣。

〈大雅·皇矣〉：

皇矣上帝，臨下有赫。監觀四方，求民之莫。維此二國，其政不獲。
維彼四國，爰究爰度。上帝耆之，憎其式廓。乃眷西顧，維此與宅。
作之屏之，其菑其翳。修之平之，其灌其栵。啟之辟之，其檉其椐。
攘之剔之，其檿其柘。帝遷明德，串夷載路。天立厥配，受命既固。

《詩經》所載王季的事蹟見諸〈大雅·大明〉：

摯仲氏任，自彼殷商，來嫁于周，曰嬪于京。乃及王季，維
德之行。太任有身，生此文王。

〈大雅·皇矣〉：

帝省其山，柞棫斯拔，松柏斯兌。帝作邦作對，自太伯王季。維此
王季，因心則友。則友其兄，則篤其慶，載錫之光。受祿無喪，奄
有四方。

維此王季，帝度其心，貊其德音。其德克明，克明克類，克長克君。
王此大邦，克順克比。比于文王，其德靡悔。既受帝祉，施于孫子。

前述公劉在周人的歷史記憶裏，是個既具體且崇高的人君，爲周族奠立突破
的宏基，然而其後八王則晦暗不明，如果以武丁時代的卜辭所記多有征討周
人的內容來看，周族這段時間可能正處於與周邊民族爭生存，同時也和殷商
王朝處於某種程度的對立乃至臣服階段；〔註122〕就國族歷史而言，不是什麼
光榮的時期，就〈頌〉、〈大雅〉的性質說，似乎也不合美頌的宗旨。就此而
論，則太王時的歷史，顯然是此一長期晦暗之後的突破。〈緜〉、〈皇矣〉力頌
太王的相地、闢野、築室、立邑、作廟，而結以「天立厥配，受命既固」，亦
即太王在穩定物質條件，安頓社會秩序，確立宗教祭祀等國族大事之後，逐

<hr>

〔註122〕詳參《西周史（增訂版）》，頁55、56、69、75。

漸累積強大的實力基礎。受命云云，未免誇大，然而三世之後即取代殷商，推其原由，則周人藉由太王事功而引為國族丕興的歷史述論，一以掃除公劉之後的隱晦，一以延展其後的顯功，有其意涵。準此而論，則〈閟宮〉說太王「實始翦商」，雖然不是真正對殷商進行政權爭霸，卻多少改變了武丁時期殷周之間的態勢。〔註123〕由此以下，周人的國族發展有了長足的躍進。

太王之後的王季，以國族征伐拓土而言，就後世的史籍與考古資料合觀，是多方經營且獲得具體可觀成果的時期，〔註124〕與殷商王朝的關係也進入了密切與緊張的階段。《竹書紀年》記載王季與殷商及戎狄（翟）關係即有七至九則之多。〔註125〕其中征戰除了伐燕京之戎，周師大敗之外，其餘伐西落鬼戎、余無之戎、始呼之戎、翳徒之戎等皆為捷報。燕京之敗在伐鬼戎之後，繼之三伐三捷，文丁且「九命（王季）為伯」，而止於遭文丁所殺。〔註126〕可見王季的武烈，也反映了周族強大的事實。王季時代的征戰，除了為殷商禦戎除患，獲得殷王的嘉賞如武乙賜地三十里，玉十殼，馬八匹（《古本竹書紀年》八作十）及文丁（《今本竹書紀年》文作太，今據方詩銘、王修齡，《古本竹書紀年輯證》改）命為殷牧師之外，周族當也因此際會而更形壯大，乃至對殷王朝形成了威脅；武乙雷斃河渭，文丁殺王季，學者頗疑係周族坐大引起殷王朝防制反側的結果。〔註127〕王季既然有如此顯赫的武功與成就，尋常而論，周人宜有相當的頌揚，然而《詩經》的記載卻非如此。王季征伐不見於〈頌〉，而〈大雅〉中除了〈皇矣〉一句「奄有四方」的概括之語，隱含有武烈的可能外，全無隻字及

〔註123〕 許倬雲引徐中舒論太伯仲雍遠去東南建立吳國為經營南土之舉，說道：「徐氏之說如果誠然，太王翦商的策略，實由泰伯仲雍南征為始。」《西周史（增訂版）》，頁84。

〔註124〕 說詳《西周史（增訂版）》，頁82～84。

〔註125〕 七則，《竹書紀年》今、古本明書王季事蹟，且內容全同，唯文字稍有出入，文句長短亦間有別。另《今本》於「周公亶父薨」後三年，載「周師伐程，戰于畢，克之」，後六年「周師伐義渠，乃獲其君以歸」《古本竹書紀年輯證》，頁228。參稽《古本》，除武丁三十五年書「周王季伐西落鬼戎」明書王季外，餘皆但書「周人」，則《今本》的「周師」與《古本》的「周人」明為王季。

〔註126〕 王季五次征伐，今、古本《竹書紀年》繫年相同，分別為：武乙三十五年伐西落鬼戎，文丁二年伐燕京之戎，文丁四年伐余無之戎，文丁七年伐始呼之戎，文丁十一年伐翳徒之戎。文丁殺王季之年，《古本》繫於文丁十一年後，唯未載明年次。王國維《今本竹書紀年疏證》繫於十一年後，十二年前。文丁「九命（王季）為伯」亦繫於此。《古本竹書紀年輯證》，頁33～36、227～229。

〔註127〕 《西周史（增訂版）》十，頁67、82。

於武事；要說周人闇於王季征伐之事，以戰國時期魏人的《竹書紀年》尙明年代，而於時屬周王朝成立前三世史事卻不明，實屬不通。此中因由，宜從周人對祖先所代表的階段發展與個別特質加以分疏，亦即周文化中屢屢強調的德性特質上加以把握、釐清。以此而言，王季適可做爲區別前後差異的代表。德在《詩經》中頻頻出現，若以之與周族祖先縐結，最爲彰明的當然是文王，而最早出現在個別祖先身上的當屬王季。〔註128〕〈大明〉：

> 乃及王季，維德之行。

〈大明〉，《毛序》總括全詩八章章旨云：「文王有明德，故天復命武王也。」於「乃及王季，維德之行」，《鄭箋》謂：「摯國中女大任從殷商之畿內嫁爲婦於周之京，配王季而與之共行仁義之德」。〔註129〕〈大明〉固然多稱文王之德，只是次章但言王季娶太任事，與文王不涉。《鄭箋》合太任來嫁事以釋「維德之行」，於文句雖亦可通，然則若合〈皇矣〉第三、四章合觀，則「維德之行」更可能是指王季。〈皇矣〉第三章：

> 帝作邦作對，自太伯王季。維此王季，因心則友。則友其兄，則篤
> 其慶。受祿無喪，奄有四方。

《鄭箋》云：「王季之心親親而又善於宗族，又尤善於兄太伯，乃厚明其功美，始使之顯著也。太伯以讓爲功美，王季乃能厚明之，使傳世稱之，亦其德也。」〔註130〕方玉潤說王季友愛爲至德。〔註131〕第四章：

> 維此王季，帝度其心，貊其德音。其德克明，克明克類，克長克君。
> 王此大邦，克順克比。

《孔疏》稱：「王季之德比於經緯天地，文德之周王」、「王季賢德之大能比聖人」、「王季之德比於文德之王」。〔註132〕王季有仁義之德，有友愛之德，有經緯天地的文德，有比於聖人的賢德；較諸於后稷、公劉、太王，德性的人格遠出於三祖之上。王季之後，文王之德特別突顯，若合文王征伐之事（詳後）觀之，其中意致頗堪玩味。

〔註128〕〈大雅・皇矣〉雖有「帝遷明德，串夷載路」之語，唯古來說法都認爲是指應「文王之德」。見《毛序》、《毛傳》、《鄭箋》、《孔疏》。《毛詩正義》，頁0567～0569。從〈皇矣〉首章所述重在闢地來看，太王率民作新邑固然有其人君之德，只是也止於此，與王季在〈大明〉、〈皇矣〉的德性有別，說詳正文。

〔註129〕《毛詩正義》，頁0540。

〔註130〕《毛詩正義》，頁0569。

〔註131〕《詩經原始》，頁209。

〔註132〕《毛詩正義》，頁0570。

前文據《竹書紀年》知王季的武功燿燿,同時受殷王之命爲諸侯之長的「牧師」、「伯」;然而周人略此不論,專美王季的人格,其中可能有避王季被文丁所殺之諱的用意在。畢竟雖有如此顯赫的功烈,爲前世所未曾有,卻也因此功烈而遭誅殺。以《詩經》中所詠頌的先王而言,遭殷王所殺的就只王季一人。有功而遭殺,對周人來說或有莫名之痛,是以捨武事而述文德;至於武事,但以「奄有四方」略存影迹。〔註133〕而即使如此隱晦,卻也點出了王季在征伐事業上,是要比后稷、公劉、太王來得有成就。周人對王季的頌揚,彰文德而隱武烈,並非闇於史實,而是反映了周人尚德的文化心理,同時也是周人歷史述論上受命有天下的道德主體的轉化。試比較周人詠頌太王與王季的內容,太王所重依然不離農事層次的經濟發展,如〈緜〉、〈皇矣〉,至於王季,則農事甚微,代之以德性人格的彰顯。細繹個中消息,不難窺見周人的國族歷史述論是有認知上與演繹上的轉化心思。而順著這種區別意識,周人受命有天下的基礎得以轉入另一抽象的內涵,亦即含攝外在的與物質的基礎,同時超越此一基礎的內在精神與德性,並將二者緊緊相扣,具體且彰明的集中在文王身上。

《詩經》中對人物的描繪、詠頌、褒貶揚抑的類型眾多,其中以文王最爲突顯,直接或間接涉及文王的也最多。以形象論,全屬正面,以作爲言,則武烈之外,更多的是仁義之舉。換言之,不論是武功或是文德,都圍繞著文王崇高的德性人格。詩篇的詠頌便在此一文化心理的集體褒美意識下,將文王塑造成超邁古賢的先王,同時也將周人取代殷商的抽象且神聖的「天命」、「受命」理論與實際,落實到文王身上。

〈頌〉與〈大雅〉諸多篇章充滿對文王的褒讚之詞,且篇什之首皆始於文王,如〈周頌〉的〈清廟〉,〈大雅〉的〈文王〉。〈頌〉、〈大雅〉詠文王的內容與性質不外文德與武事,其中文德又重於武事,而二者的結合,又建構了文王受天命此一政權轉移過程中,道德實踐在俗世彰顯的眞實性與決定性。文王的德性,一方面是文王個人的特質,另一方面則經由對文王德性的型範化,使此一個人的特質擴大爲周民族集體效法的勸勉與遵行的制約。〈周頌·清廟〉:〔註134〕

〔註133〕楊寬以爲「奄有四方」係太王傳位給季歷,而別以太伯、仲雍創建虞國以作爲向東方開拓的據點的戰略措施,是與太伯合作共同開拓領土的結果。《西周史》,頁60。

〔註134〕《毛序》謂:「〈周頌〉者,周室成功致太平德洽之詩,其作在周公攝政,成王即位之初。」《正義》云:「祖父未太平而子孫太平,頌聲之興係於子孫,〈周

濟濟多士，秉文之德。

〈維天之命〉：

維天之命，於穆不已。於乎不顯，文王之德之純！

〈維清〉：

維清緝熙，文王之典。〔註135〕肇禋，迄用有成。維用之禎。

〈我將〉：

儀式刑文王之典，〔註136〕日靖四方。

〈大雅・文王〉：〔註137〕

上天之載，無聲無臭。儀刑文王，萬邦作孚。

〈皇矣〉第四章：

（先言王季之德，繼稱）比于文王，其德靡悔。既受帝祉，施于孫子。

第七章：

帝謂文王，予懷明德，不大聲以色，不長夏以革，不識不知，順帝之則。

上引七例，集中在「德」此一道德性的強調，且此一道德人格又有足堪爲典範的普遍質素；以文王言，是特爲獨具的崇高本質，於周人則爲共同資產的普遍價值。同時，此一德性又是周人能否受天福佑，受帝福祉的精神體現。一旦具有此一崇高的質素，在天的眷顧上便取得了優於其它競爭者──包括殷商──的優勢，如此人格，是上天所讚許的，以具有上天所讚許的德性，縱使文王奮伐武烈，也就都是順應上天的意思，具有絕對的正當性。文王征

頌〉是也。」又云：「祭宗廟之盛，歌文王之德，莫重於〈清廟〉，故爲〈周頌〉之首。」〈清廟〉，《毛傳》云：「祭有清明之德者之宮也，謂祭文王也。天德清明，文王象焉，故祭之而歌此詩。」所言皆指文王之德。引文分見《毛詩正義》，頁 0703、0704、0706。

〔註135〕「文王之典」，《鄭箋》釋爲「文王有征伐之法。」《毛詩正義》，頁 0710。然而典除可訓爲法，尚可訓爲常，參見下註。

〔註136〕「儀式刑文王之典」，《毛傳》云：「儀，善；刑，法；典，常。」《鄭箋》謂：「儀則式象法行文王之常道。」是訓典爲常道。《正義》亦以常道訓典。《毛詩正義》，頁 0717、0718。據此則典與其說是「征伐之法」，不如說是文王德性的常道。

〔註137〕〈文王〉，《毛序》云：「文王受命作周也。」《毛傳》：「受命，受天命而王天下，制立周邦。」《正義》謂：「作〈文王〉詩者，言文王能受天之命而造作周邦，故作此〈文王〉之詩以歌述其事也。」《毛詩正義》，頁 0531。

伐，見於〈大雅‧皇矣〉與〈文王有聲〉。〈皇矣〉：

> 帝謂文王，無然畔援，無然歆羨，誕先登于岸。密人不恭，敢距大
> 邦，侵阮徂共。王赫斯怒，爰整其旅，以按徂旅，以篤于周祜，以
> 對于天下。

> 帝謂文王，詢爾仇方，同爾弟兄；以爾鈎援，與爾臨衝，以伐崇墉。
> 臨衝閑閑，崇墉言言。執訊連連，攸馘安安。是類是禡，是致是附，
> 四方以無侮。臨衝茀茀，崇墉仡仡。是肆是伐，是絕是忽，四方以
> 無拂。

〈文王有聲〉：

> 文王受命，有此武功，既伐于崇，作邑于豐。文王烝哉！

「無然畔援，無然歆羨，誕先登于岸」，《鄭箋》云：「無如是拔扈者，妄出兵也；
無如是貪羨者，侵人土地也；欲廣大德美者，當先平獄訟、正曲宜也。」〔註138〕
不隨便發動戰事，不侵奪他國疆土，是一種自我克制的德性；能平正獄訟曲直，
是深得旁人信賴的正直德性。具備了這些上天所稱許的德性，不僅「諸侯皆來
決平」，而虞、芮慚讓，更讓諸侯認爲文王「蓋受命之君」。〔註139〕不僅征討密
須爲天下民心歸嚮，〔註140〕征討強大的崇國也得到四方的支持。因此〈緜〉頌
詠道：「虞芮質厥成，文王蹶厥生。予曰有疏附，予曰有先後，予曰有奔奏，予
曰有禦侮。」上下相親有道，宣明德譽、折衝禦侮，莫不緣於文王有至德，始
能廣大王業。〔註141〕〈文王有聲〉稱頌道：「文王受命，有此武功」，不只伐崇，
其餘向四方的征戰，都可視爲上天讚許文王有德，並且支持文王從事武烈的應
許。換言之，文王在人世的作爲都深契上天尚德的要求，當然，周人特別突顯
文王之德有他們政治宣傳的用意在；此外，文王的時代適當殷商文丁晚年與帝
乙、帝辛在位時，其中帝辛又是周人心中上帝所棄的昏暴之君。〈文王〉所說的
「殷之未喪師，克配上帝」，到了商紂時已是如〈大明〉所稱的：「天位殷適，
使不挾四方」以及〈蕩〉所指責的：「天降慆德」、「彊禦多懟」、「歛怨以爲德」、
「不義從式」諸多悖德舉措不絕的時代。較諸商末昏君，文王是「緝熙敬止」

〔註138〕《毛詩正義》，頁 0571。
〔註139〕《史記‧周本紀》。《新校本史記三家注》，頁 117。
〔註140〕《正義》釋「以對于天下」爲「以對爲答者，以天下心皆嚮己，舉兵所以答
之。」《毛詩正義》，頁 0572。
〔註141〕《正義》：「言文王之德所以至如此者」、「廣其德而王業日益大」。《毛詩正義》，
頁 0551。

（〈文王〉）、「心小翼翼，昭事上帝」（〈大明〉），因此得有「令聞不已」（〈文王〉）。

　　周人對文王的著意於德性崇隆的褒美與征伐戰事的受天所許，在周人的歷史記憶中，固然因時代相近而有鮮明的圖像，而當周人形諸於詩文時，此中的歷史述論，已非單純的個人事功的懷思與詠頌，而是含攝了比較與對照的意涵；這種意涵一方面是區別文王與其前先公先王，除了同具國族肇建發展的功業之外，文王之德又超出了先公先王。另一方面則是藉由文王之德以對照商紂的昏暴，突顯二者面對上天的揀選時，條件上的優劣，以落實文王受命的正當性與必然性。可以說，周人這一番歷史述論的心思，緊緊扣住文王時期的政治現狀，也因此，它的政治宣示痕迹非常清楚。這麼說不是爲了否定文王之德，其實文王之德的實際情狀爲何，只透過周人單向的述論並不能求其完備，同時，所謂述論必藉由載記加以疏理；文王有如此美善的德性，具見於前述的詩篇，就詩文而論，這般的尋繹推敲，當不至於太過。

　　文王的德性既是如此突出，則「赫赫在上」的天降下大命，便是理所當然，實至而名歸。周人的天命觀是一種動態的意志，〈文王〉所謂的「天命靡常」中的「靡常」，從變異與比較的角度觀察，未嘗不是一種「常」態，它的檢證基礎是德性；因此，德性是天命予奪的判準，這便是「常」。當殷的先哲王能保有德性時，天命所在不會移諸其它；反之，則縱使殷商仍有億萬子孫，天還是會捨棄它所曾經屬意、眷寵的王朝。殷商末代三王，國力不是陵夷不堪，然而殷人終究不免「侯服于周」、「裸將于京」，從〈周頌〉、〈大雅〉特別將此一殷商國族衰替的政權變化，緊緊扣住文王的盛興來看，殷商的失天命與周人的受天命，其實是一體兩面，其中的樞機便在於最高統治者德性的高低。進一步說，當政權更迭的決定因素不再侷限於外在條件的優劣時，赤裸的武裝鬥爭的重要性便隨之而降低或淡化，相對的，訴諸於天命依違的德性主體也就有更爲深邃的意義。從這個面相來省視，不只文王受命有具體的個人特質的崇高性，也爲武王伐紂滅商提供了理論基礎以及實際行爲的動力來源。

第四節　周人歷史述論對象的時代分期──武王之後

　　相較於文王，〈周頌〉與〈大雅〉中的武王，德性的質素極爲淡然。縱使有，也只是依傍於文王之後。〈周頌・我將〉，《毛序》認爲是「祀文王於明堂」

的廟歌，〔註142〕高亨則將此詩列入所謂的〈大武樂〉六章之首，是武王在出兵伐殷時，祭祀上帝和文王以祈求獲佑的廟歌，孫作雲則持異議。〔註143〕〈我將〉是否是〈大武樂〉之一，姑且不論，然而從詩文來看，總不離文王：

> 儀式刑文王之典，日靖四方。伊嘏文王，既右饗之。我其夙夜，畏
> 天之威，于時保之。

詩中的「我」不懈夙夜，「畏天之威，于時保之」，自然是在緬思文王之後所生的自惕自儆之意，因此，這個「我」是文王之後的周王，當然有可能是武王。孫作雲不主〈我將〉爲〈大武樂〉之一，卻也沒有說不是武王祭文王之詩。〔註144〕準此，若是武王，則所不敢懈怠的是效文王敬畏上天之德。另外，〈大雅‧下武〉，《毛序》云：「繼文也。武王有聖德，復受天命，能昭先人之功焉。」〔註145〕〈下武〉：

> 下武維周，世有哲王。三后在天，王配于京。
> 王配于京，世德作求。永言配命，成王之孚。
> 成王之孚，下土之式。永言孝思，孝思維則。
> 媚茲一人，應侯順德。永言孝思，昭哉嗣服。
> 昭茲來許，繩其祖武。於萬斯年，受天之祜。
> 受天之祜，四方來賀。於萬斯年，不遐有佐。

「世德」、「順德」，《鄭箋》謂：「世世積德」、「《易》曰：『君子以順德積小以高大』」。〔註146〕詩不稱武王之德，而概以承受三后之德闡明武王能紹述前人之志的「孝」思。〔註147〕揆諸《詩經》，稱孝雖不始於武王，如〈大雅‧文王有聲〉：「遹追來孝」，《鄭箋》云：「文王述追王季勤孝之行。」〔註1489〕唯成

〔註142〕 《毛詩正義》，頁0717。
〔註143〕 高亨，《周頌》考釋。轉引自程俊英、蔣見元，《詩經注析》，頁945。關於〈大武樂〉六章究爲那六章及其順序，孫作雲曾爲文探討並列表排比眾說，孫氏主〈我將〉不在六章之列。詳參孫作雲，〈周初大武樂考實〉，《《詩經》與周代社會研究》，頁239～272。表見頁，258。
〔註144〕 孫作雲，〈周初大武樂考實〉，《《詩經》與周代社會研究》，頁249。
〔註145〕 《毛詩正義》，頁0581。
〔註146〕 《毛詩正義》，頁0581。
〔註147〕 《中庸》：子曰：『武王、周公其達孝矣乎！夫孝者，善繼人之志，善述人之事者也。』《禮記注疏》，頁0885。《大學》：「《詩》云：『穆穆文王，於緝熙敬止！』爲人君，止於仁，爲人臣，止於敬；爲人子，止於孝；爲人父，止於慈。」《禮記注疏》，頁0984。
〔註1489〕 《毛詩正義》，頁0583。

康之前，卻以武王爲顯。除了上引〈下武〉，尚有〈周頌·雝〉：

> 假哉皇考，綏予孝子，宣哲維人，文武維后。

《鄭箋》謂：「皇考，斥文王也。文王之德乃安我孝子，謂受命定基業也。」
〔註149〕受命定基業爲「皇考」文王，則孝子指的是武王。武王能繼文王之志，
述文王之事，足堪稱孝，然終非類如文王至德的德。〈大雅·卷阿〉：

> 有馮有翼，有孝有德，以引以翼。

孝、德別稱，是孝自是孝，德自是德。武王有孝思孝行，表現的是完成了伐
紂滅商的武烈。〈周頌·武〉：

> 於皇武王，無競維烈。允文文王，克開厥後。嗣武受之，勝殷遏劉，
> 耆定爾功。

〈賚〉：

> 文王既勤止，我應受之。敷時繹思，我徂維求定。

〈武〉、〈賚〉同屬〈大武樂〉，並頌揚武王克商有天下，詩言「嗣武受之」，「我
應受之」，指的是繼續文王征伐的事業。類似的詠頌，亦見於〈桓〉：「桓桓武
王，保有厥士，于以四方，克定厥家」。而此一征伐事業集中於伐紂的牧野之
戰。《詩經》中描述戰爭情狀，在克商之前，以〈皇矣〉的文王伐崇與〈大雅·
大明〉的牧野之役最爲突出。〈大明〉：

> 殷商之旅，其會如林。矢于牧野：「維予侯興，上帝臨汝，無貳爾心」。
> 牧野洋洋，檀車煌煌，駟騵彭彭。維師尚父，時維鷹揚。涼彼武王，
> 肆伐大商，會朝清明。

前章突出會戰的決心，後章結以會戰捷報，二章並見雙方軍容之盛以及周軍
高昂的鬥志，具體總結了周人自王季經文王以至武王軍事征伐、四方拓土，
終於完成了「翦商」，此一與殷商爭強，漫長的國族軍事行動的總目標。

武王的功業，見諸《詩經》的尚有遷都於鎬、建築辟廱一事值得注意。〈文
王有聲〉：

> 鎬京辟廱，自西自東，自南自北，無思不服。皇王烝哉！
> 考卜維王，宅是鎬京。維龜正之，武王成之。武王烝哉！
> 豐水有芑，武王豈不仕。詒厥孫謀，以燕翼子。武王烝哉！

鎬京，後世常與豐都合稱豐鎬，是西周的國都，亦稱宗周或簡稱周。其地去
豐邑二十五里，中隔灃水，面積約有八平方里。楊寬認爲是武王克商後，豐

〔註149〕《毛詩正義》，頁 0734。

邑不敷使用，因而向東開拓，另爲營築的都城。〔註150〕上引三章詩旨，略言大要：首章強調建築舉行重要典禮、宣佈政令的辟雍具有使四方臣服的政治作用；次章說明占卜定鎬乃符合天命之舉；終章總承前二章的創制爲澤及子孫的善謀。〔註151〕簡言之，詩文約言武王服天下、應天命、遺福澤之功，而以遷都鎬京並建辟雍一事加以概括。此詩文一以記史實，一以述功業，合而觀之，意在顯明武王是具有紹繼先王、順承天命以及深謀遠慮，光前裕後的哲王。

小結《詩經》對武王的頌詠，武王的文德雖然不如文王，武烈的基礎主要也是文王所建立的，然而武王善於繼志述事，並推擴文王的功業，以建立新王朝，取得周人國族發展上最大的軍事與政治成就。因此，武王所「仕」，在爲其後代的子孫確立善謀，以功澤而言，也算是另外一種德性了。

周人透過國族歷史的記憶與歷史圖像所呈現的歷史述論，從上面的疏理來說，環繞著幾個最重要最顯赫的先公先王而展開。它含括了時間的縱深，此一時間縱深固然有部分的斷裂與空白，其中的緣由已難求索，縱使如此，卻不礙大體上的發展脈絡的疏通。其次也經由遷徙點出空間上的移異，並突出周人在移徙過程中，經濟生活的經營以及宗教崇拜的規制，含有物質基礎與精神生活的層面。第三，結合時間的縱深與空間的展佈，逐漸累積向外拓展所必需具有的國力基礎，武裝征討於是逐次的成爲歷史記憶中的重要成分。第四，在前述三者有關於史事的歷史記憶裏，承負重責大任的是特出顯赫的國族領袖，這些國族領袖之所以能推進周族的興盛，是因爲他們都具有超邁常人的識見，也擁有崇隆的個人特質。概言之，都有某種足爲效法、典範的德性，這些德性容有程度上的差異，卻不礙做爲垂訓的典型。因此，周人在武王之前的歷史述論，幾乎全屬周人的國族記憶，對於其前的夏商二代的歷史鮮少著墨，偶而提及也只爲了顯示自己國族肇始的悠久與聯繫。如〈周頌·時邁〉：「我求懿德，肆于時夏」，〈周頌·思文〉：「無此疆爾界，陳常于時夏」。〔註152〕或爲了彰明殷商的悖離天道，並突顯周人有天命的正當性，如

〔註150〕《西周史》，頁 110。鎬京遺址地望、面積見胡謙盈，〈豐鎬地區諸水道的踏察——兼論周都豐鎬位置〉，原刊《考古》四期，1963。轉引自《西周史》，頁 110。
〔註151〕詩意參酌楊寬的說明而略有改異。見《西周史》，頁 109。
〔註152〕「時夏」的「夏」，《毛序》釋大，《鄭箋》說是「樂歌大者」，《孔疏》據《毛》、《鄭》申言爲九夏的樂歌。《毛詩正義》，頁 0720、0721。朱熹則以中國釋夏。

〈大雅・文王〉：「商之孫子，其麗不億。上帝既命，侯于周服」、「侯服于周，天命靡常。殷士膚敏，祼將于京」、「殷之未喪師，克配上帝，宜鑒于殷，駿命不易」；〈大明〉：「天位殷適，使不挾四方」；〔註153〕以及〈蕩〉第二章至第八章假託文王的口吻，以「文王曰咨，咨女殷商」破題，對於商紂如何悖天失德進行指控等。在這種思維下展開的歷史述論，時間的縱深，空間的展佈，征伐的推擴，悉數環繞在人物行止與特質此一主軸之上。可以說，周人歷史述論的基調是人，尤其是顯赫的先公先王。這種歷史述論有清礎的針對性，因此就不免有它的侷限，即使如此，此一以顯赫人物為主軸的歷史述論，便成了周人闡明歷史發展動力的中心思想。

以武王克商為分界，周王朝建立以後的歷史述論，除了原先的征討軸線與文德基調的鋪陳，隨著政權的擴張，面對的是整個天下秩序如何控馭，以及伴隨時間的推衍而產生了複雜的社會經濟問題。因此，呈現的述論內涵除去追懷先公先王的功德之外，更加突出了對於晚近與當下情狀的思索。這一現象表現在周公、成王以後的歷史述論，便具有更為迫切的戒慎恐懼以及虔敬憂患；同時也因為現象的複雜超過了先公先王的時期，且一旦出現某種程度的陵夷動盪卻又沒有得到必要的處置或安頓，隨之產生的忿懟怨懟便會形諸於比較激切的批判或指責。這種批判或指責當然是由現實困境所激發出來的，有它明確的現實性，而它之所以會顯出忿懟怨懟的張力，一個重要的動力來源，是來自於與過往國族奮昂蹄厲的歷史相比較的結果。

武王在滅紂之後，隨即對天下秩序進行一番安排，如分封異姓、同姓諸侯以及對四方部族或方國採取安撫、征伐，〔註154〕此一舉措取得一定的實際成效，只是在位沒幾年便過世。〔註155〕因此，這些安邦定國的政策，便落在

《詩集傳》，頁 226。許倬雲則認為是「周人自謂夏的後人，認夏為正宗」，詩文「時夏」，乃「都以夏作為自己的疆域看待。」《西周史（增訂版）》，頁49。許說近於朱熹。要之，夏為樂也好，是疆域也好，與夏代的夏都有關係。且以「時夏」之稱對照「時周」（〈周頌・賚〉、〈周頌・般〉）來看，其中用語，或有所聯繫。

〔註153〕「天位殷適，使不挾四方」，于省吾說位為立，適為敵。全句「言天立殷敵，使不能挾有四方也。」見于省吾，《澤螺居詩經新證　澤螺居楚辭新證》（北京：中書書局，2003），頁 33、34。

〔註154〕詳見《西周史》，頁 113～126；《西周史（增訂版）》，頁 107～173。

〔註155〕關於武王克商後的在位年數，向來就有多種說法，計有 2、3、4、6、7、8年六說。總之，時間都不長。詳見朱鳳瀚、張榮明，〈西周諸王年代研究述評〉，收入二氏合編，《西周諸王年代研究》（貴陽：貴州人民出版社，1998），頁

後繼的周公與成王身上，尤其是對東方的經營，包括再征伐與持續封建。

對東方的再征伐，是周王朝建立後最嚴峻的考驗，攸關周王朝是否能安定四方，確保得之不易的天下，重要性不下於牧野之役。東征大業，繫於周公一身，然而，觀諸《詩經》，對周公的詠頌，雖非闕如，卻也不顯。〈魯頌·閟宮〉一言「周公之孫」，一稱「周公皇祖」，指的是魯侯所自出，無關緊要。〈豳風〉七篇，舊說爲周公所作或美周公之作，〔註156〕然而，自《毛序》後，多有異說。〔註157〕這些質疑主要是基於詩文的解讀，有其就詩論詩的理據，當然，風詩具有民謠的屬性，常以比興的手法傳達詩旨；因此，除了詠物敘事以達意，也不能排除對人物的寄寓可能。以豳地而言，至平王東遷，該地始爲秦所有；且豳是公劉創業的地域，留有祖宗時代的歌謠，事屬正常，故《周禮·籥章》記豳籥有〈豳詩〉、〈豳雅〉、〈豳頌〉，胡承珙說是「以詩入樂，各歌其類，合乎〈雅〉、〈頌〉故也。」〔註158〕〈豳風〉中最爲人注意的是〈七月〉，全詩 397 字全屬農事之述。此詩即使不是周公所作，亦可能如《毛序》所說是周公所「陳」。〔註159〕周公陳先民勤於農事，〈七月〉不言祖德，而勤恪之意在焉，周人不美周公，然則周公緬念先祖之思在焉，也是另一種對周公致力輔弼成王的寄寓。準此，〈鴟鴞〉以禽鳥爲喻，顯現居危處困卻不輕易

388～433。該文廣蒐自古至今，各種文獻資料以及中外研究成果，而加以摘要評述，允爲西周諸王年代研究最精覈的文章。同時爲了便於對照，作者別制〈西周諸王年代諸說一覽表〉，共列了 11 種文獻，31 家說法，得出前舉的六個年代。見該書頁 432。

〔註156〕〈豳風〉七篇，依《毛序》所言，皆涉及周公。〈七月〉:「陳王業也。周公遭變，故陳后稷先公風化之所由，致王業之艱難也」，〈鴟鴞〉:「周公救亂也。成王未知周公之志，公乃爲詩以遺王」；〈東山〉:「周公東征也。周公東征三年而歸，勞歸士，大夫美之」；〈破斧〉:「美周公也。周大夫以惡四國焉」；〈伐柯〉:「美周公也。周大夫刺朝廷之不知也」；〈九罭〉:「美周公也。周大夫刺朝廷之不知也」；〈狼跋〉:「美周公也。周公攝政，遠則四國流言，近則王不知，周大夫美其不失其聖也」。分見《毛詩正義》，頁 0279、0292、0294、0300、0301、0302、0303。據《毛序》，七篇中，〈七月〉、〈鴟鴞〉爲周公自作，餘五篇爲大夫頌美之作。

〔註157〕詳見程俊英、蔣見元〈豳風〉各篇〈題解〉引述諸家之說。《詩經注析》，頁405～407、417、420、425～426、428、429、432。

〔註158〕胡承珙，《毛詩後箋》，（台北：新文豐出版社，1989）。

〔註159〕崔述，《豐鎬考信錄》，方玉潤，《詩經原始》都主周公所「陳」，陳者可以是自作，亦可是轉述，崔、方之意指後者。轉引自程俊英、蔣見元，《詩經注析》，頁 406。顧炎武謂:「周公追王業之始，作爲〈七月〉之詩，兼雅、頌之聲而用之祈報之事。」《日知錄》卷三〈豳〉。《日知錄集釋》，頁 12。

放棄責任承負的心志，以周初的歷史而言，頗合武王驟逝而三監作亂時攝政的周公。〈鴟鴞〉：

　　　　鴟鴞鴟鴞，既取我子，無毀我室。恩斯勤斯，鬻子之閔斯。

　　　　迨天之未陰雨，徹彼桑土，綢繆牖戶。今女下民，或敢侮予。

　　　　予手拮据，予所捋荼，予所蓄租，予口卒瘏。曰予未有室家！

　　　　予羽譙譙，予尾翛翛。予室翹翹，風雨所漂搖。予維音嘵嘵。

全詩不難理解。以物擬人，是風詩的一個特質。〈鴟鴞〉從比興來看，詩文背後的指涉，可視爲堅忍求成的人物。武王驟逝後，承擔保其室家之任的以周公爲最。《尚書・周書・金縢》舊說是周公的明志之作，﹝註160﹞是有一定的道理的。如果不是周公所作，便是周人稱頌周公之詩。以周公對周王朝的貢獻而言，遍檢《詩經》，竟無頌美之語，豈不突兀。即使周公不是天子，因此〈頌〉無記載，然而相較於宣王時期的申伯、仲山甫、韓侯、召伯虎，〈大雅〉各有美頌武功的詩篇，唯獨三年東征的周公無有，此中因由或許是因爲周公的嗣國魯國無〈風〉，﹝註161﹞而〈魯頌〉主要在稱美僖公，且〈雅〉詩不及封國，是以闕如。此一推論如果不至太過，則〈豳風〉名地不名國，留爲天子卿士的周公，對其美讚之詞存於先祖肇業的豳地之詩，也是事理之常。據此，則〈鴟鴞〉一詩，實可視爲周公、成王時期，王朝建立初期政治局勢的一種隱晦而彰明的呈現。說它隱晦，是指借禽鳥爲譬喻；說它彰明，是指突出周公個人在此政治暗流中的承負。畢竟《詩經》文體不同於《尚書》，《尚書》極其鮮明可見周公個人的特出形象，《詩經》則對此一時期政治的困局繫於成王（詳後）。

　　〈鴟鴞〉隱而顯，反映了周人對周公的含蓄美頌，也反映了不同於對之前的先公先王直接讚揚的幽微寄寓。就歷史述論而言，當然缺少堂皇磅礴的大氣，內容也相對的貧乏；不過，或許也是這種幽微吧，從另外的角度看，恰恰反映周人對此一政治杌陧的歷史，以比興的含蓄方式加以傳述。

　　〈豳風〉中有二首與東征史實相關的詩，相較於前述的征戰詩，有不一

﹝註160﹞　〈金縢〉：「周公居東二年，則罪人斯得。于後，公乃爲詩以貽王，名之曰〈鴟鴞〉。王亦未敢誚公。」《尚書正義》，頁 0188。〈金縢〉，自宋程頤認爲非聖人（周公）之言，因而懷疑並非周公所作，至清袁枚更指其是「僞書」。楊寬以爲即使文中有神怪的記載，也值得重視，並說：「我們認爲周初貴族很是迷信，這樣講究迷信，反而足以證明確是事實。」《西周史》，頁 149、150。

﹝註161﹞　《詩經》中無〈魯風〉，唯學者頗多認爲〈豳風〉便是魯國的〈風〉。詳參楊朝明，〈魯國與《詩經》〉，該文對諸說有所評介。收入楊朝明，《儒家文獻與早期儒學研究》（濟南：齊魯書社，2002），評介內容見頁 147～151。

樣的描繪主軸與對象；也因此，歷史述論別有一番新貌。〈東山〉：

> 我徂東山，慆慆不歸。我來自東，零雨其濛。我東曰歸，我心西悲。
> 制彼裳衣，勿士行枚。蜎蜎者蠋，烝在桑野。敦彼獨宿，亦在車下。
> 我徂東山，慆慆不歸。我來自東，零雨其濛。果臝之實，亦施于宇。
> 伊威在室，蠨蛸在戶。町畽鹿場，熠燿宵行。亦可畏也，伊可懷也。
> 我徂東山，慆慆不歸。我來自東，零雨其濛。鸛鳴于垤，婦歎于室。
> 灑埽穹窒，我征聿至。有敦瓜苦，烝在栗薪。自我不見，于今三年。
> 我徂東山，慆慆不歸。我來自東，零雨其濛。倉庚于飛，熠燿其羽。
> 之子于歸，皇駁其馬。親結其縭，九十其儀。其新孔嘉，其舊如之何？

〈破斧〉：

> 既破我斧，又缺我斨。周公東征，四國是皇。哀我人斯，亦孔之將。
> 既破我斧，又缺我錡。周公東征，四國是吪。哀我人斯，亦孔之嘉。
> 既破我斧，又缺我銶。周公東征，四國是遒。哀我人斯，亦孔之休。

〈東山〉以三年征戰做為時間的軸線，此一漫長的三年是前所未有的記錄，順此時間軸線，鋪陳出一般戰士遠離故園，投身異地的戰場，懷思家鄉人事景物的意象。詩文不說戰爭，但以三年點出此一軍事行動的異於尋常。不歌頌顯赫人物，而以一般戰士為主體，這種方式固然是風詩比興的特質，取以與歷史事實映照，則詩人不論是出於自身經驗的當事人，還是當時代出於同情的旁觀者，乃至是事後的追憶，在陳述此一鄰近的史實時，他的記憶或圖像都是清晰的。也因此，屬於領導階層最常著墨的國族歷史完全看不到，這種歷史影像，是屬於詩文所承載的當下的反映，也是一種有別於政治性的國族主體的歷史述論；概言之，它是具有常民性格，以一般人民為主體的社會性的歷史述論。至於〈破斧〉，雖然以「破斧」、「缺斨（錡、銶）」點出戰事的激烈；以「四國是皇（吪、遒）」襯托「周公東征」的輝煌戰果，並間接頌揚主帥周公的武功，卻也以「哀我人斯，亦孔之將（嘉、休）」點出戰士此一主體的無奈。〔註162〕與〈東山〉相似，東征的史事，在詩人的心目中折射出

〔註162〕「哀我人斯，亦孔之將（嘉、休）」，《鄭箋》云：「言周公之哀我民人，其德亦甚大也。」嘉，《鄭箋》云：「善也」。休，《毛傳》謂：「美也」。都是指周公之德，《毛詩正義》，頁0300。程俊英、蔣見元卻認為是戰士慶幸大難不死的歡快心情寫照。《詩經注析》，頁426。個人以為，從詩文的文理、脈絡而言，全詩的重點在每章的最後二句，而這二句詩是否歌頌周公之德不能確指，若以戰士倖存的心理來說，縱使慶幸不死，卻也隱含著深沉的無奈。另〈小

來的影像，是深具悲憫的社會性的，二詩在歷史述論上，同樣表現出做爲詩人的知識分子，或是身爲知識分子的詩人，對此一史實，在歷史述論的視野上，是有所拓寬的。

《詩經》中涉及成王以下的歷史，幾乎全屬歷史斷代上的近、現代史，乃至是當代史，所記載的素材比較完備、清楚，所感受的也比較切身、具體。因此，成王以下的詩篇，涉及的人、事，十之八九都屬於近、現代或當下的人、事。由於有迫近的切身感，一方面持續詠頌國族英雄的歷史功業，一方面則因人、事變化，使國勢有所陵替而深感憂懼，使得周人的歷史記憶與現實處境產生微妙的互滲，表現出來的歷史述論，於是有比較明顯的古今優劣與今昔不稱的分野、批判。

前面提到，〈周頌〉的詩篇有不少是完成於成王時期，而這一時期也是周王朝鞏固政權，克服內外挑戰的艱困階段。面對此一現實挑戰，成王一方面呼喚祖靈，一方面則表現出戒慎恐懼，連繫祖宗與自己的處境，形成深自警惕的虔敬心思。

〈閔予小子〉：

> 閔予小子，遭家不造，嬛嬛在疚。於乎皇考！永世克孝。念茲皇祖，陟降庭止。維予小子，夙夜敬止。於乎皇王，繼序思不忘。

〈訪落〉：

> 訪予落止，率時昭考。於乎悠哉，朕未有艾。將予就之，繼猶判渙。維予小子，未堪家多難。紹庭上下，陟降厥家。休矣皇考，以保明其身。

〈敬之〉：

> 敬之敬之！天維顯思，命不易哉。無曰高高在上，陟降厥士，日監在茲。維予小子，不聰敬止？日就月將，學有緝熙于光明。佛時仔肩，示我顯德行。

〈小毖〉：

> 予其懲而毖後患。莫予荓蜂，自求辛螫。肇允彼桃蟲，拚飛維鳥。未堪家多難，予又集于蓼。

上列四詩，《毛序》分別解釋爲：「嗣王朝於廟」、「嗣王謀於廟」、「羣臣進戒

雅·漸漸之石〉三章末二句：「武人東征，不皇朝（出、他）矣」，亦寫出東征士卒的無奈。《毛詩正義》，頁 0524、0525。

嗣王」、「嗣王求助」。〔註163〕方玉潤從承繼「祖父之緒」的觀點，指出詩旨在彰明敬與戒。〔註164〕從詩文來看，召喚皇祖、皇考緊緊扣住現實困境的「不造」、「多難」，是即時且及身的困頓，面對這種窘迫，詩文不著意於祖宗武烈，但以「小子」的後嗣持敬戒懼，表明嗣王深刻自儆的心思。成王的這種深體時艱的形象，在宗廟祭祀的隆重場合，不但顯示自己的誠恪，也給與祭的貴族乃至後世的知識分子，留下了正面的評價。春秋時晉國大夫叔向提及單靖公引〈昊天有成命〉時說道：「其詩曰：『昊天有成命，二后受之，成王不敢康。夙夜基命宥密，於緝熙！亶厥心肆其靖之。』是道成王之德也。成王能明文昭，能定武烈者也。夫道成命者，而稱昊天，翼其上也。二后受之，讓於德也。成王不敢康，敬百姓也。……。其始也，翼上德讓，而敬百姓。其中也，恭儉信寬，帥歸於寧。其終也，廣厚其心，以固龢之。始於德讓，中於信寬，終於固和，故曰成。」〔註165〕

　　成王之後，對於周王的稱頌止於康王，並且是依附於武王與成王。〈周頌・執競〉：

　　　　執競武王，無競維烈。不顯成康，上帝是皇。自彼成康，奄有四方，

　　　　斤斤其明。

這裏的三王並舉，在美頌共同的武烈，也是〈周頌〉中對成王武功的唯一詠頌，取與前述成王四頌相合，可以稍顯成王與康王在武事上的作爲。〔註166〕

　　成康之後，無周王之頌，既往的國族歷史逐漸積澱，成爲知識分子對近身時代的歷史述論的對照，同時也因爲時局有每下愈況的趨勢，使得知識分子對政治情狀、社會現況有切身的感受，接踵而至的困局使知識分子不能不去思索。這個時期的知識分子，除了緬念先人的功德，更要面對挑戰；除了

〔註163〕分見《毛詩正義》，頁0738、0739、0740、0745。
〔註164〕方氏指〈閔予小子〉、〈訪落〉詩旨皆「周家聖聖相承，家學淵源」之敬。〈小毖〉，「名雖〈小毖〉，意實大戒，蓋深自懲也」。〈敬之〉，「乃一呼一應，如自問自答之意」。《詩經原始》，頁258、259。
〔註165〕《國語・周語下》。《國語》，頁116。
〔註166〕成王與其後的康王，史稱刑措不用四十年，係與民休息，此國家建立初期宜有的措施，唯驗諸銘文卻也頗有武烈。學者經由考證出土器物，認爲成王時曾平定淮水流域的泉國，康王則曾平定東夷以及西（北）伐鬼方，並取得可觀的戰果。說詳《西周史》，頁524～527。另參《西周史（增訂版）》，頁175～179。楊氏多舉銘文、文獻資料論證，許氏則以銘文爲主，輔以晚近中外學者的研究加以說明，二家互有勝場，得出的結果則相近。另許書無成王征泉之載。

追想世胄榮光，也得正視己身的處境，乃至一般人民的苦況也須加以觀照、反映。這種情懷不僅是自憐自傷，同時也透顯對羣眾的推擴性的關懷與移情。此一性質的歷史述論有比較廣闊的社會性，在詩文的張力上也具有相對清晰甚至是直接的諷刺與批判力道。這一類型的詩，分見於二〈雅〉、〈風〉等部分詩篇。以時代言，適當西周後期的夷、厲、宣、幽四王，尤以後三王為主。

周宣王號稱中興，稱述的詩篇見於二〈雅〉。分別是〈大雅〉、的〈崧高〉、〈烝民〉、〈韓奕〉、〈江漢〉、〈常武〉以及〈小雅〉的〈出車〉、〈六月〉、〈采芑〉。其中有天子命公侯出鎮方國與築城固疆，如〈崧高〉、〈烝民〉、〈韓奕〉；〔註167〕有記述征討，如〈江漢〉記討淮夷，〈常武〉述平徐土，〈出車〉、〈六月〉言伐玁狁，〈采芑〉說征荊蠻。〔註168〕這些詩可以說都是當代事迹的記述，吟詠，且都涉及保土征伐之事。〈崧高〉：

> 維嶽降神，生甫及申。維申及甫，維周之翰。四國于蕃，四方于宣。
>
> 登是南邦，世執其功。
>
> 往迈王舅，南土是保。

〔註167〕〈崧高〉，《毛序》：「尹吉甫美宣王也。天下復平，能建國親諸侯，褒賞申伯焉。」〈烝民〉，《毛序》：「尹吉甫美宣王也。任賢使能，周室中興焉。」〈韓奕〉，《毛序》：「尹吉甫美宣王也。能錫命諸侯。」分見《毛詩正義》，頁 0669、0674、0679。皆以「尹吉甫美宣王」一語概括。實則，詩各有稱贊之人、事，各與出鎮方國、築城固疆攸關，是以朱熹不以《毛序》為然，稱〈崧高〉：「宣王之舅申伯出封于謝，而尹吉甫作詩以送之。」〈烝民〉：「宣王命樊侯仲山甫築城於齊，而尹吉甫作詩以送之。」分見朱熹，《詩集傳》，頁 212、214。〈韓奕〉終章：「王錫韓侯，其追其貊，奄受北國，因以其伯」，亦明稱以韓侯出鎮北方。

〔註168〕征伐玁狁為宣王時代重要的軍事行動，《詩經》中關於玁狁的記述大多歸於宣王，唯〈小雅・采薇〉三言玁狁，《毛序》說是文王時詩。《毛詩正義》，頁 0331。《漢書・匈奴傳》繫於懿王，文云：「懿王時，王室遂衰，戎狄交侵，暴虐中國，中國被其苦，詩人始作，疾而歌之。曰：『靡室靡家，玁狁之故』、『豈不日戒，玁狁孔懷』。」《補注》引沈欽韓舉懿王時翟人侵歧、虢公伐犬戎合於《傳》文之「詩人作歌」，並舉〈古今人表〉班注三家詩〈采薇〉在懿王下之例，說三家詩〈采薇〉詩義與《毛序》異。見王先謙，《漢書補注》（臺北：藝文印書館，1982），頁 1595。另〈出車〉，《毛序》也說是文王勞還率之詩（《毛詩正義》，頁 0338），王國維證之以金文，謂：「〈出車〉咏南仲伐玁狁之事。……。今焦山所藏郮惠鼎云：『司徒南中，入右郮惠』。……。文字不類周初，而與召伯虎敦相似，則南仲自是宣王時人，〈出車〉亦宣王時詩也。徵之古器，則凡紀玁狁事者，亦皆宣王時器，……。周時用兵玁狁事，其見於書者，大致在宣王之世。而宣王以後即不見有玁狁事，是玁狁之稱，不過在懿、宣數王間，其侵暴中國，亦以厲、宣之間為最甚也。」王國維，〈鬼方昆夷玁狁考〉，《觀堂集林外二種》，頁 380、381。

〈烝民〉：

> 纘戎祖考，王躬是保。……。賦政于外，四方爰發。
>
> 王命仲山甫，城彼東方。

〈韓奕〉：

> 纘戎祖考，無廢朕命。……。朕命不易，榦不庭方，以佐戎辟。
>
> 溥彼韓城，燕師所完。以先祖受命，因時百蠻。王錫韓侯，其追其貊，奄受北國，因以其伯。

〈江漢〉：

> 經營四方，告成于王。四方既平，王國庶定。
>
> 式辟四方，徹我疆土。……。于疆于理，至于南海。文武受命，召公維翰。

〈常武〉：

> 整我六師，以修我戎。既敬既戒，惠此南國。
>
> 左右陳行，戒我師旅。率彼淮浦，省此徐土。
>
> 徐方繹騷，震驚徐方。如雷如霆，徐方震驚。
>
> 鋪敦淮濆，仍執醜虜。截彼淮浦，王師之所。
>
> 徐方既同，天子之功。四方既平，徐方來庭。

〈出車〉：

> 王命南仲，往城于方。……。天子命我，城彼朔方。赫赫南仲，玁狁于襄。
>
> 赫赫南仲，薄伐西戎。
>
> 赫赫南仲，玁狁于夷。

〈六月〉：

> 玁狁孔熾，我是用急。王于出征，以匡王國。
>
> 薄伐玁狁，以奏膚功。
>
> 玁狁匪茹，整居焦穫。侵鎬及方，至于涇陽。
>
> 薄伐玁狁，至于太原。

〈采芑〉：

> 方叔率止，鉦人伐鼓，陳師鞠旅。
>
> 方叔率止，執訊獲醜。……。顯允方叔，征伐玁狁，蠻荊來威。

上述〈大雅〉前四篇，都有強調詩篇主人的先世、祖宗的顯赫功勳，這些功

動一方面是申伯等人的宗族榮光，一方面是護持周王朝的重要支柱。周天子
用事於四方，以他們的祖德宗功做爲褒揚惕勉，如此一來，便將周王朝自克
商伊始時的襄助者的光榮族史，與周王朝的興替結合成休戚同體。這樣的歷
史述論雖不免裝飾的成分，卻有強化同宗盟族內聚力的作用，比起只強調姬
姓一族的國族榮光，是有所不同的。而經由休戚同體的強調，征討四方，克
服危難的當下軍事行動，更可以取得主事者勠力王事的忠忱。因此，〈崧高〉
諸篇的歷史述論，反映了統治階層某種程度的休戚感。〔註169〕

　　宣王中興，最大的功業在於安定四方，穩定自厲王以來王朝的危勢，〔註170〕
上述諸詩，雖沒有直接歌頌宣王，然而比起厲、幽，宣王能用賢卻是事實，如
果連綴詩篇對厲王與幽王的批判，則此中的差異高下立見。厲、幽二世的詩篇
不少，且全屬批評譏刺之詩，而且語氣憤激。先看厲王。〈大雅・民勞〉五章，
每章都談到勿聽信狡詐欺瞞（無縱詭隨），要杜絕貪暴酷吏（式遏寇虐），以避
免昏亂。〈板〉數稱「天之方難（蹶、虐、懠）」，將導致「不可救藥」、「喪亂蔑
資」的危難，這些危難都因統治者的違反正道所致。〈蕩〉八章，第二章以下假
託文王批評殷紂口氣，集中批判失德敗德的統治者，與助虐者對國家社會所造
成的禍害，是無止盡的，它的代價是王朝覆亡。〈抑〉十二章，分述明德、古訓、
敬愼、克紹、報德、取譬等與國家興亡，民人安危的因果關係。〈桑柔〉十六章，
則疾言國之將喪，下民殄憂，哀恫莫名的心思，一句「進退維谷」，道盡了難言
的窘迫。再看幽王。〈大雅・瞻卬〉稱「邦靡有定，士民其瘵」、「亂匪降自天，
生自婦人（褒姒）」、「人之云亡，邦國殄瘁」。〈召旻〉謂「旻天疾威，天篤降喪」、
「天降罪罟，蟊賊內訌」、「昔之富不如時，今之疚不如茲」、「昔先王受命，有

〔註169〕白川靜曾指出夷王之後的詩篇多有危機意識的表現，諸多篇章也重於「歌誦
　　　　當時有力的諸侯廷臣家族之榮光」，間接反映「擁護王室的少數豪族勢力更增
　　　　強，周朝內部矛盾更深銳」。《詩經的世界》，頁 229、249～258、264、265。
　　　　此一現實困境與危機意識，我們以爲不只是王室一端有，畢竟周室安危也牽
　　　　繫著其它貴族的榮枯，是以二者之間是有休戚同體之感的。
〔註170〕《史記・周本紀》稱宣王「脩政，法文、武、成、康之遺風，諸侯復宗周」。
　　　　《新校本史記三家注》，頁 144。後世美之，贊其中興，顧炎武認爲宣王三十
　　　　三年後數有敗績，其功如唐宣宗，周人美宣王有「事劣而文侈」之嫌。見《日
　　　　知錄》卷三〈太原〉。《日知錄集釋》，頁 16。白川靜指出宣王的中興事業成
　　　　就於初即位的十年之間，其後則每下愈況，充其量也只是「求得一時的小康」。
　　　　《金文的世界》，頁 187、188；《詩經的世界》，頁 258、259。二氏之說，固
　　　　有理據，然而求全責備之外，平情而論，宣王事業較諸夷、厲以及幽王，能
　　　　延王朝國祚，其功亦不當視之等閒。

如召公，日辟國百里。今也日蹙國百里」。二詩都指幽王寵私幸、用姦邪、逐賢良，招致政亂民痛，國危政昏，今昔相比，豈只千里。另〈小雅・正月〉：「民今方殆，視天夢夢」、「赫赫宗周，褒姒威之」。〈十月之交〉：「四國無正，不用其良」、「下民之孽，匪降自天」。〈雨無正〉：「宗周既滅，靡所止戾」。〈小旻〉：「謀臧不從，不臧覆用」、「發言盈庭，誰敢執其咎」。〈巧言〉：「無罪無辜，亂如此幠」、「亂之又生，君子信讒」、「匪其止共，維王之邛」。凡此種種對幽王的譏評以及對大臣的控訴，都指向最高統治階層內部嚴重的腐化；不管是信讒任諛、遠賢用佞，其結果都不免走向誤國乃至「宗周云亡」的命運。

厲、幽二王，末世衰象敗迹明顯，人世的敗德，也使天眷日遠；而人民殄瘁，日甚一日，知識分子發爲歌吟，不免有今昔憮痛的無奈與愁憂。往昔祖宗的光榮歷史，無救於當下的困頓衰替，因此，二王時代的詩篇，幾乎不見對祖宗赫赫功績的緬念，此一現象，似乎間接表現西周晚季知識分子對國族歷史不堪回首的無奈。就此而言，則介於厲、幽之間的宣王，恰似另一類型的族羣榮光，一方面秉承任賢使能的傳統，一方面又紹繼先人綏定四方的武烈；是以詩篇雖無如詠文、武之頌，取與厲、幽二王的時局相較，則知識分子對三王歷史的述論，依然是有他們深邃幽微的情思在。

本章結語

古典典冊的《詩經》，不只是一部詩歌的總集，也含括了西周一代歷史發展的訊息，承載著周人或遠或近的歷史記憶，裸現出或顯或隱的歷史圖像；同時也躍動著彰著與幽微的情思。《文心雕龍・明詩》篇說：「在心爲志，發言爲詩，舒文載實，其在茲乎！」「日商暨周，〈雅〉〈頌〉圖備」，〈頌讚〉篇云：「四始之至，〈頌〉居其極。自商已下，文理允備」。〔註171〕章學誠論《詩》教，謂「言情達志，敷陳諷諭，抑揚涵泳之文，皆本於《詩》教。」〔註172〕「舒文載實」、「敷陳諷諭」，不能沒有人、事對象，不能沒有寄託，換句話說，不能沒有人、事流變衍遞的軌迹作爲張本，以傳遞情志所繫。《詩經》係古典的典冊，多含「政教行事之實」，〔註173〕既如此，則其中所含括的內容，不能

〔註171〕分見詹鍈，《文心雕龍義證》（上海：上海古籍出版社，1994），頁 171、179、313。

〔註172〕《文史通義・詩教下》。葉瑛，《文史通義校注 校讎通義校注》，頁 78。

〔註173〕《文史通義・經解上》。葉瑛，《文史通義校注 校讎通義校注》，頁 94。

完全捨離政教主題，合〈頌〉、〈雅〉而觀，此說可謂深契旨意。

周代史事的記載，《詩經》固然稱不上完備，此關乎體例、性質，不能求備；也因如此，《詩經》中攸關歷史的內容以及意涵，有別於史籍的呈現形態。雖然，其中人、事之迹卻也彰明較著，所謂「盛德大業，煥乎其有成功者，亦惟於《詩》乎見」、「古人已知即《詩》以見事、即《詩》以論史」。〔註174〕這些人、事有古今、遠近、略詳、重輕；有現象的不同，也有本質的差異。重要的是，扮演詠頌、載記、傳述的都是當時代的知識分子，在階層屬性上是廣義的統治階層，身分是貴族；因而，他們的歷史記憶所及，歷史圖像所顯示的，最主要的是本族本國的歷史內涵。基於這一內涵而展開的歷史述論，針對性與侷限性自然難以避免。

「詩亡然後《春秋》作」，說明了詩未亡之前，正承載著歷史傳述的功能。〔註175〕春秋時代殷商後人的宋國似乎有如《春秋》之於魯，《乘》之於晉的國史，唯亦不傳，〔註176〕求商人歷史內涵於《詩經》，只能取〈商頌〉分疏。〈商頌〉所重在征伐拓土、受命以及再征伐拓土，這是〈商頌〉的基調，也是宋國知識分子傳述的國族歷史記憶，與鮮明的國史圖像。〈商頌〉本文可能早在宋襄公之前即已存在，而史籍歸於宋襄公祀祖的廟歌，其中或因襄公是春秋時代宋國最突出且有志於圖霸的國君，因此，詩文即使不在稱頌襄公，卻集中於武烈與受命。此一含有召喚祖靈的國族歷史詠頌，當與春秋時代宋國人的國族思維有一定程度的內在聯繫，亦即藉由荒遠的祖國歷史榮光的述論，

〔註174〕錢穆，〈西周書文體辨〉，收入氏著，《中國學術思想史論叢（一）》，頁198。

〔註175〕楊向奎認爲「詩亡然後《春秋》作」是歷史學發展的不同階段。在詩未亡的時代，「歷史作爲詩歌保存在巫祝的心中、口中」，「在他們的歷史中遂使神話與歷史不分，表現形式是史詩與樂舞的結合，這是《詩經》中〈頌〉的起源」；因此，「神話即歷史」。又說：「〈周頌〉、〈大雅〉之典雅雍容，不是神、巫原來唱詩的模樣」、「是經過加工改造的（〈周頌〉有部分是周公所改造的）」。《宗周社會與禮樂文明　修訂本》，頁 347、348、352、355。孫作雲則從祖祭的觀點，分疏《詩經》中的〈周頌〉爲周公、史佚等人所作；而二〈雅〉亦多爲〈頌〉詩，其中〈大雅〉二十三篇，〈小雅〉四十餘篇皆屬宣王朝詩，爲曾任宣王史官的尹吉甫及其它人所作。孫作雲，〈論二雅〉，原刊於 1958 年 8 月份的《文史哲》後經增補重作，收入《《詩經》與周代社會研究》，頁 342～402。前述意見見頁 361、363、385。楊、孫二氏的論説略詳不一，論旨所重亦不同，而於詩含史迹則同。詩含史迹，則詩有傳述歷史的功能。

〔註176〕《墨子‧明鬼下》論有鬼神之事，各著於書，其中周、燕、宋、齊、各有《春秋》。孫詒讓，《墨子閒詁》，頁 204、207、209、211。

傳達宋國人幽微的身世情思。〈商頌〉繫於宋襄，其中的歷史述論，頗有召喚激勵之意味在。

〈商頌〉文簡事略，不免片面。至於〈周頌〉、〈魯頌〉以及二〈雅〉乃至部分〈風〉詩，則相對鮮明。《詩經》中周朝的知識分子對於國族歷史的相關記憶、圖像並藉此鋪陳的歷史述論，基本上仍不離征伐拓土、受命、征伐定天下的主軸。不過，也因為前述詩篇主要都出自於周王朝的知識分子所制作，佔了可觀的篇幅，同時祖祭盛行，宗廟祭祀、貴族饗宴隨時而有；禮樂文化又燦然大備，對於祖先功業極盡頌揚之能事，使得周人的歷史述論呈現了更深廣的面相。

整體而言，此一歷史述論，是周朝統治階層對國族發展上各種有形無形因素的約要、概括，包含了物質條件的改善、社會體制的推擴、軍事組織的創制、宗教祭祀體系的建立、征伐拓土的成就、德業臻備的受命以及救危圖存的努力等等。此一歷史述論橫亙西周三百餘年，以對象的時間軸線計，始自后稷而終於幽王，更是數倍於此。也因為對象存在的時代有先後，國族小大弱強有所別，是以知識分子的歷史述論主旨亦有差異。本章以武王克商作為區分，約略而言，對於武王及其前代，歷史述論的基調是勤勞誠恪，武勇踔厲以及脩敬明德等型範典式的奠立與發揚，旋律是從低宕而臻於高昂，全屬正面的詠頌，無有一字的譏諷。此一歷史述論，在在強調一種內在性的精神主體，同時也彰顯了抽象的道德優越可以轉化成為具體的俗世功業，間接的也為周王朝的得天下提供了理有必然，事有必至的正當性理據。

相較於此，周朝知識分子對於西周中後期的歷史述論，明顯的充滿批評譏刺，也透出濃厚的危機意識。此一傾向，主要是因為身處時代的變動所使然，即時及身的當下感懷，總是迫切且鮮明的。歷史，對這時候的知識分子而言，除了祖先的光榮，便是近身數世的危殆，除了王室的存亡，又是自己宗族的休咎；除了上階層的信讒用邪的記憶，也是對民人殄瘁的感懷。可以說，這種批判的意識，初始是緣於統治階層的現實危機感，因此，依然含有濃厚我群休戚心理。另一方面，這些知識分子也看到了社會上最多數的下層庶民的困境，並且採取了正視的態度，就這一點來看，這時期的知識分子是具有不同以往的庶民關懷心思的。雖然庶民的歷史向來就是隱晦的，對於庶民歷史的述論，也一直都是闕如的，反映了漫長的歷史階段中，知識分子的我羣中心思維一直不曾措意於龐大的庶民世界；而恰恰如此，因而西周中後

期以後的知識分子，表現出對身處當代的庶民的關注，縱使深度不夠深，卻已開啓了貴族世界之外的另一扇細小的視窗。就此而論，它是有一定程度的社會性質的，〔註177〕雖然它的歷史縱深不夠，但因爲它有著同感的近迫性，反而呈現了最素樸的眞實。

〔註177〕孫作雲認爲二〈雅〉中有一部分是沒落貴族以個人爲中心，抒發一心悲憤的諷刺詩，是新社會的新產品，「在一定程度上暴露了最高統治者的罪惡」。〈論二雅〉，《《詩經》與周代社會研究》，頁 398、402。

第三章 王朝時期典冊中的歷史述論（下）
——《尚書》附《逸周書》

第一節 《書》的重要性質與內容——述古之作與當
　　　　世之務

　　《尚書》，在先秦典冊中向來聚訟紛紜，其中有篇章真偽、今文古文、義理道統等複雜問題的爭辯；歷經二千年，耗去了無數學者的筆墨口舌。時至晚近，雖然不能說是掃除蔽障，廓清迷霧，卻也有了比較清晰的面貌。〔註1〕

　　《尚書》問題之所以如此之多，主要的原因是古來學者大多將《尚書》視為神聖的「《經》典」，在帝制時代被賦予崇高的地位，使《尚書》成為統治階層「政治與道德的教科書」。〔註2〕長期以來，《尚書》的「經學化」、「義理化」的哲學思辨是主流論述，大大掩蓋了作為歷史意識這一層具體且實際的性質。從政治哲學與道德意識的層面言，《尚書》在分疏、詮釋上，伴隨皇朝政治格局，的確不能完全切割；只是當回到《尚書》文本時，屬於當時代的歷史思維、歷史述論，也不能不善加把握，忠實對待。本章基於研究的旨

〔註1〕 關於《尚書》自先秦以來的流傳及相關的探討，近人劉起釪著有專書加以介紹、
　　　 說明，間有作者個人的評斷。該書採用史學體例，依時代的先後，羅列歷代學
　　　 者的探討意見與相關成果。全書長達 39 萬字，是理解二千年來《尚書》研究
　　　 梗概、經緯比較全面的著作。劉起釪，《尚書學史》（北京：中華書局，1996）。
　　　 此外，杜松柏編定的《《尚書》類聚初集》八冊（台北：新文豐出版公司，1984），
　　　 分類彙刊有關《尚書》的代表著作多種，精選版本，極便於參用。
〔註2〕 《尚書學史》〈小引〉，頁 1。

趣，捨經學而就史學，參詳其中的事、言，疏理《尚書》中周代知識分子歷史述論的情狀。

現今通行阮元用文選樓藏本校勘嘉慶二十年重刊宋本《十三經注疏》《尚書正義》，總數五十八篇，其中含伏生本《今文尚書》三十三篇，另有所謂的《僞古文尚書》二十五篇。〔註3〕《僞古文尚書》迭經宋、清以及近人研究，雖證成多係晉以後的人所僞作，然而其中尚有部分篇章猶有疑義；學者甚至從《周易》經文細加分疏，認爲可證明有非僞作者。〔註4〕至於《今文尚書》著成的時代，《書序》各以唐、虞、夏、商、周，上自堯，下迄魯侯伯禽以至春秋時的秦穆公爲斷。〔註5〕晚近屈萬里稽合眾說，並出以自己研究，推斷《周書》大部分篇章成於西周，一、二篇晚至春秋乃至戰國時始完成，而《虞夏書》並〈盤庚〉之外的《商書》則幾乎全是戰國時人的「述古之作」。〔註6〕另有主《虞夏書》暨《商書》部分篇章作於周初、商末的。〔註7〕諸家斷代各

〔註3〕 《今文尚書》篇數有二十八、二十九、三十三的區分。二十八篇係將《虞夏書・堯典》、〈舜典〉合一；〈皋陶謨〉、〈益稷謨〉合一，《商書・盤庚上、中、下》視爲一篇，而〈周書・顧命〉與〈康王之誥〉各爲一篇。二十九篇則〈盤庚〉爲三，〈顧命〉、〈康王之誥〉合一。三十三篇則〈堯典〉、〈舜典〉、〈皋陶謨〉、〈益稷謨〉各一，〈盤庚〉爲三，〈顧命〉、〈康王之誥〉爲二。三十三篇爲《尚書正義》之數。說詳屈萬里，《尚書集釋》〈概說〉，頁 13～26。劉起釪亦有分疏，並列表詳加比較。《尚書學史》，頁 68、145～154；表見頁 149～154。朱廷獻〈《尚書》篇目異同考〉亦有詳述，收入氏著，《尚書研究》（台北：臺灣商務印書館，1987），頁 21～49。朱氏亦列一源流表，見頁 43～49。

〔註4〕 《古文尚書》爲全係東晉後人僞作的介紹詳參屈萬里，《尚書集釋》頁 23～25。另外，晚近黃凡以《周易》經文分疏，結合卜辭銘文資料，得出部分篇目爲眞的《古文尚書》有〈泰誓〉上、中、下、〈武成〉、〈旅獒〉、〈微子之命〉。黃氏說：「這些篇中絕大部分是當時原文」，又說：「有一些即使眞的來源於後世的輯佚，其內容也是出於原來的簡編」。見氏著，《周易——商周之交史事錄》（汕頭：汕頭大學出版社，1995），頁 399。

〔註5〕 俱見《尚書正義》各篇《書序》。

〔註6〕 屈氏認爲《周書》中的〈費誓〉可能是魯僖公時的作品，〈文侯之命〉爲平王東遷後之作，《商書・盤庚》則文辭古奧，似非西周晚年作品，有可能是殷末人，或西周時宋人述古事之作。《尚書集釋》，頁 246、247、263、82。至於《虞夏書》、《商書》係戰國時人的「述古之作」分見該書各篇題解。

〔註7〕 朱廷獻亦參稽前說，佐以己證，指出《虞夏書》或周初所編纂，如〈堯典〉、〈皋陶謨〉；或西周初夏人後代杞人所作，如〈禹貢〉、〈甘誓〉。《商書》或爲周初宋人述古之作，如〈湯誓〉、〈高宗肜日〉、〈西伯戡黎〉、〈微子〉；或商末時百姓思盤庚之〈盤庚〉三篇。分見《尚書研究》，頁 386、411、427、445、451、473、475、479、455。

有所據，於《周書》部分少有差別，至於《虞夏書》、《商書》，雖然頗有出入，
總不外是從書篇的背景時代加以追索，或後代的「述古之作」。因此，本章即
基於屈萬里所說「述古之作」的認知，與針對當世之務發爲議論的前提，分
疏書篇中所含括的歷史記憶、歷史圖像，闡明知識分子的歷史述論的內涵。

　　此外，尚有《逸周書》部分篇章，學者認爲多有周代文獻以及春秋戰國
的作品，可作爲兩周史事、史述徵實的重要資料，〔註8〕劉知幾說該書「與《尚
書》相類，……。甚有明允篤誠，典雅高義」。〔註9〕其後學者亦多有重視之
詞，如丁黼：「其間畏天敬民、尊賢尚德、古先聖王之格言遺制，尚多有之」；
黃玠：「性命道德之幾微，文、武政教之要略，……。無不切於脩己治人。雖
其間駁而不純，要不失爲古書也」；章檗：「藝圃菁華，芬芳綷采」、「逸響高

〔註8〕　劉起釪分別《逸周書》有七種情況：1.初步肯定爲周代《書》篇，關於武王、
　　　　周公：〈克殷〉、〈世俘〉、〈商誓〉、〈度邑〉、〈作雒〉、〈皇門〉、〈祭公〉七篇，
　　　　可確認爲西周文獻。2.〈程典〉、〈酆保〉、〈文儆〉、〈文傳〉、〈寶典〉、〈寤敬〉、
　　　　〈和寤〉、〈大匡三十七〉、〈武儆〉、〈大戒〉、〈嘗麥〉、〈常訓〉十二篇，保存西
　　　　周原有史料，文字寫定可能在春秋時。3.〈大開〉、〈小開〉、〈大開武〉、〈小開
　　　　武〉、〈酆謀〉、〈五權〉、〈成開〉、〈本典〉諸篇，文字近戰國，當係戰國時據流
　　　　傳史料寫成。4.不具《尚書》「誥誓號令」文體的〈度訓〉、〈命訓〉等三、四篇
　　　　及後半的〈本典〉、〈官人〉以至書末的〈周祝〉、〈詮法〉等共十一、二篇，同
　　　　於戰國間諸子百家馳騁論說的文章。5.屬於戰國兵家之作的有：〈武稱〉、〈允
　　　　文〉、〈大武〉、〈大明武〉、〈小明武〉、〈柔武〉、〈武順〉、〈武寤〉、〈文政〉、〈武
　　　　紀〉等。6.同於戰國至漢的《禮》家書：〈糴匡〉、〈謚法〉、〈明堂〉、〈王會〉、〈職
　　　　方〉、〈器服〉等。7.顯係成於漢代的：〈周月〉、〈時訓〉、〈殷祝〉等。1.2 可視
　　　　爲保有原來資料的加工過的逸書殘存，3 可作逸《書》參考資料，其餘皆非《書》
　　　　類（誥誓號令）的官書篇章，只能算作戰國的私家作品。說詳《尚書學史》，
　　　　頁95～97。另李學勤引朱右曾、郭沫若並其自身研究，謂其中佔很大比例的篇
　　　　章，「時代也不很遲」、「有一些篇確係『史記』或『誥誓號令』之類，也有若
　　　　干篇，頗富於思想性，其體裁又與《左傳》、《國語》所記春秋時人所論近似」。
　　　　見李學勤爲《逸周書彙校集注》所寫的〈序言〉。黃懷信、張懋鎔、田旭東撰，
　　　　李學勤審定，《逸周書彙校集注》（上海：上海古籍出版社，1995），頁 2、3。
　　　　陳夢家也說：「七十一篇駁雜不純，其中有西周時代的史影，而其多數皆屬戰
　　　　國晚期的資料。」《《尚書》通論》，頁 324。晚近學者亦多主張《逸周書》實爲
　　　　西周重要文獻，宜加以重視。以楊朝明爲例，他力主該書諸篇章皆成於周初，
　　　　且爲具體史實記錄。說詳楊朝明，〈周訓：儒家人性學說的重要來源〉、〈《逸周
　　　　書》有關周公諸篇芻議〉，收入氏著，《儒家文獻與早期儒學研究》，頁 95～103、
　　　　114～116、119～133。二文並對歷來的《逸周書》研究有略要的介紹。
〔註9〕　《史通‧內篇‧六家》語。劉氏亦說該書「時亦有淺末恆說，滓穢相參，殆
　　　　似後之好事者所增益也。」見劉知幾著，浦起龍釋、呂思勉評，《史通釋評》
　　　　（台北：華世出版社，1981），頁 2。

韻之存」；姜士昌：「文辭湛深質古出《左氏》上」、「蓋文、武、周公所爲政教號令，概見此書」；汪士漢：「先儒云六經而下，求其文字近古有裨於道德文武政教者，無踰於此書」；紀昀：「究厥本始，終爲三代之遺文，不可廢也」；謝墉：「時蓋周道衰微，史臣掇拾古訓以成此書」；吳錫麒：「雖駁而不純，多有後人竄入，至於脩己治人之要，包孕千古，博大宏深」；張大業：「雖語多晦澀，字多訛闕，要足見謨烈之遺」、「（丁）瑤泉曰：『此書足與《尚書》並重』」、「《逸周書》洵有功於《尚書》，且以徵古文之不如今文也」；丁浮山：「微詞奧義，可以知周之德，與周之所以王者實在於此」；朱右曾：「愚觀此書雖未必果出文武周召之手，要亦非戰國秦漢人所能僞託」；孫詒讓：「雖雜以陰符，間傷詭駁，然古事古義，多足資考證，信先秦雅記，壁經之枝別也」；劉師培：「僑之誓、誥，意靡軒輊」、「僑諸謨、典，意泯輊軒」。〔註10〕凡此諸說，都是肯定《逸周書》的重要，可與《周書》相爲輔助，〔註11〕有裨於當代史事的呈現，並從而有益於見知當代暨稍後知識分子歷史述論的大概。因此，合《尚書》與《逸周書》並觀，當能取得更爲全面的認識。

《漢書‧藝文志》云：「《書》之所起遠矣」、「《書》者，古之號令。號令於眾，其言不立具，則聽受施行者弗曉」、「古之王者，世有史官，君舉必書，所以愼言行昭法式也。左史記言，右史記事；事爲《春秋》，言爲《尚書》，帝王靡不同之。」〔註12〕《史通‧內篇‧六家》謂：「蓋《書》之所主，本於號令，所以宣王道之正義，發話言於臣下，故其所載，皆典、謨、訓、誥、誓、命之文。」〔註13〕《漢志》、《史通》所說的《尚書》重在記言，然而言以明事，事以彰言，二者實難參商涇渭。章學誠說：「《尚書》典謨之篇，記事而言亦具焉；訓誥之篇，記言而事亦見焉。古人事見於言，言以爲事，未嘗分事言爲二物也。」因此，他又說道：「古人無空言，安有記言之專書哉？」

〔註10〕 以上引文摘自黃懷信等著，《逸周書彙校集注》〈附錄二 序跋〉所錄諸家文。作者（頁數）：丁黼（1278）、黃玠（1279）、章檗（1282）、姜士昌（1283）、汪士漢（1285）、紀昀（1288）、謝墉（1290）、吳錫麒（1291）、張大業（1305、1307）、丁浮山（1314）、朱右曾（1323）、孫詒讓（1327）、劉師培（1329、1331）。

〔註11〕 章學誠便指出《逸周書》「殆治《尚書》者雜取以備經書之旁證」、「其中實有典言寶訓，識爲先王誓誥之遺者」。《文史通義‧書教中》。《文史通義校注 校讎通義校注》，頁39。

〔註12〕 王先謙，《漢書補注》，頁877、882。

〔註13〕 《史通釋評》，頁2。

〔註14〕章氏主張「六經皆史」，雖非首倡，卻闡述最力，〔註15〕對於《尚書》有很高的評價，除說「《尚書》爲史文之別具」外，更以「撰述欲其圓而神，……。神以知來」之義，擬於天地變化，亟稱「《尚書》圓而神，其於史也，可謂天之至也。」〔註16〕前賢右古，於經書有崇敬之心，章氏以政教總攝經書意旨，以史闡明經書性質。平情而論，政教不離人倫日用，史述依託於事、言，總不外是古代知識分子對人群社會發展的體察，也是知識分子對歷史遞遭的見解。

　　前述《今文尚書》成篇的時代，說者同中有異，殊難有確解，本節取《尚書・多士》「惟殷先人，有冊有典」之意，認爲即使《虞夏書》、《商書》未必如《書序》所說的成於堯、舜、禹以及湯暨其後篇章背景時代的當世之作，也是後人據典冊舊文，或傳述的古史所編撰的作品。〔註17〕因此，在運用資料時，除了沒有爭議的《周書》大部分篇章可以附合時代、人物外，一律以兩周（含春秋戰國）爲斷代。《逸周書》亦然。〔註18〕

〔註14〕《文史通義・書教中》。《文史通義校注　校讎通義校注》，頁31、39。

〔註15〕「六經皆史」倡自王守仁，至章氏則申明精義，其後龔自珍、張爾田亦主之。章氏在〈答孫淵如書〉中說：「愚之所見，以爲盈天地間凡涉著作之林，皆是史學。六經特聖人取此六種之史以垂訓者耳。」則不僅六經是史，一切著作也都是史。前述見《文史通義・易教上》注二校注者按語。《文史通義校注　校讎通義校注》，頁3、4。六經皆史的立論基礎是六經皆先聖王政教典章之遺，分見《文史通義・易教上》、〈詩教上〉、〈經解〉上、中、下、〈原道中〉、〈史釋〉、〈答客問〉上、下、〈浙東學術〉、《校讎通義・原道》諸篇。《文史通義校注校讎通義校注》，頁1、62、94、102、110、131、132、231、471、482、523、951。「六經皆史」的討論亦可參見錢穆，《中國近三百年學術史》（北京：商務印書館，1997），頁380。余英時，《論戴震與章學誠》，頁45。以及林安梧，〈章學誠「六經皆史」及其相關問題的哲學反省〉，收入林安梧，《中國近現代思想觀念史論》（台北：學生書局，1995），頁123～156。另周予同於1962年發表的〈章學誠「六經皆史說」新探〉一文亦有詳論，收入朱維錚編，《周予同經學史論著選集（增訂本）》，頁711、727。

〔註16〕《文史通義・書教下》。《文史通義校注　校讎通義校注》，頁49、51。

〔註17〕楊向奎指出《左傳》引《尚書》除〈盤庚〉、〈康誥〉外，幾乎都在今傳二十八篇外，而《呂氏春秋》所引，屬二十八篇的只〈洪範〉，說：「孔子以前、孔子當時及以後，直至秦始皇帝，不在今傳《尚書》內的篇章尚多。《書》是古、是故、是史實的記錄，三代史料當不止二十八篇。《夏書》文字通順，比《周誥》易懂，或以爲疑，我們以爲《夏書》是巫的口頭傳授，可以文從意轉，而《周誥》是史官記錄，錄於書版或刻於銘文，文字定型無法改動，是以有難易之分，非眞僞之別。」《宗周社會與禮樂文明》，頁390。

〔註18〕這種方法殊屬粗糙，不免蛇鼠兩端之嫌，甚或有推諉取巧之譏。此皆因個人

　　《尚書》與《逸周書》有不少篇是兩周時期寫就的作品，〔註19〕至於作者
其人，《書序》頗多直指出於武王、周公、召公、成王、康王、穆王。〔註20〕
錢穆則主張是「史官記言之作」，且作者無主名。屈萬里亦但言作、成於某時，
未言何人所作。〔註21〕不論是否有主名，終是出於兩周時期的知識分子之手，
唯如此，便有知識分子的歷史識見，此識見顯諸篇章，不能沒有對歷史發展的
一番述論。類此，當可於事、言中求索迹象，縱使隱晦，亦值得一探究竟。

　　「述古之作」是《尚書》的基本形態，從書篇的目的性來說，也是作爲
「論今之事」的手段與方法，同時也是爲了突顯今事的策略運用。古史或遠
或近或隱或顯，而今事往往迫在眉睫；二者之間的連繫縱使有時空懸隔的客
觀距離，事務形態上容有差異，然而，當知識分子在援引上加以理據的分疏
時，此一距離與差異，是可以經由目的闡述而加以拉近、泯除的。因此，客
觀存在的或傳言的古史，被主觀的認知與由此認知所突顯的目的所轉化。可
以說，古史的眞僞並不是「述古論今」的知識分子所必需圓證的當下急務，
進一步說，如何證論今事的意義，才是當代知識分子最爲關心的主體；所以，

才學翦陋、識如井蛙所致，若方家責以上述，個人將虛心接受。唯個人相信，
典冊不始於西周，是事言當有所本。其次，設使《虞夏書》、《商書》成於兩
周（含春秋戰國），雖時代相去久遠，而後人有如是見解，亦必後人對歷史的
體察；準此，更可見後人對歷史發展的述論旨趣。因此，書篇所記史實固然
重要，而尤有過者，在於史實內外所彰顯的歷史意識。意同拙見，或能寬宥。

〔註19〕《周書》二十篇，十之七八成於西周。屈萬里指出十三篇（〈顧命〉、〈康王之
　　　　誥〉合）：〈大誥〉、〈康誥〉、〈酒誥〉、〈梓材〉、〈召誥〉、〈洛誥〉、〈多士〉、〈無
　　　　逸〉、〈君奭〉、〈多方〉、〈立政〉、〈顧命〉、〈呂刑〉。分見氏著前揭書，頁 134、
　　　　145、158、167、171、179、190、197、203、213、222、231、250。錢穆於
　　　　前述篇數外，又加〈牧誓〉、〈金縢〉。錢穆，〈西周書文體辨〉，收入錢穆，《中
　　　　國學術思想史論叢（一）》，頁 182～188。《逸周書》，這裡採用劉起釪所區分
　　　　七種情況的第一種，計九：〈克殷〉、〈世俘〉、〈商誓〉、〈度邑〉、〈作雒〉、〈皇
　　　　門〉、〈祭公〉等七篇。
〔註20〕俱見《尚書正義》。爲方便計，簡括如下：作者：篇名（頁數）。武王：〈牧誓〉、
　　　　〈洪範〉（0157、0167）；周公：〈金縢〉、〈大誥〉、〈康誥〉、〈酒誥〉、〈梓材〉、
　　　　〈洛誥〉、〈多士〉、〈無逸〉、〈君奭〉、〈多方〉、〈立政〉（0185、0189、0200、
　　　　0206、0211、0218、0224、0236、0239、0244、0255、0260）；召公：〈召誥〉
　　　　（0218）；成王：〈顧命〉（0275）；康王：〈唐王之誥〉（0288）；穆王：〈呂刑〉
　　　　（0295）。
〔註21〕錢氏謂：「今文《尚書・周書》二十篇，大體皆史官記言之作」，又云：「《詩》
　　　　可以有作者之主名，而《書》則無之。」《中國學術思想史論叢（一）》，頁 181、
　　　　183。屈氏說見《尚書集釋》〈概說〉，頁 13～26。王國維〈洛誥解〉說：「《尚
　　　　書》記作書人名者，惟此一篇。」《觀堂集林》（外二種），頁 19。

《尚書》中的知識分子，在記錄當時的事、言或纂結前代、當世的歷史時，除了體現歷史的記實，也反映了他們對歷史發展上，人事言行所發揮的主體功能的重視。在這一層意義上，歷史記憶、歷史圖像便具有更為深廣的功用，而由此功用所展布的歷史述論，於是便充滿了理據上的臧否月旦。這一性質的歷史述論，在上一章對《詩經》的討論中已有過分疏，只是《詩經》因屬頌詠廟歌的性質，所重在於史事的化約與特出個人形象的描繪，對於人物也重在個人德業的彰顯；至於以言論鋪陳理據，則以《尚書》為主，〔註 22〕這也是後世史家認為《尚書》主記言的原因。同樣的情形也見諸於《逸周書》。

第二節　政權移轉、維繫的述論與意識

上古遼遠，史迹的記載、傳誦也很模糊，關係到每個王朝的歷史內容，當然是很片面的。在有限的資料限制下，能釐出的歷史述論，自然更為微弱。即使如此，當我們從這些有限的資料中加以區分，卻可能從中覷見古人歷史述論的重點，亦即知識分子歷史意識的側重對象所在。概括來說，首先呈現的是對於王朝政權移轉、維繫的認識與述論。

一、德讓、和輯、征伐、刑懲的基型——以《虞夏書》為例

《虞夏書》在《今文尚書》中為最前面的四篇：〈堯典〉、〈皋陶謨〉、〈禹貢〉以及〈甘誓〉。《古文尚書》另自〈堯典〉析出〈舜典〉，自〈皋陶謨〉析出〈益稷〉，共有六篇。《虞夏書》寫成的年代，說者不一，難以徵實。至於內容，屈萬里認為是「述古之作」，楊向奎說是「巫的口頭傳授」，金景芳、呂紹綱則主張材料是堯、舜、禹當時代流傳下來的。〔註 23〕上述說法有一個共通之處：說明篇章內容有一個古老的源頭。基於此一共識，我們認為《虞

〔註22〕錢穆主張「《詩》、《書》之起，實當同在西周之初」、「古人所以見事者在詩」。又說「《周書》體制不重在記事，故雖一王之盛德大業，煥乎其有成功者，亦惟於《詩》乎見」。《中國學術思想史論叢（一）》，頁 195、197、198。傅斯年則指出《周書》語文與〈大雅〉廟歌因性質有別，表現出來的著重內容亦隨之不同。他說：「周誥為論政之書，大雅為廟堂之樂章，既以論政為限，故人事之說多，既以享祀為用，故宗教之情殷。」傅斯年，《性命古訓辨證》（台北：新文豐出版公司，1985），頁 147。

〔註23〕屈、楊二氏說詳參注 3、17。金、呂二氏的意見參二人合著，《《尚書・虞夏書》新解》（瀋陽：遼寧古籍出版社，1996）各篇序說部分，頁 9、187、290、441。

夏書》可以提供我們疏解其中的歷史述論的面相。

唐堯如何取得共主的政權，〈堯典〉中並無記載，對於堯如何治理天下，卻多有著墨。〈堯典〉：

> 帝堯曰放勳。欽、明、文、思、安安，允恭克讓，光被四表，格于上下。克明俊德，以親九族；九族既睦，平章百姓；百姓昭明，協和萬邦。黎民於變時雍。〔註24〕

自欽字以下共44字，集中突顯的是堯個人的德與行，從個人由內向外，推及輔弼以及親族，而終於百姓萬邦，乃至一般庶民都能臻於和洽。〔註25〕這是〈堯典〉的綱領，顯現堯個人的品格以及選賢的用人原則。用人以德尚須有才有能。〈堯典〉隨後記載命羲和「歷象日月星辰，敬授人時」，分命羲仲、羲叔、和仲、和叔各平秩東作、南訛、西成、朔易四方，以殷正仲春、仲夏、仲秋、仲冬；成「朞三百有六旬有六日，以閏月定四時成歲」，完成了曆法的制定，因而達到「允釐百工，庶績咸熙」此一治理百官、興作諸事的實際功效。歷象日月星辰，敬授人時關係到常態的作息與農業生產，〔註26〕是上古典冊中最早談論自然條件與物質生活的資料。〈堯典〉將此一制作的歷史發展，連繫到堯的善用賢才。就社會發展的物質因素的述論而言，確立了生產準則無疑是突破性的成就，同時也申明了君明臣賢，相得益彰的治國理民良

〔註24〕《尚書》釋文句讀並不一致，清孫星衍的《尚書今古文注疏》成於嘉慶二十年（1815A.D），自云：「徧采古人傳記之涉《書》義者，自漢魏迄於隋唐」，又採清儒諸說，向爲士林所稱重。近人屈萬里亦博綜諸說，復佐以考古文物，出以今日文詞，詳爲分疏，撰成《尚書集釋》，允爲力作。本文作者才力不逮，謹藉二賢疏解，引爲申說之用。爲省篇幅，行文時但稱《注疏》、《集釋》。句讀以《集釋》爲據，若涉解讀有異，則加以分別，如此處〈多士〉「有夏不適逸，則惟帝降格，嚮于時夏」，《注疏》後「夏」字連下句「弗克庸帝」；而「有夏」，《疏》云：桀也。全句釋曰：「言夏桀不悟長保之道，惟天以禍福升降善惡，向於是，冀其省改。」《集釋》釋云：「言逸樂適度，上帝降福，夏正逢其時。」二者所言，意甚大異。以下文「弗庸克帝，大淫泆，有辭；惟時天罔念聞，厥惟廢元命，降致罰」，係強調天棄而觀，其前宜爲天眷，《集釋》可從。引文分見《注疏》，頁425、426；《集釋》，頁191、192。

〔註25〕欽、明、文、思，馬融釋：「威儀表備、照臨四方、經緯天地、道德純備」，鄭玄云：「敬事節用、照臨四方、經緯天地、慮深通敏」，稱此爲「四德」。恭、讓，鄭玄云：「不懈於位、惟賢尚善」。克明俊德，鄭玄謂：「能明俊德之士任用之」。《孔疏》申言大意：「以此四德安天下」、「堯既有敬明文思之四德，又信實恭勤，善能推讓」、「能明俊德之士者，謂命爲大官，賜之厚祿，用其才智，使之高顯。」詳見《尚書正義》，頁0019、0020。

〔註26〕說詳《注疏》，頁10～22。

善範式。

〈堯典〉繼而提到君位的繼承。

放齊曰：「胤子朱啓明。」帝曰：「吁！嚚訟可乎！」帝曰：「疇咨若予采？」驩兜曰：「都！共工方鳩僝功。」帝曰：「吁！靜言庸違，象恭滔天。」……。

帝曰：「咨！四岳。朕在位七十載；汝能庸命，巽朕位。」岳曰：「否德忝帝位。」曰：「明明揚側陋。」師錫帝曰：「有鰥在下，曰虞舜。」帝曰：「俞，予聞。如何？」岳曰：「瞽子。父頑，母嚚，象傲。克諧，以孝烝烝，乂不格姦。」帝曰：「我其試哉。」女于時，觀厥刑于二女。釐降二女于嬀汭，嬪于虞。帝曰：「欽哉！」

慎徽五典，五典克從。納于百揆，百揆時敘。賓于四門，四門穆穆．納于大麓，烈風雷雨弗迷。

帝曰：「格汝舜！詢事考言，乃言底可績，三載；汝陟帝位。」舜讓于德，弗嗣。

上面引文，透露了幾個重點。首先是君位繼承並沒有定制，但似乎存在君詢臣舉的舊規，因而有放齊推親，驩兜舉能之別。其次，推舉有先近後遠、先內後外的優先次序，因而有堯欲以四岳繼位，不得，才有諸侯之長（師）推薦微寒的舜。第三，君位是大位，舜雖然「克諧，以孝烝烝」而聲聞在外，但此是一身一家之事，不同於治天下理萬邦，因此須驗以實際政務。綜觀前文，三個重點可歸納為一點，即君位繼承人選所須具備的充要條件，不在於單一要件的身分或能力，也不在於地位的高低，階層的貴賤，而是個人德行的超邁與能力的出眾是否能具現於一身。前面提到堯如何取得共主的政權並不清楚，從上面舜的獲選所傳達的訊息，堯的情形大概也近似如此。簡言之，堯本身「允恭克讓」、「克明俊德」便是德行能力並具的典範，一旦須要確立繼任人選，自然也不外自此類型的人物中挑選。進一步說，朱、共工之所以不能繼承大位，是在個人的品格上有缺陷；即使堯認為「能庸（用）命」的四岳，謙辭的理由也在德上的不足。甚而是眾人認可的舜，自己也認為德不足以勝任，而要讓於比自己有德的人。〈堯典〉至此所傳達的歷史述論，主要是圍繞在治天下的三個面相：君位繼承的德讓思維，命官的用賢原則以及安民生產作息的曆法制作。以上幾點，就上古的歷史演進來說，具有原初、基型的歷史述論意義。

〈堯典〉的後半部記載了舜的各種制作。包含整飭四時、天文、地理、人道的「七政」，〔註27〕禮敬上帝、山川、羣神的祭儀，頒立分驗來朝諸侯的「五瑞」，調和四時十二月，釐定丈尺、斗斛、斤兩的「協時、月，正日；同律、度、量、衡」，區別諸侯尊卑的「五禮」，以及巡守朝見的規定等。這些制作不外是政治身分的界定，宗教禮敬的強化與社會生活、經濟交易的規範。此外，值得注意的是刑罰的制定以及罪愆的懲戒：

> 象以典刑。流宥五刑。鞭作官刑，扑作教刑，金作贖刑。眚災肆赦，怙終賊刑。「欽哉、欽哉！惟刑之恤哉！」流共工于幽洲（州），放驩兜于崇山，竄三苗于三危，殛鯀于羽山：四罪而天下咸服。

常刑的設立，反映了時代的法治思維，也說明了社會行爲關係的轉變。舜設常刑，說明社會秩序須要外在規範的依據，亦即舜的時代與堯的時代已有所不同，雖然說「惟刑之恤」表現了哀矜體諒的不忍，然而終究是刑。而刑罰雖力求寬宥，卻也出現了殛鯀的慘酷。比起鯀的被殺，共工、驩兜、三苗分別遭到流、放、竄的懲罰似乎是比較幸運。然而，重要的或許不在於此，而是在於四罪與舜的緊張關係，以及彼此之間可能存在而已不易爲書篇時代人所知的政治鬥爭吧。〔註28〕更重要的是，〈堯典〉此處所舉之事，就時代先後來說是最早的，其中的述論要旨在指陳罪行的懲罰，理據在一個罪字，依然不離舜的罰四罪是有它的正當性，所以「天下咸服」即使不無畏於政治爭鬥與鎮壓的可能，一旦確立正當性的理據後，便不妨舜的賢君形象。何況虞廷有自禹以下的九官與賢臣合計二十二人，〔註29〕說明舜能用賢。舜既有德且能用賢，又行罪罰惟恤，此一述論稍稍有別於堯的至德形象，樹立了德刑並用的另一種王者形象。

〔註27〕七政，《大傳》說是四時與天文、地理、人道，又說七政布位，指日月五星。馬融說是天、地與熒惑、辰星、填星、歲星、太白等五星。《注疏》，頁36。

〔註28〕關於上古時期氏族集團間的互動，近代學者頗多分疏，方便檢視可參見杜正勝所編的《中國上古史論文選集》所收錄的幾篇具代表性的作品，如徐旭生的〈我國古代部族三集團考〉，孫作雲的〈中國古代鳥氏族諸酋長考〉，傅斯年的〈夷夏東西說〉等。當然，此處所說「不易爲書篇時代所知」是僅就〈堯典〉簡略的記載而言。

〔註29〕九官：禹爲司空，棄爲后稷，契作司徒，皋陶作士，垂任共工，益作虞，伯夷作秩宗，夔典樂，龍納言。二十二賢臣，諸說紛紜，莫衷一是，說詳孫氏《注疏》，頁72，《集釋》，頁30，以及金景芳、呂紹綱，《《尚書·虞夏書》新解》，頁174、175。

堯以至德得天下，並以此推及天下庶政，舜則以德刑並用順理天下，就歷史發展而言，反映政治事務的處置有了實質的變化，同時也說明統治權威的落實有更爲具體的依傍。舜行常刑，是確認刑罰的施行有其功能與作用，也是一種維繫政治權威的必要措施；同時，由於舜是天下氏族長共同推舉出來的有德賢君，因此，舜施行刑政的舉措無論如何都具有以德爲判準的崇高性質。不僅共主的舜以德取天下，以德行刑，即使輔弼之士或天下的氏族長，亦基於此一準據而給予相應的對待。〈皋陶謨〉記皋陶言德賞罪罰時說：「天命有德，五服五章哉。天討有罪，五刑五用哉。」論者指出「五服五章」是賞有德，「五刑五用」是罰有罪。〔註30〕〈堯典〉對舜的描繪，比起堯來，除了延續德讓的觀念，又及於相互輔成的刑，在歷史述論的層面，加深了政權鞏固的認知基礎；而且經由對刑罰之所由的闡發與刑罰功用的確認，再次彰顯有德此一根基性行爲的重要。因此，此一歷史述論一方面再次的強化堯至舜的德，一方面也樹立了刑的理據。從這一層認知來看《尚書》中的第一場戰爭，便能理解征伐者「恭行天之罰」的理據。〈甘誓〉：

> 大戰于甘，乃召六卿。
>
> 王曰：「嗟！六事之人，予誓告汝：有扈氏威侮五行，怠棄三正。天用勦絕其命，今予惟恭行天之罰。」

〈甘誓〉中的王，一說是禹，一說是啓。至於有扈氏，有說是夏啓庶兄，〔註31〕莫衷一是。然而可以確知的是，這次戰爭發生的時代，正是古代政權延遞性質改變的轉折點上——由傳賢而傳子。有扈之亂，是否如《逸周書》所說的「弱而不恭」，〔註32〕有扈之亡，是否像《淮南子》所指稱的：「爲義而亡」，〔註33〕

〔註30〕關於「五服五章」、「五刑五用」，自漢至清各有疏解，其中頗多歧義，以經文所說的「有德」、「有罪」而言，德、罪是行爲，是因由；其後的服章、刑用是行爲的後果，亦即相伴的報應。說詳金景芳、呂紹綱，《《尚書·虞夏書》新解》，頁224～226。

〔註31〕說是禹者，如《墨子·明鬼下》、《莊子·人間世》、《呂氏春秋·召類》、《說苑·政理》。說是啓者，如《書序》、《史記·夏本紀》。另《呂氏春秋·先己》記夏后相與有扈戰，王應麟《困學紀聞》（卷二）云：「蔡邕〈銘論〉：『殷湯有甘誓之勒。』」有扈氏爲夏啓庶兄，如《淮南子·齊俗訓》：「有扈氏爲義而亡。」高誘注云：「有扈，夏啓之庶兄也。以堯舜舉賢，禹獨與子，故伐啓。啓亡之。」說詳《集釋》，頁73。

〔註32〕《逸周書·史記解》：「有夏之方興也，扈氏弱而不恭，身死國亡。」於時爲夏初，於事則不恭。陳逢衡云：「〈楚語〉觀射父謂其恃親而不恭，可爲不恭切據。」檢《國語·楚語》上、下皆無此事，顯係有誤。參見《逸周書彙校

文獻不足，不宜妄斷。而就〈甘誓〉所稱「有扈氏威侮五行，怠棄三正」，招致國家滅亡來看，夏后氏顯然是將征伐的理據，建立在有扈氏的悖離正常行宜，亦即「威侮」、「怠棄」的「有罪」之上。有罪用刑，〈甘誓〉裡的有扈氏有罪，夏后氏致其刑罰的手段是訴諸重於流、放、竄以一身之斃的殛，出之以戰爭——一種執行天罰的正義性的軍事行為。在這裡，歷史述論又較諸舜的施行刑罰只及於個別的人——四凶——進一步的延伸到氏族羣體；換言之，將刑的運用擴大到集體性的範圍。而經由戰爭形式加以貫徹的刑罰，其結果不僅突顯勝負雙方的正義與非義的區別，也替殘酷的滅國行為塗上正當的色彩。〔註34〕〈甘誓〉做為《虞夏書》中時代最後的一篇，文長雖然只有88字，卻概括了堯舜以下，政權取得與維繫的理據：重德→德刑並用→刑罰推擴；同時將自然的天轉化為意志的天：欽若昊天→天罰有罪→恭行天罰，這其中似乎也透露出人君的政治權威正在一步步的強化。張光直指出，上古時代取得與鞏固政治權威有幾種途徑、方式，包括身當大巫、器物與藝術的獨占以及控制文字等。〔註35〕張氏所說的雖然是針對殷商，然而早於殷商的古代政治，恐怕也含有這些成分。《虞夏書》不論是「巫的口頭傳授」，還是當代流傳下來的材料，而經後人彙編的「述古之作」，不外是統治上層的史迹。這些史迹所呈現的政治思維，即使不能完全看成是史迹的背後時代已形成的意識，至少可視為彙整成篇時代的知識分子已有的歷史述論。

前面所說的《虞夏書》的歷史述論性質，主要集中在政治層次，至於領袖人物致力於人民物質條件的改善，亦即經濟層面的述論，亦有所鋪陳。除

注》，頁 1017。

〔註33〕《淮南子‧齊俗訓》：「義者，循理而行宜也；禮者，體情制文者也。義者，宜也；禮者，體也。昔有扈氏為義而亡，知義而不知宜也。」見張雙棣，《淮南子校釋》，頁 1151。依文義，〈齊俗訓〉所論有扈「為義而亡」，當係循其正當之理卻忽視時機上的適當與否。若此，則夏后與有扈的戰爭，或有其隱晦處。

〔註34〕這裏所說的正義與非義係就〈甘誓〉中的指控加以概括的，至於何者是正義，何者為非義，〈甘誓〉之文已昭然若揭。當然，在後人的認知裏並不完全如此。前注《淮南子‧齊俗訓》說「有扈氏為義而亡，知義而不知宜」，便不取〈甘誓〉的「威侮」、「怠棄」此一道德性的指控理據。另《史記‧夏本紀》說夏啓為天子，「有扈氏不服。啓伐之，大戰於甘。」隨後引〈甘誓〉之文，而續云：「遂滅有扈氏，天下咸朝。」《新校本史記三家注》，頁 84。司馬遷沒說「不服」何指，但「不服」才是「啓伐之」的原因；而有扈氏滅後的情形是「天下咸朝」，可見有扈氏未滅之前，天下尚有抱持異議的氏族。

〔註35〕《美術、神話與祭祀》，第三～六章，頁 39～112。

了前述堯命羲和制曆，關涉農事生產，以及舜命棄爲后稷職司百穀之外，主要集中在〈皐陶謨〉與〈禹貢〉。〈皐陶謨〉，《孔傳》云：「皐陶爲帝舜謀。」〔註36〕皐陶，《史記‧夏本紀》謂：「帝舜朝，禹、伯夷、皐陶相與語帝前。皐陶述其謀曰：……。」〔註37〕二者皆說〈皐陶謨〉是皐陶謀於帝舜。實則〈皐陶謨〉不止於此，其中關涉禹的事、言占了很大的篇幅，這一部分與本文所論最有關係，今述於下。〈皐陶謨〉：

> 帝曰：「來！禹。汝亦昌言。」禹拜曰：「都！帝。予何言？予思日孜孜。」皐陶曰：「吁！如何？」禹曰：「洪水滔滔，浩浩懷山襄陵，下民昏墊。予乘四載，隨山刊木。暨益奏庶鮮食。予決九川，距四海；濬畎澮，距川。暨稷播奏庶艱食、鮮食，懋遷有無化居。烝民乃粒，萬邦作乂。」皐陶曰：「俞。師汝昌言。」……。（帝曰：）
> 〔註38〕「無若丹朱傲，惟慢遊是好，傲虐是作，罔晝夜頟頟；罔水行舟，朋淫于家，用殄厥世，予創若時。」（禹曰：）「娶于塗山，辛壬癸甲。啓呱呱而泣，予弗子，惟荒度土功。」

〈皐陶謨〉前半有一大段是記載皐陶與禹在舜前討論國君治理天下，以及佐臣如何相與輔弼的原則、方法，事涉治道，其中主旨在「知人安民」二概，而總括以「天聰明，自我民聰明；天明畏，自我民明畏。達于上下，敬哉有土」的政治目的。這是所謂的「皐陶爲帝謀」的內容。舜在聽完皐陶之謀後，也要禹發表他「知人安民」的意見，因而有上引禹不同於皐陶的看法。

從「予思日孜孜」以下，禹所說的顯然側重於「安民」一端，而安民在禹的認知裡，除去抽象性原則的論理外，同時致意於與一般人民生活直接相關的經濟生產、物質條件。在此具體的俗世事務上，領導者本身不能高自位置，自外於實際事務的關注。「思日孜孜」，是禹勤於平水土的司空職責。禹主持治水，以〈堯典〉前後文觀，是繼續鯀的重大工作，在時程上歷經堯、舜二代，可見水患一直沒有得到妥適的處理，也說明了鯀治水的欠缺成效。鯀是以何種方法或領導方式治水，《虞夏書》無說，而〈堯典〉也只說是「九載，績用弗成」，最後落得被舜殛於羽山的下場。依《史記‧夏本紀》的說法，

〔註36〕《尚書正義》，頁 0059。
〔註37〕《新校本史記三家注》，頁 77。
〔註38〕〈皐陶謨〉裡發言的有帝（舜）、皐陶、禹。其中發言的章句句讀關係到內文的理解，這裡採金景芳、呂紹綱的意見，主要是金、呂二氏的引證疏理，前後通貫，易於理解、把握。

鯀被殛殺是肇因於治水失敗，〔註39〕而以〈皋陶謨〉記禹「思日孜孜」於水患治理的陳述來看，治水的成敗，至少包括了方法的當與否，以及主事者任事的心態。關於方法，〈皋陶謨〉說是「隨山刊木、決九川，距四海；濬畎澮，距川。」〈禹貢〉則說是「傅土，隨山刊木，奠高山大川。」《史記‧夏本紀》綜言：「興人徒以傅土，行山表木，定高山大川。」文有小異，意則大同。關於任事心態，則是戮力任事，親自操持，以身作則，公而忘私。「隨山刊木」意指禹到處奔走，〔註40〕「決川濬澮」，莊子認爲禹「親自操橐耜」。〔註41〕「娶于塗山，辛壬癸甲」，是說新婚四日即離家復往治水，「啓呱呱而泣，予弗子」，則指兒子啓出生後，自己無暇照顧、愛護他。〔註42〕凡此都是爲了掛心於水患的治理及善後的籌謀：「唯荒度土功」。勤於任事，公而忘私，正是禹「思日孜孜」此一職任在心態、行爲上的體現。《史記‧夏本紀》說「禹傷先人鯀功之不成受誅，乃勞身焦思，居外十三年，過家門不敢入」，正可說明禹任事心態的一斑。

〔註39〕 《史記‧夏本紀》記載四岳推舉鯀主持治水的任務，原因是「未有賢於鯀者」，可見鯀在堯時是水利工程的傑出專家。然而，當時的水患嚴重到「懷山襄陵」，使鯀也束手無策。〈紀〉云：「九年而水不息，功用不成。於是帝堯乃求人，更得舜。舜登用，攝行天子之政。巡狩行視鯀之治水無狀（《索隱》：「言無功狀。」）乃殛鯀於羽山以死。天下皆以舜之誅爲是。於是舜舉鯀子禹，而使續鯀之業。」正說明鯀的被殺，是因爲治水失敗所引起的，所以天下人都認爲鯀罪當誅。《新校本史記三家注》，頁50。關於鯀的被殺，除了〈堯典〉、〈夏本紀〉所記與治水不成有關之外，先秦載籍多有不同見解，如〈離騷〉、〈天問〉、〈九章‧惜誦〉、《韓非子‧外儲說右上》、《呂氏春秋‧行論》、《吳越春秋》等；多云鯀之死，與政治爭鬥攸關。說詳錢穆，〈鯀的異聞〉，《中國學術思想史論叢（一）》，頁91～93。

〔註40〕 隨山刊木，古今對於文字訓義有些出入，至於大意，不外是禹親身參與，到處奔走。《《尚書‧虞夏書》新解》，頁233。

〔註41〕 見《莊子‧天下》篇。此語係莊子引墨子稱道禹時的話，唯並不見於今本《墨子》。莊子之意在批評墨子效法禹的勞身苦形。在莊子眼中，勞身苦形必由親自操持而來，二者實爲一義。見郭慶藩，《莊子集釋》，頁1077。另《史記‧殷本紀》引〈湯誥〉亦稱：「古禹、皋陶，久勞于外，其有功乎民，民乃有安。」《新校本史記三家注》，頁97。

〔註42〕 《史記‧夏本紀》云：「帝曰：『毋若丹朱傲，維慢游是好，毋水行舟，朋淫于家，用絕其世，予不能順是。』禹曰：『予辛壬娶塗山，癸甲生啓，予不子，以故能平水土功……』」《集解》、《索隱》、《正義》皆主辛日娶塗山女，癸日出往治水。《考證》云：「生啓予不子，五字一句，言塗山氏有孕生啓，予過門入，不得子視之也。」別爲一解。參考〈皋陶謨〉前後文義，衡諸常情，三家並《考證》之說可從。《史記會注考證》，頁50。

　　積極從事，因公忘私，歷經漫長的時日，水患始得平息，並轉水患爲水利，使各地區的農業耕種，各隨土地之宜，得以獲致良好的基礎條件：灌溉之便、壤土之利，因而物資也得以充足。從這個層面來看〈禹貢〉，也許可以擺脫〈禹貢〉的諸多糾葛。〔註43〕〈禹貢〉裡提及地理、水文乃至物產，常連綴以一個「既」字，如「既載壺口」、「既修太原」、「大陸既作」是地理。「九河既道」、「三江既入」、「沱、潛既道」、「弱水既西」、「九澤既陂」是水文。「桑土既蠶」、「篠、簜既敷」是物產。「既」字向來無人疏解，大概作「已事之辭」〔註44〕明曉無歧義，亦即諸事皆已就緒，而根本處就在水道都已得到濬導。因此，〈禹貢〉所述及的各地土宜、物產，亦即農業經濟正常運作的根本基礎獲得改善、強化；不僅人民能享用「艱食、鮮食」兼有熟食生食的糧食供給，甚而進一步可以進行「懋遷有無化居」的貿易遷徙，互通積聚的物資交易，達到人民安居，萬邦得治，和輯天下的郅治境地。〔註45〕以此爲前提，則〈禹貢〉所載的天下方物，不僅品類眾多，而且還輸運於江河之間，所謂的「浮」、「達」於某江、水、河、海，也說明了〈皋陶謨〉所載的「懋遷有無」應該是有其實質內容。〈夏本紀〉說：「自虞、夏時，貢、賦備矣」，〔註46〕是據〈禹貢〉爲說。

　　貢、賦涉及政治上的運作，也關係到經濟形態與物質生產，其中詳情難以詳說，以《虞夏書》有限的記載而言，卻是彌足珍貴；它反映了遠古時代對經濟發展的重視，在歷史演進中有一定的意義。進一步說，此一經濟形態

〔註43〕關於〈禹貢〉的問題，約略而言有：鐵器出現年代、巴蜀與內地的交通開始的時間、九州的空間及九州稱謂出現的時間、五服的說法及出現的時期、貢的內容與性質等。凡此都涉及時間，也關係到〈禹貢〉所述史迹的眞僞，書成於何人之手等考據上的問題。這些爭議肇始於唐宋，下迄晚近，眾說紛紜，屈萬里略有介紹與分疏，概言道：「本篇之著成，蓋在春秋末年。」《集釋》，頁47、48。其後金景芳、呂紹綱有更完整的疏理與論證，謂：「最可能的情況是虞夏之時記錄留下了禹別九州，作土任貢的史料，傳至後世，到了周平王東遷之後，即春秋初期，經過一位學者的加工潤色而寫定成篇。今之學者（按：指錢玄同、顧頡剛、郭沫若、陳夢家等人）有人斷定《禹貢》是戰國中期作品，我們實不敢苟同。」說詳《《尚書・虞夏書》新解》，頁289～300。

〔註44〕《《尚書・虞夏書》新解》，頁305。

〔註45〕以上對於〈皋陶謨〉：「艱食、鮮食，懋遷有無化居。烝民乃粒，萬邦作乂」的句意依金景芳、呂紹綱之解。《《尚書・虞夏書》新解》，頁235、236。

〔註46〕司馬遷這句話是肯定用語，與下面「或言禹會諸侯江南，計功而崩，因葬焉，命曰會稽。會稽者，會計也。」只記傳言者不同。《新校本史記三家注》，頁89。

的發展與生產條件的穩定息息相關，其中的關鍵，又可推源於禹的平治水土獲得莫大的成就。前面提到治水成敗，至少繫於技術上的方法，與主事者任事的心態和貫徹履行。從〈皋陶謨〉與〈禹貢〉加以解讀，前者重在任事的心態與貫徹履行，後者則側重於濬導技術的成就。以歷史的涵義而言，前者無疑的突顯了主事個人的勞苦勤事形象。在古代的人君裏，如此身當苦勞的，莫過於禹了。禹以身體力行，爲「安民」做了最直接、最當下、最切身的詮釋，這種有別於皋陶「行有九德」的原則性的治道要求，具有與庶民生活更貼近的真實感；同時也爲遠古時期側重政治的歷史述論，留下經濟與物質條件對政治安定的影響的珍貴記錄與述論。

二、續舊承先的論理與實質

　　「舊」與「先」的觀念，以《尚書》三《書》的時代先後來看，最早出現於《商書》，到了《周書》有更爲周詳完備的發展。

　　「舊」與「先」，在《尚書》中的內容，大致分對人與對事，並且以此爲基礎，展開相關的述論。〈堯典〉、〈皋陶謨〉的首句都是「曰若稽古」。古今對「曰若稽古」的解釋有些歧異，總不離針對古代歷史的考述。〔註47〕〈甘誓〉數有扈氏「威侮五行，怠棄三正」是重大罪愆，則五行、三正亦原來就有的舊事、舊政，〔註48〕而有扈氏也因威侮、怠棄遭致夏后的征討。

　　《商書・盤庚》三篇對於「舊」、「先」有清楚的說明與強調。

　　〈盤庚上〉：

> 先王有服，恪謹天命；茲猶不常寧，不常厥邑，于今五邦。今不承
> 于古，罔知天之斷命；矧曰其克從先王之烈？若顛木之由蘗，天其
> 永我命于茲新邑，紹復先王之大業，底綏四方。
>
> 盤庚斅于民，由乃在位，以常舊服，正法度。……。王若曰：「……。
> 古我先王，亦惟圖任舊人共政。」
> ……。

〔註47〕詳參《注疏》，頁2～4；《集釋》，頁6～7；《尚書・虞夏書》新解，頁9、
　　　　10。
〔註48〕五行三正，向來有不同的意見。近人則有以「自然規律」與「天地人之道」
　　　　的「政事」解之，總之，不離《甘誓》背景時代已有的舊事、舊政。詳參《注
　　　　疏》，頁210、212；《集釋》，頁73～75；《尚書・虞夏書》新解，頁444～
　　　　448。

遲任有言曰：「人惟求舊；器非求舊，惟新。」

〈盤庚中〉：

> 殷降大虐，先王不懷；厥攸作，視民利用遷。……。予若籲懷茲新邑，亦惟汝故，以丕從厥志。……。今其有今罔後，汝何生在上？……。予迓續乃命于天；予豈汝威？用奉畜汝眾。予念我先神后之勞爾先；予丕克羞爾，用懷爾然。……。古我先后，既勞乃祖乃父，汝共作我畜民。……。無俾易種于茲新邑。往哉生生！今予將試以汝遷，永建乃家。

〈盤庚下〉：

> 古我先王，將多于前功，適于山；用降我凶，德嘉績于朕邦。今我民用蕩析離居，罔有定極。爾謂朕：「曷震動萬民以遷！」肆上帝將復我高祖之德，亂越我家。朕及篤敬，恭承民命，用永地于新邑。

上引〈盤庚〉三篇，屬於訓告性質。事情起緣於盤庚遷都，而諸執事乃至人民有微辭，於是盤庚乃訓告遷都之必要；申之再三，並威以「劓殄滅之，無遺育」的恫嚇，可見遷都邑之事所遭受到的反對阻力非比尋常。爲了說服人民，盤庚說之以理，動之以利，威之以刑，三篇訓文環繞著對族群發展歷史傳統的繼承，當下困境的克服，以及後嗣綿衍的思慮。這三者其實共同指涉了一件最重大的歷史使命：「底綏四方」。在盤庚遷殷之前，遷都之舉對商民族而言是一種常態，以湯爲界，有所謂的「前八而後五」，〔註49〕其性質爲何，不得其詳，以〈盤庚〉與〈殷本紀〉來看，主要是爲了謀取更好的發展契機，〔註50〕如此才能眞正的達到「底綏四方」。然而，即使有如此正大的理由，還

〔註49〕見張衡〈西京賦〉：「殷人屢遷，前八而後五。居相圮耿，不常厥土。盤庚作誥，帥以苦。」嚴可均輯，《全上古三代秦漢三國六朝文》（北京：中華書局，1995），《全後漢文》卷五十二，頁764。《史記‧殷本紀》：「自契至湯八遷」、「盤庚渡河，南復居成湯之故居，迺五遷，無定處。」亦八五之數。《新校本史記三家注》，頁93、102。

〔註50〕近人分別前八後五，謂：「性質上有明顯的不同。湯以後的『五遷』，是指商王在統治區內的遷都，即統治中心的遷移，而契至於湯的『八遷』，則是商族在建國以前，由於自然的緣故以謀求生存空間或者出於政治原因，整個部族的遷徙。」詳見胡厚宣、胡振宇，《殷商史》，頁35。殷商遷都前八後五性質是否可以如此二分，抑或兼而有之，以〈盤庚〉的內容並考《史記‧殷本紀》載盤庚遷都前「比九世亂，於是諸侯莫朝」，遷都後「行湯之政，然後百姓由寧，殷道復興，諸侯來朝」的情形，恐怕兼而有之，概言之，是爲了整個殷商民族謀取更好的發展契機。關於盤庚遷都，古今說法有別。古說有二：（一）

必須藉由「舊」、「先」的歷史傳統加以強調、證實。因此,不僅盤庚的遷都是「從先王之烈」、「紹復先王之大業」、「復我高祖之德」,也是承續「古我先王」「圖任舊人共政」的傳統;同時也延續「我先神后之勞爾先」、「古我先后,既勞乃祖乃父」的「舊服」,亦即舊政的常規。換言之,盤庚的續舊承先,是爲了延展殷商王朝的國祚,而諸執事乃至庶民的先祖,自來都能支持殷商王室,彼此同心謀事,共同成就了殷商民族克服困境,延續命脈的集體突破與發展。因此,盤庚可以說是殷商中後期的賢君,是以司馬遷讚揚盤庚時「殷道復興」。

「舊」與「先」的思維,可以說是從現狀的理解而來的,做爲歷史的過往內容,在典冊逐漸形成的殷商時代,歷代的統治高層,對於形諸各種器物的載記,不能沒有或多或少,或深或淺的認知。此一認知,在述論上的概括,則出之以原則性的規範。而此一規範,實際上是一系列的人、事行爲或制作,經由實際的運作,被證明有益於族群社稷發展的法則,因此,也可視爲是一套習慣法則,它提供了群際發展上,良性的經驗準據。透過族群的綿長歷史史迹,清楚的呈現它的特質——就存在的已然事實而言,統治高層必須正視這一經驗準據,並從中得到施政的樞機。在這一層認知與實踐來看,周代的知識分子,顯然有他們更爲深刻的思慮在。

〈洪範〉:

> 無偏無陂,遵王之義,無有作好,遵王之道,無有作惡,適王之路。……。會其有極,歸其有極。曰:「皇極之敷言,是彝是訓,于帝其訓。」

屈萬里釋「極」爲「法則」,「訓」則承鄭玄之釋,解爲「順」。〔註51〕〈洪範〉云「遵王」、「適王」,意爲遵循順從先王的法則,便是續舊承先。君王能循從先王法則,便能「作民父母,以爲天下王」。

〈微子之命〉:

> 殷王元子!惟稽古崇德象賢,統承先王,修其禮物,作賓于王家,

去奢行儉,(二)水患。今說以 1970 年爲分期,之前亦有二說:(一)游牧,(二)游農;之後二說因田野考古所揭示商文明與之不合,漸爲人所棄;除再次重證舊說,並從軍事、政治因素加以探討。總之不外謀取發展的應變。這方面的論著及其內容大要,可參詳朱鳳瀚、徐勇編著,《先秦史研究概要》(天津:天津教育出版社,1996),頁 269~271。

〔註51〕《集釋》,頁 122。

> 與國咸休，永世無窮。嗚呼！乃祖成湯，……。功加于時，德垂後
> 裔。爾惟踐修厥猷，舊有令聞。……。往敷乃訓，慎乃服命，率由
> 典常，……。弘乃烈祖，……。世世享德。

〈微子之命〉，《書序》云：「成王既黜殷命，殺武庚；命微子啟代殷後，作〈微子之命〉。」性質與〈多士〉、〈多方〉近似，而文辭則無罪譴之氣，唯以殷商先哲王及烈祖的善政典常勸勉。大概是因為微子賢良，期以先王德善典型，而微子便知旨意。微子雖為朕國之遺，終是大邦之後，慎遵先王之義，謹行先王之道，縱使不能復圖殷商王朝之再興，卻足以承續先祖宗廟血食。以後事的發展來看，宋的傳國久長亦足為例證。

　　復舊承先的經驗理據更為具體的人、事取資，以及此一經驗的實效，見諸殷商的史迹尚有數端。

　　〈酒誥〉：

> 在昔殷先哲王，迪畏天，顯小民，經德秉哲。自成湯咸至于帝乙，
> 成王畏相。

〈召誥〉：

> 茲殷多先哲王在天，越厥後王後民，茲服厥命。

〈多士〉：

> 爾先祖成湯革夏，俊民甸四方，自成湯至于帝乙，罔不明德恤祀。
> 亦惟天丕建，保乂有殷；殷王亦罔敢失常，罔不配天，其澤。

〈多方〉：

> 乃惟成湯，克以爾多方，簡代夏作民。慎厥麗，乃勸；厥民刑，用
> 勸。以至于帝乙，罔不明德慎罰，亦克用勸。

成湯受命，肇始殷商王朝，具體的人世君王功蹟，莫過於此。湯以後的殷商王朝，迭有衰興相間，《史記‧殷本紀》所見自湯至紂，計有六興衰，[註52]可見興衰相乘，為殷商國族史迹之常。周人在論述殷商末王紂之前的史迹時，致意於「保乂有殷」的續命事實，證諸〈無逸〉與〈君奭〉，〈殷本紀〉中的六興之君除盤庚之外，悉在其中。〈無逸〉：

> 昔在殷王中宗，嚴恭寅畏，天命自度，治民祗懼，不敢荒寧。……。

〔註52〕六興：湯、太甲、太戊、祖乙、盤庚、武丁。八衰：太甲、雍己、河亶甲、陽甲、小辛、帝（祖）甲、帝乙、帝辛（紂）。其中太甲衰而復興，一人而二事，分別計之。見《新校本史記三注》，頁96～106。

其在高宗，……。不敢荒寧，嘉靖殷邦。……。其在祖甲，……。
能保惠于庶民，不敢侮鰥寡。

〈君奭〉：

我聞在昔，成湯既受命，時則有若伊尹，格于皇天。在太甲，時則有
若保衡。在太戊，時則有若伊陟、臣扈，格于上帝；巫咸，乂王家。
在祖乙，時則有若巫賢。在武丁，時則有若甘盤。率惟茲有陳，保乂
有殷；故殷禮陟配天，多歷年所。天惟純佑命，則商實百姓王人，罔
不秉德明恤；小臣屏侯甸，矧咸奔走。惟茲惟德稱，用乂厥辟。

上文殷商五賢君中的祖甲，在〈殷本紀〉裡非但不是使「殷道復興」的賢君，
反而是淫亂、無道之主。〔註53〕〈殷本紀〉稱祖甲「淫亂」，當係取《國語·
周語下》：「玄王勤商，十有四世而興。帝甲亂之，七世而隕」，以商紂上推
七王即爲祖甲。〔註54〕然而若據《今本竹書紀年》，於祖甲下記云：「二十
四年，重作《湯刑》」，王國維疏證謂：「『《左·昭五年傳》：『商有亂政而作《湯
刑》』。』」〔註55〕考《左傳》，魯昭公六年，鄭子產鑄刑書，晉叔向遺書反對，
謂：「夏有亂政，而作《禹刑》；商有亂政，而作《湯刑》；周有亂政，而作
《九刑》。三辟之興，皆叔世也。」楊伯峻引《漢書·刑法志》顏師古注：「叔
世言晚時」。〔註56〕《紀年》說祖甲「重作《湯刑》」，當係指實際執行殷商
先王留下來的刑法，重作可視爲認眞執行解。查《竹書紀年》，商王紀年行
事而及於刑者唯此一見。祖甲認眞執行可以安民的強制措施——刑罰，此事

〔註53〕 〈殷本紀〉自湯以後殷王稱甲者六：太甲、小甲、河亶甲、沃甲、陽甲、祖甲，
其中太甲先亂後治，河亶甲、陽甲、祖甲皆爲衰亂之主。稱乙者五：天乙（湯）、
祖乙、小乙、武乙、帝乙，其中武乙、帝乙亦無道之君，尤以武乙以偶人象天，
「爲革囊盛血，卬而射之，命曰射天」，更屬狂妄。見《新校本史記三家注》，
頁96～06。武乙事見頁104。史記·魯周公世家》云：「其在祖甲，不義惟王，
久爲小人于外。」《集釋》引孔安國、王肅之說，謂祖甲爲湯孫太甲爲王不義，
久爲人小之行，爲伊尹流放桐宮。又舉馬融之言，稱祖甲係武丁之子帝甲，有
兄祖庚，而祖甲賢，武丁欲立之，祖甲以廢長立少不義，逃亡民間，後祖庚卒，
乃立爲王。《考證》引中井積德之說：「〈殷紀〉稱帝甲淫亂，殷復衰，或是別
人。」顯係調和，唯無確證。見《史記會注考證》，頁568。

〔註54〕 此言係衛人彪傒說單穆公勿與諸侯共城成周之語。時爲周敬王十年，當魯昭
公三十二年，周天子衰弱已甚，彪傒舉三代興亂及亡，謂周不可救以阻單穆
公。史公當即本其意而謂祖甲「淫亂」。彪傒事見《國語》，頁145。

〔註55〕 王國維，《今本竹書紀年疏證》，收入方詩銘、王修齡，《古本竹書紀年輯證》，
頁226。王氏說的「《左·昭五年傳》」的「五」應作「六」。

〔註56〕 《春秋左傳注》，頁1275。

或有實效，就政權維繫而言，不能一概抹殺，此中意致，周代的知識分子尚能重視把握；〔註57〕即使子產亦不以爲非，認爲自己鑄刑書之舉是「吾以救世也」。實則，刑罰之用與仁德之舉，在後世知識分子的認知中，本就存有仁智之見。《國語・周語下》與〈殷本紀〉說帝甲「亂」、「淫亂」，是將社會的不安寧歸於君王一身，《紀年》與《左傳》則以政亂而用刑，亦即社會情勢的紊亂連綴刑罰之用。從〈無逸〉所說祖甲「能保惠于庶民，不敢侮鰥寡」是「不敢荒寧（無逸）」的評價來看，《紀年》或許更能存眞。〔註58〕

　　祖甲行湯時之刑，周人不以爲不是，此亦周代知識分子所認可的復舊承先，足可與太甲、太戊、祖乙、盤庚、武丁等殷商先哲王並列。不僅祖甲如此，即便被司馬遷責備在位時「殷益衰」的帝乙，在周代知識分子的認知裏，猶屬能夠「保乂有殷」的君主。上引兩言「自成湯至于帝乙」云云，於〈酒誥〉鄭玄注曰：「從成湯至帝乙，中間之王猶保成其王道，畏敬輔相之臣，不敢爲非。」於〈多士〉注謂：「自帝乙以以上，無不顯用有德，憂念齊敬，奉其祭祀，言能保宗廟社稷。」〔註59〕帝乙未必賢，也不足於復舊使「殷道興」，不過還能維持起碼的守成，也算是一種承先了。

　　周代知識分子對於殷商先哲王的定義，顯然是相對寬鬆的，這裏面有他們藉由與商紂的比較以突出商紂罪愆的用意在，此容下文分疏。另有一番心思是爲了說明，保有最基本的政權基礎所不能忽視的原則──續命之所以可能，在於復舊承先。

〔註57〕周代之前聖賢作刑行罰見諸〈堯典〉的皋陶五刑，〈呂刑〉的「伯夷降典，折民惟刑」，〈康誥〉的「文王，克明德慎罰」、「殷罰」、「文王作罰，刑茲無赦」等，可見周人對刑罰並非全以負面作用視之。

〔註58〕祖甲，自孔安國後至於清代，向有即是太甲之說。孔說見注53。清段玉裁《古文尚書撰異》亦主祖甲即太甲，屈萬里引段氏之說，謂「所論甚諦」。段氏說見《集釋》，頁198。孫星衍亦同意祖甲即太甲。《注疏》，頁439、440。本文認爲太甲是太甲，祖甲是祖甲。〈殷本紀〉與〈魯周公世家〉所據資料來源一爲《國語・周語》，一爲《尚書・無逸》，就資料的信實而言，〈無逸〉爲周初文獻，出於周公之時，而周公於殷商典冊多有見及，當不至於誤太甲爲祖甲。且叔向反對鑄刑書的前提是「先王議事以制，不爲刑辟」，是則「叔世」之意，未必是針對君主一人。另據古今本《竹書紀年》並載伊尹放太甲桐宮三年，七年太甲殺伊尹之事（《古本竹書紀年輯證》，頁23、24、218），則太甲之行恐未必能得周公之心。或有異議者：〈君奭〉不也稱頌太甲？實際上，〈君奭〉於太甲云：「時則有若保衡」，是指賢佐保衡而言，而不論保衡是伊尹或黃尹（《集釋》引陳夢家說，頁205），文旨亦不全在太甲。

〔註59〕《尚書正義》，頁209、237。

三、悖舊棄先的論理與實質

周代知識分子對於殷商自帝乙以上，所謂的先哲王能復舊承先的歷史述論，明顯的是給予正面的肯定，這種正面的肯定，當然未必符合殷商數百年的歷史真實，卻也不能說沒有他們的實際用心與深刻意致。概言之，周代知識分子是有意識的將此一歷史述論，緊扣住悖舊棄先的王朝末王，如夏桀、商紂的行止所致的亡國下場，做一突顯的比較；同時也為商湯、周文王、武王遂行「恭行天罰」的順天革命，建構一套正確且必要的理據。

《尚書》中三代之君最早以無道失天下的是夏桀。〈多士〉：

> 我聞曰：「上帝引逸。」有夏不適逸，則惟帝降格，嚮于時夏。弗克
> 庸帝，大淫泆，有辭；惟時天罔念聞，厥惟廢元命，降致罰。

〈多方〉：

> 洪惟圖天之命，弗永寅念于祀。惟帝降格于夏，有夏誕厥逸，不肯
> 慼言于民；乃大淫昏，不克終日勸于帝之迪，乃爾攸聞。厥圖帝之
> 命，不克開于民之麗；乃大降罰，崇亂有夏，因甲于內亂。〔註60〕

〈立政〉：

> 休茲，知恤鮮哉！古之人迪惟有夏，乃有室大競，籲俊尊上帝，迪
> 知忱恂于九德之行。
>
> 桀德惟乃弗作往任，是惟暴德，罔後。

夏朝先王能得到上天福佑，且又有賢能的卿士相輔佐，是夏朝先王已立下良好的師法典範，無奈末王桀淫逸昏暴，荒棄祭祀（弗念于祀）、不任賢佐（弗作往任）；這種鄙棄天命、帝命的不敬行為（暴德），是一種罪過（有辭），一種自取滅亡的罪過。〈召誥〉稱夏人不能延其國命是「面稽天若」、「不敬厥德」；前者違背天意，後者指不知敬慎德行，無非都是心態上的自我放縱，表現在行為上的便是淫佚昏暴。

夏桀的暴德亦見於《商書·湯誓》：

> 有夏多罪，天命殛之。
>
> 夏氏有罪，予畏上帝，不敢不正
>
> 「夏罪其如台？」夏王率遏眾力，率割夏邑，有眾率怠弗協。曰：「時
> 日曷喪？予及汝皆亡！」

〔註60〕圖天之命，圖帝之命。圖，孫解「圖度」，屈釋「鄙棄」。《注疏》，頁 461；《集
　　　釋》，頁 215。

夏桀有罪愆，不以人民爲念，導致人民憤怒，竟說出要與統治者同歸於盡的
絕望怨語。〔註61〕〈湯誓〉，屈萬里說其中「有弔民伐罪之思想。疑與〈牧誓〉
同爲戰國時人述古之作」。〔註62〕其實，弔民伐罪的思想，不必等到戰國時才
有，〈康誥〉說文王「惟時怙，冒聞于上帝，帝休。天乃大命文王，殪戎殷，
誕受厥命」；〈多士〉：「旻天大降喪于殷，我有周佑命，將天明威，致王罰，
勑殷命終于常」；〈牧誓〉：「今惟我周王，丕靈承帝事。有命曰：『割殷！』告
勑於帝」，以及「恭行天罰」；〈多士〉：「致天罰」；〈多士〉、〈多方〉：「致天之
罰」等，都有替天行道，弔民伐罪的思想在。〈湯誓〉特出的地方，是在「及
汝皆亡」，點出了夏桀的昏暴，已到人天共怒的地步。從歷史朝代的先後而言，
夏是三代之首，夏桀是三個王朝中暴德形象的第一人，以繼承夏代自居的周
代統治階層或知識分子，如此記載夏桀的行爲，應有他們的寄意在。約略而
言，在肯定商湯的革命行爲在道德理據上的正當與合宜，並以商湯乃至殷商
先哲王的德行，突顯殷商末王紂的昏德、凶德；藉以說明周文王伐商的革命
行爲一如商湯，〔註63〕並進一步勸勉後王宜恪敬明德，慎始慎終。

　　前引〈多士〉天廢元命，降致罪罰後，周公接著說：

　　　　乃命爾先祖成湯革夏，俊民甸四方。自成湯至于帝乙，罔不明德恤
　　　　祀。亦惟天丕建，保乂有殷；殷王亦罔敢失帝，罔不配天，其澤。
　　　　在今後嗣王，誕罔顯于天，矧曰其有聽念于先王勤家？誕淫厥泆，
　　　　罔顧于天顯民祗。惟時上帝不保，降若茲大喪。

〈多方〉於責備夏后淫昏後說：

　　　　天惟時求民主，乃大降顯休命于成湯，刑殄有夏。乃惟成湯，克以

〔註61〕「時日曷喪？予及汝皆亡」，《孔傳》云：「欲殺自身以喪桀。」鄭康成説是「桀
　　　　見民欲叛，乃自比於日，曰『是日何嘗喪乎？日若喪亡，我與汝亦皆喪亡。』
　　　　引不亡之徵以脅恐下民。」《尚書正義》，頁 0108。《孟子・梁惠王上》：「〈湯
　　　　誓〉曰：『時日害喪？予及汝偕亡！』民欲與之皆亡。」趙歧説是湯與百姓「俱
　　　　往亡」（逃亡）。焦循認爲是「言桀之失德，全在民欲與之皆亡」，是意同於同
　　　　歸於盡。《孟子正義》，頁 49。另楊希枚基於三代的神、帝、人王乃太陽神之
　　　　轉化稱謂，指出此處的日即太陽，亦即商王紂。全句白話：「這個太陽怎麼還
　　　　不死，我們寧願同你一起死掉。」意同於同歸於盡。見楊希枚，〈中國古代太
　　　　陽崇拜研究（語文篇）〉，收入楊希枚，《先秦文化史論集》（北京：中國社會
　　　　科學出版社，1995），引文見頁 755。
〔註62〕《集釋》，頁 77。
〔註63〕殷革夏命，除下文所引，並參《逸周書・周月解》：「其在商湯，用師于夏，
　　　　除民之災，順天革命」。《逸周書彙校集注》，頁 620。

> 爾多方，簡代夏作民主。愼厥麗，乃勸；厥民刑，用勸。以至于帝
> 乙，罔不明德愼罰，亦克用勸。要囚。殄戮多罪，亦克用勸；開釋
> 無辜，亦克用勸。今至于爾辟，弗克以爾多方享天之命。

又說：

> 非天庸釋有殷。乃惟爾辟，以爾多方，大淫圖天之命，屑有辭。乃
> 惟有夏，圖厥政，不集于享，天降時喪，有邦間之。乃惟爾商後王，
> 逸厥逸，圖厥政，不蠲烝，天惟降時喪。

另〈酒誥〉：

> 封！我聞惟曰：「在昔殷先哲王，迪畏天，顯小民，經德秉哲。自成
> 湯咸至于帝乙，成王畏相。惟御事厥棐有恭，不敢自暇自逸，矧曰
> 其敢崇飲？……；罔敢湎于酒。不惟不敢，亦不暇。惟助成王顯德，
> 越尹人祗辟。

> 我聞亦惟曰：「在今後嗣王（紂）酗身，厥命罔顯于民，祗保越怨不
> 易。誕惟厥縱淫泆于非彝，用燕、喪威儀，民罔不盡傷心。惟荒腆
> 于酒，不惟自息，乃逸。厥心疾很，不克畏死；辜在商邑，越殷國
> 滅無罹。弗惟德馨香、祀登聞于天，誕惟民怨。庶羣自酒，腥聞于
> 上；故天降喪于殷，罔愛于殷，惟逸。天非虐，惟民自速辜。

〈多士〉、〈多方〉同爲克殷後對東方殷遺貴族與諸方國的政治宣導，因此，
誥詞中多涉殷商自成湯以至紂王的古史今事。〈酒誥〉則是誅武庚，伐管、蔡
後，以殷遺封康叔的誥命，亦多涉商事。三誥引文，前半是正面的襃美，不
僅稱揚成湯「革夏」、「作民主」、「經德秉哲」，也肯定紂王之父帝乙。簡言之，
整個商王朝，自成湯至於帝乙，都能「明德恤祀」、「明德愼罰」。這種全面性
的肯定紂王以前的所有商王，不能看成周人不知商王朝數百年歷史發展上的
顯、晦，[註64] 更何況，周公的祖父季歷便死於帝乙父文丁之手，[註65] 捨

[註64] 〈多士〉：「惟爾知惟殷先人有冊有典，殷革夏命。」屈萬里說是「典冊中載有
殷革夏命之史實」。《集釋》，頁 194。屈氏雖只釋文意，卻隱有周公自殷人典冊
中見知殷商歷史之意。徐復觀有一段話，雖沒有明引〈多士〉此處文句，不過
他說：「〈周公〉不僅生在我們三千年之前，而且他是實際政治的負責人，看到
了我們所不能看到的典冊」，卻是主張周公應該看了不少有關殷商歷史記載的
書面資料的。見徐復觀，〈陰陽五行及其有關文獻的研究〉，收入徐復觀，《中
國人性論史》（台北：臺灣商務印書館，1990），頁 527。周公知悉殷商歷史尚
可從《周書·無逸》論殷三先王祖乙、武丁、祖甲享國之年及行事見出。另〈君
奭〉稱揚成湯、太甲、太戊、祖乙、武丁等賢王各有賢佐，亦可見周公是熟知

此不論也就罷了，還將帝乙也看成是「明德」之君；細究用意，其實是要藉著昭告殷遺以及東方諸國的機會，一方面顯示，周人對商王朝自成湯以至紂王前的商王的崇敬，一方面則突出紂王的罪愆。這種歷史述論自是有道德性的一面──明德，同時也是一種含攝歷史演化另有動力的積極思維。紂王時期的所作所爲，是殷人及其與國最切身的感受。分別了紂王與殷商先王，接間的也區隔了罪愆與功烈。因此，三誥的後半，便全是對紂王的指謫。

《周書》裡多次提及成湯、「殷先哲王」以及賢明的輔弼大臣，藉以強調這些人物在殷商王朝歷史上，有其重要影響與作用，除了前引〈多士〉、〈多方〉、〈酒誥〉三則記載，又見於〈康誥〉：

> 封。汝念哉！今民將在祗遹乃文考，紹聞衣（殷）德言；往敷求于殷先王，用保乂民。汝丕遠惟商耈成人，宅心知訓。別求聞由古先哲王，用康保民，弘于天。
>
> ……。
>
> 封！爽惟民，迪吉康。我時其惟殷先哲王德，用康乂民作求。

〈召誥〉：

> 茲殷多先哲王在天，越厥後王後民，茲服厥命；厥終智藏瘝在。

殷商先哲王個人良善的特質，落實在社會人群上的表現，集中在「用保乂民」、「用康乂民」之上。換言之，那是最高統治者發揮了個人的德性，並以社會人群這一大我爲對象，充量的推擴此一小我的德性，使它具有更爲恢弘的內涵與實質；也使此一小我的德性展現它與社會人群這一大我的現實需求互爲依存，互相彰顯。這種良善的特質，不單只是空泛的指涉，它其實是建立在對社會人群現實生活的體察與認識上的。〈無逸〉：

> 君子所其無逸。先知稼穡之艱難，乃逸；則知小人之依。相小人，厥父母勤勞稼穡。
>
> 昔在殷王中宗，嚴恭寅畏，天命自度，治民祗懼，不敢荒寧。肆中宗之享國，七十有五年。其在高宗，時舊勞于外，爰暨小人。作其即位，乃或諒陰，三年不言。其惟不言，言乃雍。不敢荒寧，嘉靖殷邦。至于小大，無時或怨。肆高宗之享國，五十有九年。其在祖

殷商歷史的，至於資料的來源，應該就是〈多士〉所說的殷人的「典冊」。

〔註65〕 季歷爲文丁所殺，古、今本《竹書紀年》有載。見《古本竹書紀年輯證》，頁36、229。

甲，不義惟王，舊爲小人。作其即位，爰知小人之依；能保惠于庶民，不敢侮鰥寡。肆祖甲之享國，三十有三年。自時厥後，立王生則逸。生則逸，不知稼穡之艱難，不聞小人之勞，惟耽樂之從。自時厥後，亦罔或克壽；或十年，或七八年，或五六年，或四三年。

〈無逸〉，《史記》說是周公「恐成王壯，治有所淫佚」的勸告之作。[註66]〈無逸〉說的「稼穡之艱難」正是民眾物質生活的概括，「乃逸」，含有對民眾勞苦的體恤，也是對人民隱痛的體察。[註67] 這種正視下民生活的統治者，見諸於殷商的幾個先哲王身上，如中宗祖乙：[註68]「治民祗懼，不敢荒寧」；[註69] 高宗武丁：「舊勞于外，爰暨小人」、「不敢荒寧」；祖甲：「不義惟王，舊爲小人」、「爰知小人之依；能保惠于庶民，不敢侮鰥寡」。凡此，皆是熟知一般社會情況，小民生活的實情，亦即能瞭解社會上基層階級的疾苦。[註70]

[註66] 《史記·魯周公世家》云：「及成王用事，人或譖周公。周公奔楚。成王發府，見周公禱書（指金縢），乃泣反周公。周公歸，恐成王壯，治有所淫佚。乃作〈多士〉，作〈毋逸〉。」〈毋逸〉即〈無逸〉。另〈周本紀〉略有小異：「成王既遷殷遺民。周公以王命告。作〈多士〉、〈無逸〉。」分見《新校本史記三家注》，頁1520、133。

[註67] 孫星衍《疏》引《論衡·儒增》援此文：「人之筋骨，非木非石，不能不解。故張而不弛，文王不爲；弛而不張，文王不行；一弛一張，文王以爲常。」雖無明解，以《疏》所引，則孫氏意略同王充所說的弛張互用之意。《注疏》，頁434。「則知小人之依」、「相小人」，屈萬里釋小人爲民眾，依爲隱痛，相爲視（察）。《集釋》，頁197。

[註68] 中宗，自《詩經·商頌·烈祖》《鄭箋》以爲太戊，歷代經師皆承其說。王國維據卜辭認爲是祖乙。見王國維，〈殷卜辭中所見先公先王續考〉，《觀堂集林（外二種）》，頁282。屈萬里亦有詳引申說。《集釋》，頁198、199。

[註69] 《鄭箋》：「爲政敬身畏懼，不敢荒怠自安。」《尚書正義》，頁0240。屈萬里謂：「荒寧，蓋謂過度逸樂也。」《集釋》，頁199。

[註70] 二「舊」字，《史記·魯周公世家》皆作久。《集解》：「孔安國曰：『（高宗）父小乙使之久居人間，勞是稼穡，與小人共出入同事也。』馬融曰：『武丁爲太子時，其父小乙，使行役有所勞役於外，與小人從事，知小人艱難勞苦也。』鄭玄曰：『爲父小乙將師役於外也。』《考證》引中井積德曰：「武丁蓋降在民間也，非行役，亦非父命故然也。豈庶出，初未見知邪，將有所譖而匿之也。」至於祖甲，《集解》云：「孔安國曰：『爲王不義，久爲小人之行，伊尹放之桐宮。』馬融曰：『祖甲有兄祖庚，而祖甲賢，武丁欲立之，祖甲以王廢長立少不義，逃亡民間，故曰不義惟王，久爲人小也。武丁死，祖庚立，祖庚死，祖甲立。』」《史記會注考證》，頁568。孔安國混淆太甲爲祖甲，始有伊尹放之桐宮之說。祖甲自是祖甲，爲祖庚弟。見王國維〈殷卜辭中所見先公先王續考〉，頁285。諸家疏解或有差異，不外是二王皆曾久處民間，因此，不論是勞於稼穡、勞役於外、將師役於外、逃亡民間，都有助於對民間疾苦的瞭解。

就此而言，周代的知識分子在申明殷商先哲王的政治事業時，有意識的將這些先哲王對「小民之依」的重視，看成是否能取得正面背定的歷史地位的重要原因。如此對下民的投注以必要的關懷，在以偉人為主體的古史述論格局裡，雖然不夠深刻，也顯籠統，卻是周代知識分子第一次藉由殷商有數久處民間的二位賢王，點出了影響最高統治者施政的另外一種動力——對庶民現況的切身體察——的重視。對此一動力的重視，雖然受限於下民政治參與的闕如，不能如賢佐俊乂之士得以個人形象留名青史，〔註71〕卻是政權維繫所不可欠缺的基底力量。

　　周代知識分子有意識的宣揚殷商先哲王的良善，取與對商紂昏暴罪狀的指控相較，其間的差別一目瞭然。〈牧誓〉：

> 今商王受，惟婦言是用。昏棄厥肆祀，弗答；昏棄厥遺王父母弟，不迪。乃惟四方之多罪逋逃，是崇是長，是信是使，是以為大夫卿士；俾暴虐于百姓，以姦宄于商邑。

〈牧誓〉是軍興時的誓文，也是歸咎於敵的譴罪之辭。誓文列舉用異姓婦人之言，荒棄祭祀，遠離宗族親長，重用四方叛逃者等悖逆舉措。類如〈牧誓〉而罪譴更為具體的，集中在《古文尚書·泰誓》與〈武成〉。〈泰誓上〉：

> 今商王受，弗敬上天，降災下民；沈湎冒色，敢行暴虐；罪人以族，官人以世。惟宮室臺榭陂池侈服，以殘害于爾萬姓。焚炙忠良，刳剔孕婦。……。
>
> 弗事上帝神祇，遺厥先宗廟弗祀。犧牲粢盛，既于凶盜。……。
>
> 商罪貫盈，天命誅之。

〈泰誓中〉：

> 今商王受，力行無度，播棄犁老，昵比罪人，淫酗肆虐，臣下化之。朋家作仇，脅權相滅。無辜籲天，穢德彰聞。惟天惠民，惟辟奉天。有夏桀弗克若天，流毒下國，天乃佑命成湯，降黜夏命。惟受罪浮于桀，剝喪元良，賊虐諫輔。謂己有天命，謂敬不足行，謂祭無益，謂暴無傷。

〔註71〕與殷商先哲王同時，名顯史冊的如成湯有伊尹，太甲有保衡（保衡，舊說以為是伊尹。唐蘭、陳夢家稽考卜辭，認為保衡是黃尹，與伊尹別為二人。屈萬里贊同唐、陳二家說法。詳見《集釋》，頁205。）；太戊有伊陟、臣扈、巫咸；祖乙有巫賢。俱見《周書·君奭》。至於紂王有箕子、比干、微子啟三仁，更是世所周知。

〈泰誓下〉：

> 今商王受，狎侮五常，荒怠弗敬，自絕于天，結怨于民。斮朝涉之
> 脛，剖賢人之心，作威殺戮，毒痛四海。崇信姦回，放黜師保。屏
> 棄典刑，囚奴正士。郊社不修，宗廟不享。作奇技淫巧以悦婦人。
> 上帝弗順，祝降時喪。……。古人有言曰：「撫我則后，虐我則讎。
> 獨夫受，洪惟作威，乃汝世讎。」

又，〈武成〉：

> 今商王受無道，暴殄天物，害虐烝民，爲天下逋逃主，萃淵藪。

另，今文〈泰誓〉：

> 今殷王紂乃用其婦人之言，自絕于天，毀壞其三正，離逷其王父母
> 弟。四方之多罪逋逃，是宗是長，是信是使。乃斷弃其先祖之樂，
> 乃爲淫聲，用變亂正聲，怡悦婦人。

今文〈泰誓〉與〈牧誓〉對商紂的罪譴內容十之八九相同。古文〈泰誓〉除了與前二者相近似的罪行，更多出了令人悚慄的血腥行爲，如「焚炙忠良，刳剔孕婦」、「斮朝涉之脛，剖賢人之心」等具體且形象鮮明的殘暴舉措。〈泰誓〉今、古文內容雖有很大的不同，指責商紂的罪愆也略詳有別，要之總不離周初文獻的罪譴實況。〔註72〕可以說，〈泰誓〉、〈牧誓〉、〈武成〉集中且突出的形象了商紂王「獨夫」、「無道」的極端。商紂的殘賊天下如此，相較之下，夏桀「率遏眾力，率割夏邑，有眾率怠弗協」的「多罪」、「有罪」，便相形見絀得多了。

　　商紂的不道，在《尚書》裡極其具體，爲周代之前的人君所不曾見，即使後代的暴君亦鮮少如此。類此凶暴行止是否爲眞，自來疑者頗眾，晚近有學者捨棄道德文飾與人道指摘，認爲〈牧誓〉中對商紂王的罪譴「似乎是專門說給殷商貴族（尤其王室宗人）聽的」一種政治「宣傳口號」。〔註73〕從《尚書》各篇文本來說，本就存在宣傳宣揚的成分，〈牧誓〉、〈泰誓〉、〈武成〉等作爲征戰的誓文，自然更是充滿歸咎於敵的負面指陳。不只如此，其後攸關

〔註72〕商紂王的殘暴行爲尚多，詳見《史記·殷本紀》所載。司馬遷撰史多參酌《尚書》等前代典籍（見〈五帝本紀〉太史公曰），〈殷本紀〉所記商紂之事與今、古文〈泰誓〉多有近似者，可見〈泰誓〉不必是出於後人之僞。近人黃凡以《周易》證諸商周之際史事，亦主〈泰誓〉三篇以及〈武成〉、〈旅獒〉、〈微子之命〉等「絕大部份是當時原文」、「有一些即使眞的來源於後世的輯佚，其內容也出於原來的簡編」。《周易——商周之交史事錄》，頁399。

〔註73〕杜正勝，〈〈牧誓〉反映的歷史情境〉，《古代社會與國家》，頁320、321。

商紂的批評，也都以此爲張本，只是在文辭的表現上沒有像前面各篇那般露骨，而採用了概括的手法。這大概是一方面對紂的殘暴集中於征伐當下的宣誓，而一旦商紂已死，王朝已滅，無須再出以強烈鮮明的暴戾指控；另一方面，周代的統治階層，爲了論證復舊承先與棄舊悖先所造成的後果，採用了原則性的比較，似乎不必再以殘酷血腥的論述如〈泰誓〉所說的方式，而以〈牧誓〉的文本爲主軸，進行必要的宣傳與宣揚。〈酒誥〉中說殷商先哲王自成湯至帝乙不敢遐逸、崇飲；商紂則反是，不僅淫泆非彝，而且荒腆于酒，遭致國滅之禍。〈多士〉稱成湯革夏，以才智之士治天下，至於帝乙「罔不明德恤祀」，世世享有天澤，到了末王紂卻過度逸樂，不恤人民苦疾，終至喪國。〈多方〉謂成湯伐夏爲民之主，愼於刑罰，至于帝乙，都能明德愼罰；到了商紂悖棄先人之制，耽於逸樂，荒怠善政，不行祭祀，於是天降亡國大災。〈立政〉說商紂昏亂，慣用暴行，重用邪行之人，亦使上帝降罰。類似的評騭也見於《逸周書》。〈克殷〉：

> 殷末孫紂，德迷先成湯之明，侮滅神祇不祀，昏暴商邑百姓，其彰顯聞于昊天上帝。

〈商誓〉：

> 在商先哲王，明祀上帝，……。今在商紂，昏憂天下，弗顯上帝，昏虐百姓，韋（原作奉。據劉師培，《周書補注》改。）〔註74〕天之命。上帝弗顯，乃命朕考曰：「殪商之多罪紂」。……。我聞古商先哲王成湯，克配（原作辟。據陳逢衡，《逸周書》補注改。）〔註75〕上帝，保生商民。……。今紂棄成湯之典，肆上帝命我小國曰：「革商國」。

「德迷先成湯之明」、「棄成湯之典」都是指商紂棄舊悖先的荒逸舉止。其結果不免亡國。

　　周代的統治上層一再舉殷商先哲王的懿行與商紂的暴行，不只針對東方的諸侯、貴族進行政治性的宣傳，同時也經由懿行、暴行的比較，對周王朝的盟邦、本族貴胄，進行理據的灌輸。這種貼近時代的歷史述論，就時間上而言，是近如昨日，既清晰且具體；有它的親近性與切身感，具有強烈的惕儆作用。另外，就政權移易的理據來說，也爲周王朝的革命行爲，鋪陳出正

〔註74〕　《逸周書彙校集注》，頁482。
〔註75〕　《逸周書彙校集注》，頁490。

當性的基礎。此一正當性的基礎之所以能夠完善，則有待相關述論的強化，下面一節我們將就此加以說明。

第三節　德、敬分疏暨恭行天罰的革命理據

　　上文所引《周書》與《逸周書》各篇的背景時代，大部分集中在周公與成王時期，亦即周王朝代殷商有天下的肇建之初。在前章中我們已指出，周王朝得以興盛乃至成為天下共主，就時間而言，是經過太王、王季、文王的戮力經營，而終於武王繼志承烈的武裝革命。整體來說，這四代國族歷史並不存在衰弱的過程，其間容有晦黯如王季被殺，文王遭囚，然而總是日以勃盛，與周人在強調殷商迭興迭衰的樞機中「復舊」的旨意，情況是有所不同的。換言之，周公、成王時期是周王朝延續四王興盛的階段，含攝了守成以及由守成再向前推進的擴展。因此，經由誥、命、訓、戒的《書》篇所要彰顯的，不在於恢復做為方國時的「舊」，而是為了強化單一方國的周之所以能成為天下共主的周王朝，對其先哲王典範的追嚮與崇敬，並由此深化最高統治者不敢荒寧，不可懈怠的惕儆思維。是以《書》篇中周人復舊承先的歷史思維的中心，主要是在「承先」這一方面。

　　周代知識分子的「承先」思維，就王朝的政權延續而言，是承續天命有周的代殷得天下，以及恪謹誠敬的保有天下。此一政權的取得，在周代知識分子的眼中，是一段既漫長且艱辛的過程。雖然牧野一戰逼使商紂自焚於鹿臺，〔註76〕然而東方舊勢力依然強大，尚待後來大規模的東征，進行了「建侯樹屏」的鞏固、防範措施，才使周王朝的政權安定下來。這些當世之務，激發了周王朝統治者在思索政權維繫所面臨的困境時，產生了追嚮與比較的心思。試想，往昔王朝未建的情狀，與如今王朝已建的景況，其間的危機與契機有何異同，其間的轉機何在；進一步思索，類此樞機應取資於何人、何事之上？從上述的《書》篇引文來看，周代的知識分子在回首自己國族發展的歷史軌轍時，是將心思放在與國族突破、王朝肇建最直接最密邇的文王、武王身上，尤其是文王。

〔註76〕《史記·殷本紀》：「紂兵敗。紂走入登鹿臺，衣其寶玉衣，赴火而死。」《集解》引徐廣曰：「鹿，一作廩。」《新校本史記三家注》，頁108。《逸周書·克殷》：「商師大敗。商辛奔內，登于廩臺之上，屏遮而自燔于火。」亦作廩臺。《逸周書彙校集注》，頁361、363。

　　二《書》中，周代知識分子對於文王之前的先王措意不多，〔註77〕對於
文王之後的武王雖時有提及，然而較諸文王，猶有不及；且一如先王之附麗
於文王，武王亦多類此。概言之，周人的「承先」是以文王爲主體而展開的，
這一追嚮文王的心理，《詩經》裡有集中且鮮明的鋪陳（見第三章第三節）。《詩
經》的〈頌〉、〈雅〉爲宗廟祭祀、貴族宴饗之作，肅穆雍和而文簡意賅，於
文王個人特出的素質──德、敬──也深致其意；然而，就述論的整體而言，
《書》篇所呈現的還是比較寬廣。

一、德、敬的初步分疏

　　「德」這個字，早在殷商卜辭與金文裏就有，最早的意思可能是指獲得的
得，甚至可能與征伐的結果有關。〔註78〕到了西周時期，德字的意涵已大異於
殷商，它脫離了原初做爲得字的通假，而呈現更爲深邃主體的一個既有具體行
爲，同時涵攝某種原則的概念思維。〔註79〕德，《說文》作「悳」。謂：「外得於
人，內得於己也。從直心。」〔註80〕許慎釋德，將德看成人我之際行爲的表現。

〔註77〕《尚書》與《逸周書》論及文王的處處可見，武王亦不少。二《書》於文王
　　　　之前的先王則鮮少，或以「先王」概括，偶有提及其人，亦無重大之義。如
　　　　《金縢》周公自禱，云：「乃告太王、王季文王。」是禱祝儀式。〈無逸〉：「厥
　　　　亦惟我周太王、王季，克自抑畏。」意在引先王敬畏天命，稍具意致。〈呂刑〉
　　　　談到稷降播種是合伯夷降典、禹平水土，讚揚「三后成功」。《逸周書·世俘》：
　　　　「（武）王烈祖自太王、太伯、王季、虞公、文王、邑考以列升，維告殷罪。」
　　　　亦爲祝禱之記。〈商誓〉言后稷「克播百穀，登禹之績。」意同〈呂刑〉。〈祭
　　　　公〉稱「后稷之受命，是永宅之。」其說乃誇讚之詞，非如文王受命。唯《古
　　　　文尚書·武成》：「惟先王建邦啓土，公劉克篤前烈，至于太王，肇基王迹，
　　　　王季勤王家，我文考文王，克成厥勳，誕膺天命，以撫方夏。」致意較深。
〔註78〕說詳王文耀，〈周代的「德」和「德治」──兼論「德治」的歷史影響〉，《華東
　　　　師範大學學報（哲學社會科學版）》，1989年第6期。頁50、51。另參朱貽庭主
　　　　編，《中國傳統倫理思想史》（上海：華東師範大學出版社，1994），頁11～18。
〔註79〕有學者指出，「德」爲周代銘文的常用字，「出現已近百例」，係含攝多種人際
　　　　關係準則的「行爲總則的基礎。」劉翔，《中國傳統價值觀念詮釋學》第二章
　　　　〈人與人〉（台北：桂冠圖書公司，1992），頁93～104。姜廣輝與王中江從政
　　　　治角度分疏德與德治，亦強調人與人、人與物共生的根本原則和理念，落實
　　　　在領袖人物及其施政行爲上的良善表現。見姜廣輝，〈論中國文化基因的形
　　　　成〉；王中江，〈德、力之爭的演變及「焚書坑儒」〉，二文俱收入姜氏主編，《中
　　　　國經學思想史》第一卷。二文分別爲該書第一章與第二十三章，主要討論見
　　　　頁76～82；711-718。
〔註80〕段玉裁，《段氏說文解字注》，頁524。

徐復觀認為《說文》所釋是「後起之義」，進而指出：「周初文獻的『德』字，都指的是具體的行為；若字形從直從心為可靠，則其原義亦僅能是直心而行的負責任的行為」。〔註81〕徐氏這裏指稱德為具體行為，是為了彰顯另一具有憂患意識內涵的「敬」，有其用心在。實則，綜觀德在《書》篇中的指涉，除了指具體行為這一層外在意思，它無所不在的出現於行文之間，實具有理據申張鋪陳的樞機。換個說法，德做為重要的語彙，它既承載了具體行為，同時也內含了完善此一具體行為的精神動能。在《書》篇中的德，它既是外顯的行為概括，也是內蘊的觀念與思維；這樣的德，實際上已不是單純的具體行為所能完全解釋的，它更包含了指導性與規範性，亦即相對抽象的精神質素。〔註82〕這麼說不是否定德的行為意指，只是指出，德還含有另一精神質素。

至於敬，它可以是一種對外來侵害的懼戒性心理反應，屬於對當下危險處境的投射行為，在精神層次上缺乏根源與延續的深刻自覺。它也可以是一種源自幽微情愫的彰顯，一種自覺心理的表現，不只是當下的隨機反應；它往往連結過往的經驗或記憶，乃至經由各種管道所獲得的知識如傳聞、載記等，對應當下的情狀，產生微妙的精神質素。後一種敬，與其說是行為，不如說是觀念來得貼切，它既懼慎的觀照當下，同時將之視為根源性的常理；它引渡過往，成就現在，也延續了未來。德與敬，既是行為，也是思維，這二者大量出現在《書》篇中，從發生的角度來說，它是從歷史發展的事實上所醞釀出來的。〔註83〕從詮證的層面上來看，它則反映了周人歷史述論中的文化心理。簡單的說，政治上的改朝換代，極為重大的因素是緊緊依附某種抽象的精神質素的發皇，而此一精神質素是透過典範性的人物加以呈現的。

〔註81〕 徐復觀，《中國人性論史 先秦篇》第二章，〈周初宗教中人文精神的躍動〉，頁 23。另正文中所說敬有自覺之義亦參酌徐氏之說而略有分疏。參同書頁22。

〔註82〕 楊朝明認為《尚書》中的德是屬於個人品質，「基本反映了西周道德觀念的面貌」。楊朝明，〈《尚書·皋陶謨》與儒學淵源問題〉，《儒家文獻與早期儒學研究》，頁 9。

〔註83〕 有學者說周人「以天道為愚民的政策，以德政為操持這政策的機柄，這的確是周人所發明出來的新思想。」見郭沫若，〈先秦天道觀之進展〉，收入郭沫若，《青銅時代》（重慶：文治出版社，1945），頁 18。個人認為，思想只能從對於對象的深刻探討中逐漸醞釀、成形，不宜稱之為「發明」。它是一段思索過程的體現。周人的德、敬思維是從歷史經驗與現實情境中逐漸具現的，含攝了對於歷史發展中足以為典範的人物及其作為的認知與追嚮。

德、敬二字，頻頻出現在周代的文獻。〔註84〕以《今文尚書》言，德字

〔註84〕德、敬次數統計一覽表：

書名 篇名	《今文尚書》德	《今文尚書》敬	《古文尚書》	德	敬	《逸周書》	德	敬
〈堯典〉	4	3	〈大禹謨〉	13	1	〈度訓解〉	1	1
〈皋陶謨〉	9	4	〈五子之歌〉	2	1	〈命訓解〉	2	2
〈禹貢〉	1		〈胤征〉	2		〈常訓解〉	5	2
〈湯誓〉	1		〈仲虺之誥〉	6		〈文酌解〉	2	
〈盤庚上〉	6		〈湯誥〉	1		〈武稱解〉	2	
〈盤庚中〉	1	1	〈伊訓〉	6	1	〈大武解〉	1	
〈盤庚下〉	3	2	〈太甲上〉	3		〈大明武解〉		2
〈高宗肜日〉	2	1	〈太甲中〉	6		〈大匡解〉	1	
〈微子〉	1		〈太甲下〉	3	2	〈程典解〉	6	2
〈洪範〉	6	1	〈咸有一德〉	14		〈酆保解〉	3	2
〈金縢〉	1		〈說命上〉	2		〈小開解〉	8	3
〈康誥〉	9	6	〈說命中〉	2		〈文儆解〉		4
〈酒誥〉	8		〈說命下〉	2		〈文傳解〉	2	
〈梓材〉	3	3	〈泰誓上〉	2	1	〈柔武解〉	2	
〈召誥〉	9	6	〈泰誓中〉	3	1	〈大開武〉	4	5
〈洛誥〉	5	4	〈泰誓下〉	1	1	〈小開武解〉	2	1
〈多士〉	4	2	〈武成〉	2		〈寶典解〉	7	3
〈無逸〉	2	1	〈旅獒〉	6		〈酆謀解〉	2	
〈君奭〉	12	3	〈微子之命〉	4		〈寤敬解〉	1	1
〈多方〉	3	1	〈蔡仲之命〉	3	1	〈武順解〉	2	2
〈立政〉	10	2	〈周官〉	3	1	〈武穆解〉	5	1
〈顧命〉	1	5	〈君陳〉	6	2	〈和寤解〉	1	2
〈呂刑〉	9	7	〈畢命〉	5		〈克殷解〉	1	
〈文侯之命〉	2		〈君牙〉		1	〈大匡解〉	2	6
			〈冏命〉	4		〈文政解〉	2	
						〈大聚解〉	6	
						〈商誓解〉	1	7
						〈度邑解〉	2	
						〈武儆解〉		2
						〈五權解〉	2	6

共出現 112 次，其中《虞夏書》14 見，《商書》亦 14 見，《周書》84 見。《周書》84 見又以與周公相關的誥命十一篇（〈大誥〉無）66 次最多。佔四分之三強。敬字在《今文尚書》出現 52 次，其中《虞夏書》7 次，《商書》4 次，《周書》41 次。《周書》41 次中分見於與周公攸關的九篇（〈金縢〉、〈大誥〉、〈酒誥〉無）共 28 次最多，佔三分之二強。這種情況也出現在《逸周書》，亦即集中在周公攝政的時期，〔註85〕似此現象以及所反映的實質意義，有必

						〈成開解〉	3	6
						〈作雒解〉		1
						〈皇門解〉	5	1
						〈大戒解〉		2
						〈周月解〉		1
						〈謚法解〉	17	8
						〈明堂解〉	1	3
						〈本典解〉	8	1
						〈官人解〉	6	3
						〈王會解〉	1	
						〈祭公解〉	3	3
						〈史記解〉	1	
						〈職方解〉		1
						〈芮良夫解〉	6	1
						〈太子晉解〉	3	1
						〈王佩解〉	2	
						〈周祝解〉		1
						〈武紀解〉	4	2
						〈詮法解〉	1	1
篇　數	24	17	篇　數	24	10	篇　數	41	36
次　數	112	52	次　數	101	13	次　數	136	91

〔註85〕復以《古文尚書》作一比較，德字相差不算多，敬字則有明顯的差別。分別以《虞夏書》、《商書》、《周書》爲例，德、敬見於《虞夏書》爲 17、2；《商書》爲 45、3；《周書》爲 39、8，與《今文尚書》顯然有別。另據近人對《逸周書》的研究指出，《逸周書》中有爲數不少的篇章屬周初歷史的眞實記載，以現存五十九篇中四十一篇有德字、三十六篇有敬字。上述諸篇，學者認爲與周公攸關的至少有二十一篇，經過重新排列後，其次序與德、敬分布（數字爲筆者所統計）爲：〈柔武〉2、0，〈大開武〉4、5，〈小開武〉2、1，〈寶典〉7、3，〈酆謀〉2、0，〈寤敬〉1、1，〈克殷〉1、0，〈大聚〉6、1，〈度邑〉

要加以分疏，以進一步說明此一精神質素與歷史發展及現狀理解間的聯繫。

德字最基本的意義是指行為，尤其是指合宜、適當的行為，從《尚書》所涉及關乎德的陳述，簡括而言，皆可作此解。然而，行為的指涉牽連到行為者的身分角色，一方面行德之人皆為統治階層、領導人物；另一方面，縮結這些人物而反映出來的德行，便有相對的意義。因此，德在不同人物、不同情境下被提出來加以申說、圓證，就有它別具的意義。作為中性意涵的德，並不是當時代知識分子所要突顯的行為意義，只有將對德的申明連綴指涉的對象時，才能清楚它所表露的實質；同時，對於對象（包括人、事）的突顯，更能得見此實質。

約略來說，從階層結構區分，行德的主體全是統治階層；從時代而言，有古代的君王與當下的時君與佐臣，就賢不肖而論，有創業、光大、守成、興復的賢王與衰頹、亡國的昏暴之君。以行德的結果來看，凡是履行美善德行的，其施政皆能孚民望、順天意，結果便是得民擁載，受天福佑，悖此而為，結果則反是。這種述論，是以歷史發展的事實為基柢，將此事實置放於現狀的形成之中，從變異的態勢裡，認知德在其中的作用與影響。

二、周王朝之前德在政權延續上的正面意義

前朝賢君具有良善品質，並且以此推行庶政而獲致正面功業，具顯個人質素與治理天下之間，存在著密切的關係。〈堯典〉：

> 克明俊德，以親九族；九族既睦，平章百姓；百姓昭明，協和萬邦。
> 黎民於變時雍。
> ………。
> 十二牧（告舜）曰：「……。柔遠能邇，惇德允元，而難任人。
> 蠻夷率服。」

從克明俊德到協和萬邦、蠻夷率服，是由小而大，由近而遠，基本的源頭是最高統治者一己之身。堯、舜是上古的賢君，堯能明德，十二牧告誡舜要惇

2、0，〈武儆〉0、2，〈五權〉2、6，〈酆保〉3、2，〈成開〉3、6，〈作雒〉0、1，〈皇門〉5、1，〈大戒〉0、2，〈謚法〉17、8，〈明堂〉1、3，〈本典〉8、1，〈官人〉6、3，〈王會〉1、0。合計：德73，敬46，皆超過總數的二分之一強。概言之，德、敬的出現，在三書中主要集中在周初，亦即周公攝政期間。《逸周書》與周公的關係及相關研究的介紹、說明參見楊朝明，〈《逸周書》有關周公諸篇雜議〉。《儒家文獻與早期儒學研究》，頁119～135。

德,如此,必能達到天下和洽,四方信服。

〈皋陶謨〉:

> 皋陶曰:「允迪厥德,謨明弼諧。」禹曰:「俞。如何?皋陶曰:「都!
> 慎厥身修,思永。惇敘九族,庶明勵翼,邇可遠,在茲。」……。
> [註86] 皋陶曰:「……。天命有德,五服五章哉。天討有罪,五刑五
> 用哉。政事懋哉懋哉。天聰明,自我民聰明;天明畏,自我民明威。
> 達于上下,敬哉有土!」

皋陶說的信行其德的基礎是要禹慎修己身,謀思長久之道,可見德在這裡是
具有根源性的意涵。其後所說的天命有德的有德之人,所指的也含有前述「慎
厥身修,思永」的品質的人。以信行其德一遠近,也因有德而得天佑,此一
特質落實在政治事業上便是奄有天下。進而在行賜土授民時,也要以德化爲
先(〈禹貢〉:錫土姓,祇台德先。)

禹能信行其德,至殷商末年,猶爲當時賢人所稱道。〈洪範〉:

> 天乃錫禹洪範九疇,彝倫攸敘。(九疇) ……。次六,曰乂用三
> 德。……。予攸好德。汝則錫之福。……。于其無好德,汝雖錫之
> 福,其作汝用咎。

箕子引古賢王禹得到上天所錫賜,安定天下的洪範九疇,以誠勖武王,謂有
好德則福是福,反之,則福將爲禍。這裏的好德,似指好的行爲,然而參稽
〈皋陶謨〉以禹爲例的述論,亦可釋爲以德爲好。

夏,以及其前賢君明德、惇德、有德與其政權延續的關係略如上述,接
下來看看殷商王朝。〈康誥〉:

> 紹聞衣(殷)德言,往敷求于殷先哲王,用保乂民。……。我時其
> 惟殷先哲王德,用康乂民作求(與殷先哲王媲美)。

〈酒誥〉:

> 在昔殷先哲王,迪畏天,顯小民,經德秉哲。自成湯至于帝乙,成
> 王畏相。

〈多士〉:

> 自成湯至于帝乙,罔不明德恤祀。亦惟天丕建,保乂有殷;殷王亦
> 罔敢失常,罔不配天,其澤。

[註86] 皋陶復申言行有九德的內容,並主張「日宣三德」、「日嚴祇敬六德」、「天命
有德」以及「天討有罪」,意在彰明行德的好處。《集釋》,頁34。

〈多方〉：

> 乃惟成湯，克以爾多方，簡代夏作民主。……。以至于帝乙，罔不
> 明德愼罰。

周公舉殷商先哲王的德行，用以告誡康叔，能善加取法殷商先哲王治理人民
的良行美政，自能得人民的擁載，進而可媲美殷商先哲王時期的治世規模。
而對於殷商的舊貴族以及東方的舊氏族，也諄諄然舉殷商王朝的先哲王「明
德恤祀」、「明德愼罰」以爲告誡、勸勉、安撫。

　　另，《古文尚書・伊訓》：

> 伊尹乃明言烈祖之成德，以訓于王。曰：「嗚呼！古有夏先后，方懋
> 厥德，罔有天災。……。惟爾德，罔小，萬邦惟慶；爾惟不德，罔
> 大，墜厥宗。

伊尹佐成湯而奄有天下，明告太甲，其先祖成德之史迹，並引夏代先王能光
大君主德行，得上天福佑，以戒嗣王行德政於民，以免招致覆宗滅祀的危機。

　　又《逸周書・商誓》：

> 百姓，我聞古商先哲王成湯，克辟上帝，保生商民，克用三德。疑
> 商民弗懷，用辟厥辟。今紂棄成湯之典，肆上帝命我小國周：革商
> 國。

殷商先哲王成湯，可配上帝，養保殷商眾民，謹愼推行剛、柔、正直三種良
善的治道，[註87] 使殷商王朝的國祚得以緜衍長久。成湯「克用三德」，周武
王推崇爲政治運作所奉行的「典」，亦即大法，是殷商王朝彌足珍貴的治國大
寶。無奈末王紂竟不思克紹永保，甚至背而不遵、棄而不用，終致斷絕殷商
王朝的國祚。

　　上面所見的德言、先哲王德、經德秉哲、明德恤祀、明德愼罰、烈祖成
德、夏先后方懋厥德、德與不德、克用三德等語彙，連綴文旨，皆關涉到當
事人的行爲與其個人的特質。亦即上述的德，具有外在行爲與內在精神的意
涵，畢竟行爲多有依傍思慮而外顯，而思慮又反映了行爲者的個人特質，因
此二者分而爲二，合則爲一。[註88]

〔註87〕「克辟上帝」的「辟」字，陳逢衡釋爲「配」。「三德」，唐大沛說是剛、柔、
　　　　正直。《逸周書彙校集注》，頁490。唐氏係取〈洪範〉三德：正直、剛克、柔
　　　　克以爲說。
〔註88〕就《尚書》所見，單純行爲指涉的德的確不少，如〈湯誓〉：「夏德若兹」，指
　　　　夏桀的暴行，〈盤庚上〉：「非予自荒兹德，惟汝含（捨）德」，二德皆指往常的

三、周族先王的德、敬及其推擴與深化

　　前面曾經提到殷商的卜辭、銘文中的德主要是得字的通假，苟如是，則做爲合宜的具體行爲的德，或是指涉人物精神特質的德，就不會是殷商時的意指；亦即殷商典冊中縱使存在德字，在周人將它形諸於《書》篇，以傳達前述二種意義時，實際上已經過周代知識分子的一番推擴、轉化。因而在篇中文意脈絡上所突顯的思維，便是周代知識分子的觀念。此一思維、觀念，在《周書》、《逸周書》裏集中於對周王朝的受天命之君文王與革殷命之君武王的宣揚。〈康誥〉：

> 　　丕顯考文王，克明德慎罰，不敢侮鰥寡，庸庸、祗祗、威威、顯民。
>
> 　　用肇造我區夏，越我一二邦，以修我西土。惟時怙，冒聞于上帝，
>
> 　　帝休。天乃大命文王，殪戎殷，誕受厥命。

〈康誥〉，自《左傳》、《書序》、《史記・衛康叔世家》皆主武庚之亂後，成王封康叔封於衛地時的誥辭。至北宋胡宏始以本篇爲武王誥康叔之書。屈萬里採後說，云：「此乃康叔封於康時武王告之之辭」。〔註89〕誥文云「顯考文王」，則爲之者乃武王或其同輩如周公。布誥的時間若在武王時，則周王室慮患之心並不因牧野克紂而弛懈。《逸周書・度邑》通篇著明武王不寢之憂，《史記・周本紀》所記與〈度邑〉同；可見初克殷時周王室的憂患心思如此。職是，對封於東方殷商舊族的康叔之誥，其中對於本族先王的德行的強調，可視爲深刻的勖勉，亦即期望康叔以其先父文王之德爲圭臬，同時記取殷商有德者的善言（紹聞衣德言），以和輯殷商舊族。

　　〈康誥〉說到文王能「肇造區夏」，是因爲文王「明德慎罰」，可見文王

行爲。如〈微子〉的「酗酒敗德」，〈康誥〉：「朕心朕德惟乃知」、「用康乃心，顧乃德」；〈酒誥〉：「民用大亂喪德」；〈無逸〉：「殷王受之迷亂，酗于酒德哉」；以及〈立政〉的「桀德」、「受（紂）德」、「暴德」、「逸德」等，都是指一般性的行爲。雖然，通觀前述行爲在文章中的前後脈絡及意旨，無一不是連繫行爲者的個人特質，亦即內在的精神素質。桀紂有桀紂之德，盤庚有承先祖治民慣例之舉，殷人有酗酒之止，周公有常行，康叔應行宜，這些固然可看作是一般性的行爲，卻也分別了當事人在進行一般性行爲時所顯示的品質；只是此一品質，外在行爲的意思比較明顯。相較於此，下列有關德的例子中，連緻內在精神質素的指涉就明顯多了。如〈堯典〉的「俊德」，「否德」、「悖德」，〈皋陶謨〉的「天命有德」、「群后德讓」，〈禹貢〉的「錫土姓，祗台（以）德先」，〈康誥〉、〈梓材〉、〈召誥〉、〈多士〉、〈君奭〉、〈多方〉等的「明德」，以及〈召誥〉四次提及的「敬德」等，莫不指向此一內在的精神質素。

〔註89〕《集釋》，頁 145。

的德在受命上佔有極重要的樞機。〈君奭〉：

> 天不可信，我道惟寧王德延，天不庸釋于文王受命。……。
>
> 在昔，上帝割申勸寧王之德，其集大命于厥躬。

周公說「天不可信」，又說上帝重複觀察文王之德，並降天命予文王，看似矛盾，其實不然。關於天命的常變，或可信不可信，在周代知識分子的認知裏，並不是像商紂回答祖伊「我生不有命在天」般，無條件佑護統治者的，而是一種辨證的關係。以商紂那般自恃天命卻落得身死國亡，因此，如果周朝統治者抱持與商紂相同的心態，將不免重蹈商紂的覆轍，亦即純然以已擁有天命自滿而不思其它，其結果將適得其反，這樣的天命自然不可信。進一步分疏，如果能摒棄商紂的自恃狂悖心態，則天命不可信實則是另一種形式的可信，像文王的行止品性，恰與商紂形成二種極端，因而天命予有德的文王，此豈非天命有常、可信。所以上帝在屢屢觀察文王之德後，將奄有天下之命授予文王。是以周公在歷數文王得虢叔等五位賢君輔佐後，再次的強調文王以德受命。〈君奭〉：

> 文王……。亦惟純佑秉德，迪知天威，乃惟時昭文王；迪見冒聞于上
>
> 帝，惟時受有殷命哉。……。乘茲大命，惟文王德丕承，無疆之恤。

文王受命以德，並以之推及諸侯，使諸侯夾輔王室，也讓所有友好邦國皆前來會朝獻物。〈梓材〉：

> 先王既勤用明德，懷爲夾；庶邦享作，兄弟方來。亦既用明
>
> 德，后式典集，庶邦丕享。

是以，文王之德於是成爲一種特質式的典範。從「修我西土」、「殪戎殷」、受天命、垂教示，種種攸關周族建立王朝的關鍵樞紐，都可以在文王身上加以檢證。此一以德爲典範基礎的歷史述論，著重的地方在於經由強調與比較，用來彰顯周代知識分子申明政權移轉與延續的必然理據。周人既強調文王之德特出於眾人之上，也比較了此一特出質素在身爲人君治理天下事務上的正反作用。〈召誥〉舉夏、商墜命，是因爲「不敬厥德」；而周人承之，應引以爲監戒，要「稽謀我古人之德」。

　　周代知識分子既樹立了典範式的文王之德，自此以往，每當他們在述論往事與現況時，都不忘申揚德這一特質及作用，如此一來，既追緬過往，也勖勉未來，二者實際上又是緊緊相扣的。從時代來看，它顯然是確立於周公攝政期間，而一旦確立之後，遂成爲爾後述論歷史過往，與現況互動間習以

為常的主軸。這種例子所在多有，茲以《今文尚書》為例，以概其餘。〔註90〕

〈洛誥〉：

公稱顯德……。迓衡不迷文武勤教。

乃單文祖德。……。王伻殷乃承敘，萬年其永觀朕子懷德。

〈君奭〉：

在我後嗣子孫，……。嗣前人恭明德。

汝克敬德，明我俊民，在讓，後人于丕時。

〈酒誥〉：

爾克永觀省，作稽中德，……。永不忘在王家。……。我咸成文王

功于不怠，丕冒，海隅出日，罔不率俾。

〈梓材〉：

皇天既付中國民越厥疆土于先生，肆王惟用德，和懌先後迷民，用

懌先王受命。

〈無逸〉：

文王卑服，即康功田功。徽柔懿恭，懷保小民，惠鮮鰥寡。……。

文王不敢盤于田，以庶邦惟正之供。……。繼自今之嗣王，……。

無若殷王受之迷亂，酗于酒德哉！

〈多方〉：

惟我周王，靈承于旅，克堪用德，惟典神天。

〈立政〉：

文王惟先克厥宅心，乃克立茲常事司牧人，以克俊有德。

孺子王矣！繼自今，我其立政立事（繼文王立常事司牧人）。……。

我則末惟成德之彥，以乂我受民。……。孺子王矣！繼自今，文子

文孫，……。則罔有立政，用憸人，不訓于德，是罔顯在厥世。

〈顧命〉：

昔君文王、武王，宣重光，奠麗陳教則肄。肄不違，用克達殷集大

命。在後之侗，敬迓天威，嗣守文武大訓，無敢昏逾。

〔註90〕《逸周書》中屬周代之書暨以西周原史料為據的二十七篇（見註 8 劉起釪之
說），其中所論的德主要是意義申說，不特別連綴周之先王，故此處不列。雖
然如此，由其意義性的普遍分疏來看，可知德在《逸周書》中已遠遠超出所
謂「具體行為」的意涵。

昔君文武，丕平富，不務咎，厎致齊信，用昭明于天下。……。皇
天用訓厥道，付畀四方。乃命建侯樹屏，在我後之人。

〈文侯之命〉：

丕顯文武，克慎明德；昭升于上，敷聞在下；惟時上帝集厥命于文
王。……。汝克紹乃顯祖。汝肇刑文武，……。用成爾顯德。

周代知識分子對先王有德的追嚮，反映了他們歷史述論的重要一面。

　　以下再來看看與德密切相關的另一種精神動力──敬。徐復觀指出，周
人革殷命後，並沒有「像一般民族戰勝後的趾高氣揚的氣象，而是《易傳》
所說的『憂患』意識。」此憂患意識是一種人文精神的發揮，含攝人的主體
性的自覺，「蘊蓄著一種堅強地意志和奮發的精神」，「在憂患意識躍動之下，
人的信心的根據，漸由神而轉移向自己本身行為的謹慎與努力。這種謹慎與
努力，在周初是表現在『敬』、『敬德』、『明德』等觀念裏面，尤其是一個敬
字，實貫穿於周初人的一切生活之中」。〔註91〕稽考今、古文《尚書》，敬在
《今文尚書》51見，分見於十六篇中，以《周書》最多，共出現了41次，其
中與周公相關的十二篇除〈金縢〉與〈酒誥〉之外，十篇有敬字，總計出現
了28次。《古文尚書》則只有12見，分見於十篇中，明顯的不如《今文尚書》。
至於《逸周書》，除了〈諡法〉8次屬於解釋諡號不計外，共有三十五篇81見。
《今文尚書》與《逸周書》較諸《古文尚書》尤具可信度，似乎從敬字出現
的情形也可見出端倪。同時，二書中敬字的頻於出現，又彷彿不只是「貫穿
於周初人的一切生活之中」，它還綿延在整個西周數百年間的知識分子的思維
裏。綜觀《今文尚書》與《逸周書》，敬的意涵幾乎都指向對統治者本身的要
求，含攝深刻自我省察與覺醒的內在精神連繫，與此一精神的推擴，大略而
言約有如下數端：

對天，對上帝、對命的敬畏。〈洛誥〉：

不敢不敬天之休。

〈立政〉：

文王、武王，……。以敬事上帝，立民長伯。……。文王惟克厥宅
心，乃克立茲常事司牧人，以克俊有德。

〈顧命〉：

昔君文王、武王，宣重光，奠麗陳教則肄。肄不違，用克達殷集大

───────────────
〔註91〕徐復觀語。《中國人性論史　先秦篇》，頁22。

命。在後之侗，敬迓天威，嗣守文武大訓，無敢昏逾。……。太史
秉書，……。曰：「……，命汝嗣訓，臨君用邦；……，用答揚文武
之光訓。」王再拜，興。答曰：「眇眇予末小子，其能而亂四方，以
敬忌天威。」

〈呂刑〉：

王曰：「……。天齊于民，俾我一日；非終惟終，在人。爾尚敬逆天
命，以奉我一人。……。」

《逸周書·大開武》：

周公（答武王）曰：「茲在德敬，在周其維天命，王其敬命。」

〈寤敬〉：

（武）王告儆。……。周公曰：「天下不虞周，驚以寤王，王其敬命。
奉若稽古維王，克明三德維則，戚和遠人維庸。……。」

〈大戒〉：

（成王訪于周公，周公教以禮羣臣之事）王拜曰：「允哉，允哉！敬
行天道。」對民人教化、憂恤的心思。

〈堯典〉：

敬授人（民）時。……。（契）作司徒，敬敷五教，在寬。

〈高宗肜日〉：

王司敬民。罔非天胤，典祀無豐于昵。

〈梓材〉：

亦厥君先敬勞，肆徂厥敬勞。對德性實踐所應具有的誠謹心理。

〈召誥〉：

嗚呼！天亦哀于四方民，其眷命用懋，王其疾敬德。相古先民有夏，
天迪從子保；面稽天若，今時既墜厥命。今相有殷，天迪格保；面
稽天若，今時既墜厥命。……。王來紹上帝，……。節性，惟日其
邁。王敬作所，不可不敬德。……。知今我初服，宅新邑，肆惟王
其疾敬德。王其德之用，祈天永命。

〈無逸〉：

小人怨汝詈汝，則皇自敬德。

〈君奭〉：

保奭！其汝克敬以予監于殷喪大否，肆念我天威。……。其汝克敬

德，明我俊民，在讓後人于丕時。……。我咸成文王功于不怠，丕冒；海隅出日，罔不率俾。

《逸周書・度訓》：

明王是以敬微而順分。

〈常訓〉：

始之以古，終之以古。行古志今，政之至也。政維今，法維古。……。允德以慎，慎微以始而敬，終乃不因（困）。

〈大開武〉：

周公（答武王）曰：「茲在德敬。在周其維天命，王其敬命。……。」

〈芮良夫〉：

敬思以德，備乃禍難。

以上所舉的敬字，包含對天，對人與對己身的責求，都是基於憂患的心思所推擴開來的敬謹態度，也是統治者面對現狀時，宜應具有的角色承負上的體認。同時，也是對政治行為和人格展現上，不可輕忽的惕儆，簡言之，是契合外在行為與內在精神的規範。此一規範，大致上含攝天命、天道此一抽象的指涉與具體的人事內容，呈現在俗世的現象，尤其是政權興廢替代上的現象，就周代的知識分子而言，是具有清礎的功用的。

由夏、商歷史的發展脈絡來看，政權的得失，繫於最高統治者的作為，舉凡天命、帝命的授受予奪都有一個客觀的準據。赫赫在上的天，皇皇的上帝，監司下民是既存的前提，下民，尤其是統治階層中的領袖人物的作為，才是判準的理據。理解了這層意義，同時在實際的人事舉措上念茲在茲，方能保有上天的眷寵，單純的以「我生不有命在天」的驕泰心理，認定政權永屬已受天命的我輩，不僅不能如願，結果是適得其反。這一結果，實際上是對驕縱之君的批判，也是對最高統治者缺乏自身角色深刻醒覺的責難。

相較於此，出之以誠謹慎敬的態度，小心翼翼的昭事上帝，「徽柔懿恭，懷保小民，惠鮮鰥寡」（〈無逸〉），對上對下皆以敬慎的心思行事，體現了良善的精神質素，成就了個人高尚的品格，進一步樹立統治的典範，成為後嗣效法的楷模，這是政權之所以由彼而此最關鍵的樞機。從周代知識分子的立場來說，奠立周族敬慎行為典範的先哲王是「德純」的文王。

文王的德純，是因為他出之以敬謹的心思，而得以落實在具體的人世行為上的結果。文王「小心翼翼，昭事上帝」是誠敬；「不識不知，順帝之則」

是敬謹;「穆穆文王,於緝熙敬止」更是篤敬。〔註92〕所以〈大雅·文王〉說「儀刑文王,萬邦作孚」,指的便是以文王為模範、效法的對象。〔註93〕而文王順天革殷命,是出以「敬事上帝」(〈立政〉)的虔敬精神,而落實在行為上的典範。〈康誥〉說「文王之敬忌」,《孔傳》釋「文王之所敬思」,便是指文王以敬為心思;周公告誡康叔,要謹記其父這種敬慎的行為,才能「裕民」,亦即惟有出之以敬慎,才能保受人民的支持。

敬的觀念雖然不是出自文王之言,卻是顯於文王其身,而對此大加張揚的是周公。周公如此費心鋪陳,固然是有感於小邦周取代大國殷的艱困,提出了各種周族何以能集天之大命,以致承受天命「殪戎殷」、「肇禋祀」的原由;也是經由對天命移轉樞機,綰結到人本身的主動與積極奮發之間,存在極其重要的連繫的認知。周代統治階層中傑出的知識分子的一番心思,在探討天命轉移的理據上,得出「政權須以『報應』(deservedness)為基礎的觀念」,〔註94〕而「報應」的發動,雖是來自於已由部落神轉為道德神的天、上帝,〔註95〕然則

〔註92〕 分見《詩經·大雅·大明》、〈大雅·皇矣〉、〈大雅·文王〉。《毛詩正義》,頁0541、0573、0535。

〔註93〕 〈大雅·文王〉第七章云:「命之不易,無遏爾躬。宜昭義問,有虞殷自天。上天之載,無聲無臭。儀刑文王,萬邦作孚。」《毛傳》釋「儀刑文王」為「儀法文王之事」。《毛詩正義》,頁0537。事以顯意,意以見事,事見於外,意存於內,是文王之事便是文王心思,則「儀刑文王」便是以文王為模範,為效法。說見程俊英、蔣見元,《詩經注析》,頁751。並參屈萬里,《詩經詮釋》,頁454。另〈周頌·維清〉:「維清緝熙,文王之典。肇禋,迄用有成,維周之禎。」〈周頌·我將〉:「儀式文王之典,日靖四方。」前者,《毛傳》釋「典」為法,《鄭箋》申言「乃文王有征伐之法。」這是受《毛序》的影響。《毛序》謂:「〈維清〉,奏象舞也。」於《傳》復謂:「象舞,象用兵時刺伐之舞,武王制焉。」其後《孔疏》又大加申張征伐之義。後者,《毛傳》訓云:「儀,善;刑,法;典,常。」《鄭箋》謂:「法行文王之常道」。分見《毛詩正義》,頁0709、0710、0717。是「典」為文王行止的常道。我們以為二詩的「文王之典」都與文王受命有天下相關。固然可釋為征伐之事,唯文王征伐亦依天命行事,也是文王有得天眷愛的行止,因而,「文王之典」不妨理解為文王的行為可當作典範,亦且文王其人敬天的精神,外現為順天的行為可當後世的楷模。

〔註94〕 張光直,《美術、神話與祭祀》,第三章〈道德權威與強制力量〉,頁28。

〔註95〕 許倬雲,〈周人的興起及周文化的基礎〉,收入許倬雲,《求古編》(台北:聯經出版社,1989),頁75。許氏在其它地方指出:「在商時,上帝是商人的部落神及宗主神;但周人的上帝是普世的上帝,也是道德的維護者及裁判者。天命靡常唯德是親,上帝是公正的。」見許倬雲,《中國古代文化的特質》(台北:聯經出版公司,1991),頁65。另詳,《西周史 增訂版》第三章〈克商與

取予的關鍵是在人世政權的掌握者的特質。張光直在論證天命有德時指出，有德除了道德性的德之外，實包含了另一成分──功（merit）。〔註96〕以周公同時代乃至以後的周代知識分子而言，最足以承受此一報應，突顯此一功德的人物，自然是文王，而文王道德性特質的呈現，實與他的敬謹心思緊緊相扣。

　　周公身處新王朝初建而未臻鞏固的杌隉階段，身繫王朝安定的重責大任，以先王德、敬的人格特質，圓證天命眷寵，並對照前朝君主暴德鄙敬的驕泰，進而以此訓誡後王要謹記此一切近的歷史事實。因此，見諸《今文尚書》與《逸周書》，乃至於〈周頌〉、〈大雅〉，德、敬的頻頻出現，從思想的角度看，在在突出了不敢荒怠，謀遠慮深的憂患意識；至於觸發這一憂患意識的直接原因，是克商後初期政權是否得以穩定、發展的危機心思所激迸出來的。再進一步分疏，引起此危機心思，依然不能不說是源於對朝代興廢歷史意識的反思，尤其是得自夏、商二代歷史演變的歷史思維，此一歷史思維由周公所揭示，反映在《今文尚書》與《逸周書》中，主要集中於與周公最有關係的篇章，也就容易理解多了。

　　上引關於德、敬諸文大部分是周公、成王時期的作品，就資料的時間性來說，集中在文王受天命、武王革天命的階段，可以說是西周初期的近代史，甚至是當代史。因此，對於歷史的述論不免充滿切近的現實性，而其中所最措意的，是透過這層深具現實性的歷史述論，周詳的圓證周族受天命的必然與正當。推而廣之，在誡告嗣王應恪念先王奠基立業的艱難，善加履行先王良善的舉止，以避免步上前朝覆亡之轍。這些誥命訓誡，突出了周代知識分子於政權取得，朝代勃興中對人物精神質素所具有的決定性因素的重視，同時以此因素論證歷史遞邅中不可或缺的關鍵與樞紐，是經由人物質素的優劣良窳加以彰顯的，簡言之，便是德、敬。

　　從前引諸文論，德固然可理解為行為，然而這只是德的表面意義，不是一種深刻的典型範式，只有將德連綴到某種具有足資取法為善的人物身上，德才成為深具價值的特質。〈洛誥〉的「懷德」，是將「文祖德」視為可以「萬年永觀」的典範。〈君奭〉的「前人恭明德」、「寧王德延」、「寧王之德」，武

　　　　天命〉，尤其是頁95～105。該章對諸家說法多有分疏。
〔註96〕《美術、神話與祭祀》，頁27、35。這一觀點亦見於張氏較早的一篇文章：〈商周神話與美術中所見人與動物關係之演變〉。該文原載《中央研究院民族學研究所集刊》第16期，頁115～146。後收入《中國青銅時代》，頁327～354。前述意見頁348。

王的「丕單稱德」等，從文字上說，是在強調受命；深一層來看，卻也在深化認識——對文王此一人物的深層體認。

德、敬的意涵，從一般性的指稱，內化爲重要的精神特質，其中的判準與分野，是建立在領袖人物於其所身處時代中發揮了何種作用：哲王、賢君能彰顯善德、敬德、德敬；昏虐之君、獨夫則體現了暴德、凶德、不敬德。因此，當德、敬的意涵獨立於領袖人物或領導階層之外，就三代當時的政治發展，乃至三代的歷史史迹而言，不存在分疏的意義。換句話說，德、敬之所以成爲周代知識分子在進行歷史的述論時，念茲在茲的重要思維，是基於德、敬具有區隔人物特質在興替成敗、二元悖反指標的意義。在這一判準與分野之下，歷史上朝代更替不在物質性的優劣，不在具體國力的大小，而是決定於領袖人物品質上的好壞。而領袖人物品質好壞的確認，很大程度是建立在針對敵我群體歷史發展脈絡上的分疏，也是對經由各種管道獲致的歷史記憶所顯影的歷史圖像，針對性的加以理據式的鋪陳，一再的以國族群體存續興衰爲目的，強調某種精神深具決定性的動能，也深化對具有此精神的典型領袖人物的追思緬念，形成周代知識分子歷史述論上普遍的意識。

本章結語

《書》，其中頗多「號令於眾」以「宣達王道之正義」的上古文獻，自然包含了重要的史實，而史實的主體是人與事，二者緊密結合，不能遽分。且人、事有古有今，其中有過存之迹，有當下之務。做爲統治階層，既已掌握大權，除非消極的安於現狀，總要對過往的歷史——不論是本族群或是其它族群——投注必要的關注。這一關注，在有冊有典的殷商時期，是有所記載的，它的最初情形於今雖難以詳辨，至少說明了歷史記載的源遠流長。到了周代，一方面繼承這一記載傳統，同時擴充了內容；一方面對古史今事進行邏輯的結合，形成長篇的述論。更重要的是，在這些述論中，鋪陳出周代知識分子對歷史發展的深刻意致與情思。可以說，周代知識分子的歷史述論，不只在記敘客觀的歷史變遷，更賦予歷史發展一層理據的詮釋內涵。此一理據的詮釋，依傍歷史事實的成分如何，難以正確徵實，然則藉由此一途徑與方法所顯現的主觀意圖，亦即祈天永命的心思卻很清楚。這樣的歷史述論，當然是歷史發展上時代的產物，它真切的反映了當時代的文化思維與要義。周代既是三代中文化燦備的時期，也是文獻相對足徵的時代，透過進步的書

寫載記，開啓了比較長篇的述論形式，並經由這種形式，奠立了後代述史上評騭月旦的核心意旨。

　　周代的知識分子立足於當代，取資於古代，慮患於未來，當其諄諄告誡後嗣人君，不厭其煩、不憚其詳的援引古人古事以爲例證；不只是在一般性的人、事上做文章，更將前此已有的觀念如天命、上帝、德等重要綱目賦予更爲周延的意義，〔註97〕使這些觀念與周人先王的作爲緊密結合。進一步的將歷史進程中的興廢成敗契機，落實到人物特質的優劣良窳。同時也基於創業惟艱，天命不易、天命靡常的體認，發展出具有深自惕儆與自覺的憂患精神——敬。這樣的意識、思維很難區分究竟是歷史述論所催生的，還是此一意識、思維激發了歷史述論，抑或二者本是同一物，彼此依存，互相彰顯。重要的是，它是對於前此已有的歷史載記的周延化，也是對前此已有的觀念的深化與轉化，二者合而爲一，便形成了述論思維的理據。

　　上面所說的理據是否能具現，雖然離不開事，但更重要的還是人的自覺，尤其是身在大位的統治者。王國維指出：「德者，又非徒仁民之謂，必天子自納於德而使民則之」、「深知夫一姓之福祚與萬姓之福祚是一非二，又知一姓萬姓之福祚與其道德是一非二，故其所以祈天永命者，乃在『德』與『民』二字。」〔註98〕傅斯年說：「（《周誥》）發揮殷喪天命周受天命最詳，蓋周王受命說即周公召公成王施政教民告後嗣之中央思想」，至於天命不離人、事，而人、事善否繫於統治階層的品行質素，因而他又說：「凡固守天命者，在敬，在明明德，在保乂民，在愼刑，在勤治，在無忘前人艱難，在有賢輔，在遠憸人，在秉遺訓，在察有司，毋康逸，毋酗於酒。事事託命於天，而無一事

<hr>

〔註97〕張光直指出，「天」這一觀念首先出現的時代是在西周，至於天與上帝雖同爲西周尊敬畏懼的對象，但周人的祖先不同於殷商的是，這些祖先已經不是神了。至於上帝、天命與德則具有因果關係，「上帝僅授其天命予有德者。『德』也是西周時代在王權觀念上新興的一樣東西。」《中國青銅時代》，頁 348。郭沫若也指出，周人對於天命一方面仍抱持著懷疑，只是周人不同於商人，他們「提出了一個『德』字來。雖然不能避免「帝王立場」，然而其中「包含著正心修身的工夫」、「治國平天下的作用。」《青銅時代》，頁 16～19。類似的意見可參考許倬雲，《西周史 增訂本》，頁 95～105。晚近，張榮明則認爲天、天命、上帝、德諸觀念並不是周人所獨有或最早提出的，而是殷商已有。細讀張氏所引卜辭、金銘文以及《商書》資料，固然可推見其出現不始於周初，然一如作者結論所說「殷周思想無大異，並非相同，周初思想確有很大進步，這不可否認。」說詳張榮明，《殷商政治與宗教》（台北：五南圖書，1997），頁 19～72。

〔註98〕王國維，〈殷周制度論〉，《觀堂集林（外二種）》，頁 287～303。引文見頁 301。

舍人事而言天,『祈天永命』,而以爲『惟德之用』。」〔註99〕學者致力於德、敬與天命分疏,意在彰顯政治思維,我們則以爲,德、敬與天命除了彰顯政治思維,也透露了周代知識分子的歷史思維,畢竟思維的展現,必有一個根源處,必有一番具體的發展脈絡。此一根源與發展脈絡,便是過往的歷史與當下的處境,所以不論是政治思維或歷史思維,都體現了此輩知識分子對歷史演進的一番見解。

《尚書》與《逸周書》的歷史述論,依然不離上層思維,依然是以英雄爲主體,當然有其片面性、局限性與針對性;然而,亦有其進步性,至少突顯了人而不是神在歷史發展上具有主動的能量,扮演朝代興衰分野上最主要的樞紐角色。這樣的歷史述論,明顯的是以人爲中心,傅斯年在論述周人對前史今事的關注,顯現在誥命訓誡上的意義時,稱之爲「人道主義的黎明」,〔註100〕頗能說明周人歷史思維與政治思維互相激盪所產生的既有歷史反思,也含濃烈的現世情懷的深刻醒覺。

錢穆曾從後世史學史的觀點,區別《周書》與後世史籍在體例上的差異:前者是史臣「記言」、「非有作爲一文之觀念存在其心中」,後世史籍爲「撰述」,「不僅止於作文,抑且進於寫史」,有完備的記注。本於這一主張,因此錢氏說:「如論《書》體僅主於記言,非有如後人所謂歷史的觀念。」〔註101〕錢氏所說的「歷史的觀念」顯然是立基於後世史家撰述時的記注用心,因此他引《史通·外篇·史官建置》:「書事記言,出於當時之簡;勒定刪成,歸於後來之筆」之語,比擬《周書》與已具「作文」、「寫史」體制的《虞書》。史家撰述的記注用心,當以司馬遷最稱顯明,也是中國史學史的大關節,錢氏所謂的「歷史的觀念」當係此指。我們以爲,周代的史臣或知識分子,或許不具備錢氏所措意,深刻的「歷史的觀念」;或謂無有如太史公的自覺意識,〔註102〕只充當「記言」的原初角色,無法顯現充要的史著內容。然而,若不以後世史籍體例、史家的

〔註99〕 傅氏稱此爲「天道即人道論」,而其淵源則是先世之人已有其論,「周公特在實際政治上發揮之耳」。至於先世之人爲「商代老成人爲近是。」「此輩飽經世變,熟識興亡,非封建制度下之奴隸,而爲守冊守典之人,故有自用其思想之機會。不負實際政治之責任,故不必對任何族姓有其恩欲。」說詳《性命古訓辨證》,頁137~138。正文引文見頁129、137。

〔註100〕《性命古訓辨證》,頁140、142。

〔註101〕《中國學術思想史論叢(一)》。引文分見頁183、191、201。

〔註102〕關於太史公的自覺意識,雷家驥曾有周密的分疏。詳參雷家驥,《中古史學觀念史》(台北:學生書局,1988),第二、三章,頁19~106。

完備表現相責求，就以「記言」而論，倒也忠實的記錄了當時代知識分子素樸的歷史思維，而此歷史思維又是由古今歷史演變的具體人、事所激發出來的，反映在《周書》與《逸周書》諸多篇章中，則是深具時代特色，亦即縮結史實與人物特質的歷史述論。簡言之，不具有後世體制之善，並不妨有當世歷史述論之實。